澳洲民族形象：
25个卓越人生

[澳]万斯·帕尔默　著
郭著章　郭丽君　译

WUHAN UNIVERSITY PRESS
武汉大学出版社

图书在版编目(CIP)数据

澳洲民族形象:25个卓越人生/(澳)帕尔默著;郭著章,郭丽君译.—武汉:武汉大学出版社,2015.5
ISBN 978-7-307-15424-7

Ⅰ.澳… Ⅱ.①帕… ②郭… ③郭… Ⅲ.名人—生平事迹—澳大利亚 Ⅳ.K836.11

中国版本图书馆CIP数据核字(2015)第056869号

责任编辑:赵财霞　　责任校对:李孟潇　　版式设计:马　佳

出版发行:**武汉大学出版社**　(430072　武昌　珞珈山)
(电子邮件:cbs22@whu.edu.cn 网址:www.wdp.com.cn)
印刷:湖北恒泰印务有限公司
开本:880×1230　1/32　印张:9.125　字数:235千字　插页:2
版次:2015年5月第1版　2015年5月第1次印刷
ISBN 978-7-307-15424-7　定价:29.80元

此书根据墨尔本大学出版社1968年在香港印刷的版本译出

译者近期手迹

译者序

在这篇译者序里，我想直抒胸臆，主要谈谈我为何译和如何译这本书的问题。

关于为何译问题，至少有如下几点要说及：一是作者为名人，二是本书乃佳品，三是想了却吾生之宿愿。关于第一点，从澳洲文学史类著作，我留澳导师约翰·巴恩斯这位澳洲文学著名专家的作品，到有关作家的诸多评论，都不难找出原因，均可说明本书作者简介中“他不仅是拥护社会正义的斗士，而且是澳大利亚文学界的杰出之人”这句话一点不假。关于第二点，也是原因多多：在作者一生所写的大量评论、剧本、小说和诗文中，他这部传记文学作品总是多被人提及并视为佳品，因而得以多次重印，成为几代澳人喜读之作品。它之所以至今为读者所青睐，主要是作者满怀爱国之情，写出了澳史上多方面的杰出人物和卓越人生，他们之中有作家、主编、画家、法官、银行家、军事家、飞行员、探险家、牧场主、演说家、实业家、经济学家、工党领袖、取地大亨、土生白仔、植物学家、高级教士、地质学家、僻壤传教士、农业科学家和不从国教者，另外还有格外有影响力的各色政治人物。他们要么极具代表性，要么是真正的开拓者，要么提出了新思想，因此成为丰富其身后民族生活的不竭源泉。总之，他们都是澳史上作出了重大贡献的重要人物。他们每个人身上都有启迪教育后人的闪光点，成就了其出色人生。他们体现出澳大利亚典型的民族形象、性格、精神，尤其是属于全人类的高尚品德，诸如艰苦奋斗、自力更生、勤劳善良、追求真理、为崇高理想勇于献身、崇尚民主和社会公平正义、为官清廉、联系群众、置人民利益高于一切等思想和行动。读了本书之后，自然会令我们中国读者联想到当前我党提倡的富强、民主、文明、和谐、自由、平等、公正、法治、爱国、敬业、诚信、友善这24个字的社会主义核心价值观，此种价值观不仅体现了中国人民的美好理想、行为规范和精神追求，而且也是澳大利亚人民和全人类共同的美好追求。关于第三点所言之宿愿，根据本人记忆并查阅了吾之留澳日记和回国后的教学与科研笔记，此宿愿形成过程中至少有如下几件事情：1980年3月我认识导师约翰·巴恩格后不久，就看到了他在一本编著中特别提到了本书作者万斯·帕尔默；同年8月在悉尼大学参加20世纪80年代第三次英语教学国际会议期间，我得到了中国改革开放后第一批留澳学人中的黄源深和胡文仲二位的热情鼓励，使我更加坚定了在澳两年攻读澳大利亚文学的决心，如今的黄、胡二君，早已是我国澳洲文学研究方面最有名之人，这使我相形见绌的是：这些年来，我只发表过少数几篇研究澳洲及其文学的文章；1981 年 9 月 10 日我在拉特罗布大学校园喜购到此书，两周后完成对此书的首次通读，内容之佳几近令我爱不释手，萌发了我汉译此书的念头；回校后因工作需要，我改教翻译，1987 年初曾与我教的毕业班 20 名学生签订了汉译此书的合同，后因师生均忙加之本书难度大，难在短时间内完成，只好作罢。实乃人生苦短，我一忙就是几十年，直到我 71 岁彻底退休后的 2012 年 7 月，我才得有充分时间用作实现吾之宿愿，于 2014 年 8 月我已逾 73 岁高龄方才译完，这种如愿以偿的感觉真是一种至高无上的幸福啊！

至于如何译问题，自然涉及微观译法和宏观译法两个方面。根据我的理解，微观译法无非是指增译、减译、重译、词序调整、词类转移、语态变换和格外注意常用词语译法等翻译技巧与方法；宏观译法主要指译者态度、条件和译风等。鉴于篇幅限制，我这里只谈谈本人有关宏观译法方面的想法。这方面的想法我想用“保名和保健”这 5 个字来概括。所谓“保名”，回顾吾生过往岁月，从一定意义上说，我也算“功成名就”了。比如：在吾之著作中，仅《英汉互译实用教程》和《文言英译教程》这两本书，在近 30 年来发行全国已不下 30 万册；不久前，中国译协评我为资深翻译家。吾书教授不止一代学子如何使用微观与宏观译法保证译作质量，如若我译出的著作不符合翻译标准或做不到精益求精，岂不是要坏了名声或贻笑大方！此乃吾之“保名”心态也。上句中的精益求精是什么概念呢？具体说来，就是：该书共译成包括 220 条译者注释在内的不足 24 万汉字，竟用了我，一个精力尚佳的翻译学教授，整整两年时间，每天译书按4小时算，就意味着我每译70字就要用去约一小时时间；另一层意思是：我一直给自己定出一个高标准，即要达到经得起推敲和比较的英汉对照本水平，或者是能达到让年轻学子通过对照本提高翻译能力的水平。所谓“保健”，可以说，它是我晚年专心翻译的主要目的。尽人皆知：良好的心态和充实的心境，是人能健康的重要途径。回顾这两年的翻译过程，我保健的目的确实达到了：翻译让我经历了一个又一个不亦快哉的时刻，它使我心态更良好，心境更充实。原作者有很高的语言造诣，优美的英语常常令我陶醉；书中所写各色人物独特的和共同的精神美和行为美时时将我带入真善美的境界；不时碰到原著中难点和微妙处，有时一字、一词或一句让我踟蹰数日方可立之，立后的感觉无异于“山重水复疑无路，柳暗花明又一村”之诗意，实在是令人乐而忘忧啊！回首70余年往事，我曾长期期望有朝一日退休后有了时间全用于我平生最喜欢的翻译，只做这一件事，令我十分高兴的是：这一天终于到了，两年前就到了，我享受翻译之乐已经两年了，我更健康了。现在，我不仅有了由我随心所欲支配的时间，而且有了我生来最好的条件：第一，国家愈加兴旺了；第二，我家生活空前幸福了；第三，感谢上帝保佑，我比退休前更健康了；第四，我置身半个多世纪的全国名校学术氛围更浓了，吾家多年所住全国最美大学校园更美了；第五，还有我的同行女儿也是武汉大学英语教师，已具有一定科研水平和比我好得多的电脑技术，随时帮我查找资料以解决译书中的难题。试问：有这么多优越条件的我，对于译事若做不到细细推敲，或不力争译品精益求精，岂不是要有负各方吗？要是错失了如此大好良机，岂不叫人十分可惜！

郭著章

2014年8月15日完稿于

武汉大学珞珈山下家中书房

前言

本书旨在表明我国历史上某些重要人物的主要人生贡献。何谓重要？这是一个具有挑战性的问题。关于一个人的重要性，缺乏统一的科学检测标准，我对入选本书人物的重要性所遵循的标准是：要么是他们具有代表性，要么就是我认为他们是真正的开拓者，提出了新思想，成为丰富身后民族生活的不竭源泉。前者如亨利·帕克斯爵士，后者如路易斯·比尤弗洛。实际上，二者都无权自称重要。帕克斯是从政之瘾始终无减之人，比尤弗洛缺乏天才；可是，前者在历史上很长时间内都被视为里程碑，后者揭开了一个新世界，把我国其他画家的目光引向本国的风景上。

从总体上讲，本书集中注意的目标，不是政界官员，而是有某种创造性和推动力的人物。个中缘由，显而易见。在澳洲所写的历史，直至今日，在任何情况下，在人们的心目中，基本上全是政府的更迭和执政者的观点与态度。这无疑导致历史内容的一种奇缺。记载政府行为，无可非议，然而，这种政治表层之下存在着的思想、冲突和形成的民族性的经济发展，是什么情形？带着这样的疑问，人们心目中的重要人物标准，似乎就是他们对导致表层变化的这种内中因素的贡献了。因此，本书在选取人物时，基本上不考虑通常政治人物，也不考虑主要在海外作出了很大成就的艺术家、科学家和探险家，如格拉夫顿·史密斯、“中国通”莫里森大夫①以及威尔·戴森等著名澳洲人物。

本书的一个明显缺失，是没有提及澳洲女性的功绩。毫无疑问，人们可以说澳洲已经出现过杰出女性：或富有创造能力，或不乏个人卓越之处。能够清楚表明这一点的，是弗洛拉·埃尔德肖编写很好的《和平军》一书。此书的出版，则是我在本书不收女性的唯一和充足理由。

最后要说明的是：我不敢自夸本书是一项专题研究。我只敢说：书中的事实均具权威性，或取自本书后作为鸣谢的参考资料，或取自当时的报纸，偶尔也根据仍然健在人士的回忆。

万斯·帕尔默

注释

① “中国通”莫里森大夫（1862—1920年），全名是乔治·欧内斯特·莫里森，约定俗成译名是莫理循，出生于墨尔本附近的吉朗港市，早年曾在澳大利亚多次长途探险，1887年在爱丁堡医科毕业，1912年任中华民国总统的政治顾问，第一次世界大战后作为中国代表之一出席过巴黎和会，著有《一个澳大利亚人在中国》，记述他在中国广泛旅行探险的经历，曾任《泰晤士报》记者，报道中国义和团运动和亚洲多国情况，一生收集多种图书资料，后被日本人购去，至今仍存于日本专门图书馆。

目 录

1 取地大亨：约翰·麦克阿瑟

在澳洲白人发展史最早的30年中，有一个毫无疑问最具活力的人物，这个人物就是约翰·麦克阿瑟。在这长长30年中的每一个阶段，他都一直杰出。其原因不外是他那水乳交融的超凡精力、不息智力（他儿子说其父钦佩莎剧人物科里奥兰纳斯①）、管人手腕和痴迷信念。他坚信他个人利益的任何推进都会有助于公众的福祉。从一定程度上说，他信念的正确性也得到了证明。不管是他的运气还是直觉，碰巧都和澳大利亚这个国家的未知潜力联系在一起。历史对他慷慨，后世教科书中的理想化内容的确也对他不薄。既然澳大利亚羊毛质量之优已举世公认，人们把骄人的光环加在约翰·麦克阿瑟头上便是自然而然：他率先进行实验，对不同品种羊进行了成功杂交。然而，也有些媒体，对他持逆反和嘲笑的描述，与上述的美誉格格不入。是的，麦克阿瑟虽有自身独特美德，但绝非完人。

当时金姓总督（下称金总督）曾在1801年写

道："他在这里 11 年中所为，无非就是自己赚大钱，同时帮助军中同僚赚小钱，在多数情况下都是以损公为前提，且不断煽动不和与斗争……在殖民地，经历使每个人确信：麦克阿瑟为了在自己所做每件事上都有所收益，就不惜通过狡诈、耍手腕、丢掉廉耻和那双凶如蛇蝎的眼睛，采取各种对策。"

考虑到和金总督冲突者的个性比总督的更强硬，总督被激怒，写出上述言辞激烈的看法与评价，自然在情理之中；在早先与麦氏的几次争吵中双方明显表现出言行失控，也是情有可原的。然而在实际上，上述看法很可能就是对麦克阿瑟其人其行之客观描述。金在其看法中唯一遗漏的，是他未提及麦氏足可抵消其贪婪的开创才能。

1790 年，麦氏作为一名年轻陆军中尉，携妻带子，跟第二船队来到悉尼：此时的他，雄心勃勃，急于晋升，对于新生活能够提供的机会持着乐观心态。由于自己家族早已习惯于长期远离故土，这次背井离乡来到新南威尔士，给他的感觉远比他军官同事的感觉轻松得多。他父亲随邦尼查理王子②打过仗，在卡洛登荒原一役兵败后逃往西印度群岛，最终回到普利茅斯，开始了养家糊口、生儿育女的生活。但是，对于年幼的约翰来说，英格兰西南部这个地方，从来都不像是祖宗的家。很明显，他是个闲不住、不知足的青年：进了陆军，可他选择退役，甘拿步兵少尉一半的薪饷去学习农业，到女士服饰业打工（敌视他的人后来给他起个外号叫女胸衣杰克），研读法律和历史，最后又回到军中，于 1789 年自愿参加新南威尔士部队（或译作保安团）。就这样，他开始了冒险生涯，这一生涯，如其年轻妻子所写的那样，"给了我们充分理由，开始期待我们最具物质利益的前程"。

不管麦氏一家的期待呈何形式，悉尼在一开始，对他们实现期待展现不出多大希望。这个流犯殖民地凹凸不平，处在长满树木的港口岸边，菲利普总督曾几经努力，设法在此建起初步的治安秩序，终未获得大成功。它几乎完全依赖海外食品供给。第二船队刚到时，此处正遭受着饥荒。一场大旱，使得丹克溪岸边种的少得可怜的蔬菜全部枯死，连饮水都不够用。总督、部队、罪犯，每周同样靠极少的定量食品将就度日。第二船队迫于病怨交加的罪犯压力，带来的不是负担减轻，而是新麻烦产生。麦克阿瑟在其兵役的头两年所一心期盼的，几乎全是得到提拔和最终返回英国，也就不足为奇了。

他是一种不安于做军中或民事日常琐事的人。因为他好斗、自私、求新，对于任何阻止他天性发展的纪律，他都心存厌倦。他的个性，在年轻时候，早就写在了脸上、鼻子上、眼睛上和下唇上：鼻子尖尖，张显锐气；棕色双眼，冷酷锐利（即金总督谈到过的凶如蛇蝎的眼睛）；下唇噘起，轻视他人。冲突成了他人生不可或缺的组成部分：他乘坐的海王星号船还没离开英国，他就和吉尔伯特船长来了一场决斗，吉尔伯特被解职后，他又和继任船长斗，还和船上指挥官内皮恩吵。实际上，他和家属在途中就不大费力地转到了另一艘船斯卡巴勒号上。此时的麦克阿瑟，其智慧、其能力与其暴脾气，在军官群中，都同样出了名。这些人之所以都服役于新南威尔士部队，主要是因为该部队可以使之脱离麻烦或过上一种相对宽松的生活。在菲利普手下，当一个很不重要小官，监管犯人，维护卫兵中某种纪律，履行这些固定的惯常事务，对于麦克阿瑟这样一个人，要安顿下来，确实不易。

1792年，他的机会来了：菲利普总督因健康不佳辞职，其职位由其副手——新南威尔士部队的格罗斯和佩特森先后代理。创业时代开始了：麦克阿瑟被委以团军需官，并获拨了帕拉马塔附近沿河的100英亩肥沃土地。他妻子写道："殖民地景象已经大大增色。"不管怎么说，对于部队军官们，景象的变化就是如此。在菲利普心中，他手下军官的利益只限于军职，始终不同意拨地给他们。可是现在不同了：要施压以取消这些限制。此时最具利润的产业非农业莫属，再说，激励殖民地的食品供应难道不需要吗？除了尽多地拨地以增农业之利，还有更好刺激生产的办法吗？

当时殖民地的自由移民少得可怜，其上流社会成员是少数文武官员。这些官员及其妻室，常常尽心竭力保持着 18 世纪的高雅传统：在海港边举行野餐聚会，去野外采集植物标本留作研究，引用蒲柏③与卢梭④等名人之名言，以表达他们对于当地出生的白人——那些远在荒野尚未开化的生灵的情趣与关注。至于造伪者、政治造反者、扒手等罪犯们，统统激不起他们的兴趣。这一陌生群体中的女士们和先生们，以其虚情假意的方式，在想着法子，创造出一种社会氛围，一种与其借以安身立命的社会系统尽相脱离的氛围。然而，这种距离与其说是真实的，不如说是虚假的：他们为冷漠与残酷所包围，同时又竭力无视这种距离；结果是：他们在不知不觉中渐渐变质、腐败了。

而麦克阿瑟却与这些人不同，他特别能做到不为环境氛围所动，凡是与他兴趣无关的人或事都不会使他受影响。他扎扎实实安顿下来，只要得到机遇，就会充分利用。截至 1794 年 8 月，他已拥有 250 英亩土地，其中 100 多英亩已被开垦，一年后几乎增加了一倍。他对农学充满热情并掌握了丰富的农业知识，因此获得了格罗斯批给他的 100 英亩土地（格罗斯有一规定：凡是种庄稼达 50 英亩者，均可得到 100 英亩的奖赏）。可是没过多久，对如此这般的奖赏，他已有条件不屑一顾，或持嘲笑态度。对于已在土地上站稳脚跟的麦克阿瑟，他已到了生来最好的时候。在官店的农产品，随时都可以买卖：粮食每蒲式耳 10 先令，牛肉每磅 4~5 先令。与此同时，只要提出要求，官店还可配给奴仆。帕拉马塔周围的乡野，开始呈现出一派田园风光：到了春天，扁桃、杏和梨等树，棵棵都是果花怒放；农牧场上，绿油油的麦苗闪闪发光。伊丽莎白农牧场，麦氏一家的家园，转眼间，成了整个殖民地吸引游人的地方。

创业的方法非只农业一途，有比农业更赚钱的行业和途径。航海业开始兴隆了，船只源源不绝从世界各地抵达悉尼，军官们和在英国有存款的其他人，可享有特权大宗购下船货——茶叶、食糖、衣物和朗姆酒等商品，各人购下后可以自行零售。他们都以忠于部队的强烈意识，相互承诺不以低于别人的价格做买卖，有时候，他们营利升至5倍。军官们就这样，越来越会做生意，成了专于讨价还价、善于大吹大擂的推销人。据1798年那次爱尔兰人暴动领头人之一霍尔特称，就连士兵领饷的时候，领到的只能是实物而非现金。

霍尔特对军需官和一个士兵的一次对话是这样的："你想要什么？我这里有好烟、好茶和印花布：烟叶10先令一磅，茶叶20先令一磅，印花布8先令一码。"士兵回答说不喜欢这些东西而想要钱，因而受到威胁说，他将因无理而挨鞭挞。

最来钱的垄断商品要算朗姆酒了，于是它很快成了交换手段和很易导致腐败的根源。昨日罪犯，包括今日奴仆和定居民，得到的鼓励是领取朗姆酒来取代一切薪酬。一时间，整个殖民地放荡成风。亨特于1795年受任总督之初，对控制朗姆酒交易确实作过努力。但是，在前任总督离任至他受任之间两三年间，朗姆酒军官团伙趁机牢牢掌握了殖民地大权。亨特生性软弱，只好慢慢适应了当时的大局势。巴尔曼医生事件足以使他明白谁在掌握着殖民地实权。一个名叫鲍恩的人，只因对朗姆酒贸易表示反对，就受到了军官团伙手下几个士兵的突袭。身为首席军医的巴尔曼，有权对这些士兵作出处罚。正当军医开始努力，声称要去告发之时，竟引起分散在各处的军官团伙的一致行动。医生此举是对他们军容的公然侮辱！足使他们热血沸腾，怒不可遏！遭突袭受伤的人及其妻子受到恐吓而忍气吞声，巴尔曼接到警告：他在干涉团务，若不就此止步，就会不断遭受诘难，直至一死。诉诸法律完全无济于事，因为法律就是朗姆酒团伙，这个团伙不但把持着军事法庭，而且还把持着全殖民地的刑事法庭。

在此事件中，在朗姆酒军官团伙中起作用者，就是约翰·麦克阿瑟。因和亨特一次争执，他辞去了政府农业监管一职，却保留着军衔。因此，在将其主要精力用于积聚个人财富的同时，他可以迅速召集军官同事，以解决他们的共同特权受到侵害时所出现的任何问题。经过一次实验他相信，这块国土适合放养优质毛羊。他将爱尔兰公羊和健壮毛长的孟加拉母羊进行了杂交，生出的小羊吸收二者优势，具有了发状毛和绵状毛的混合毛，不禁令人关注。后来，他从好望角弄到了几头美利奴羊，使实验得以继续。这些实验使他确信自己的前途不在农业而在养羊业。他解释说，由于越来越多土地被人使用，农产品价格也许会毁灭性下跌。可是，他若能生产某种东西，在船运中不会损坏，出口到海外市场，他的财富就有了保障（或如他喜欢说的一句话：殖民地财政就会永久得利）。上述想法，其他人也有过。比如沃特曼和塞缪尔·马斯登教士这两位要人，但在把想法付诸实践上，二者都缺乏和麦氏同样的不倦热情。自那时起，虽然他仍挚爱着妻子和孩子，对文学和科学也有着某种兴趣，但是可以说，麦克阿瑟一直在为养羊而活着。

在获取海外当局对其创业的关注上，他的确幸运。1800年赴英成了他创业的新起点，次年再次赴英使他更加幸运。赴英之事，对他来说是只能成功，不能失败。原因是，他与接替亨特的金总督发生了争吵，最终使他与总督的军事指挥官佩特森严重对立，并致使指挥官在决斗中受伤。他因此被捕押解到英国交军事法庭审判。途中，他交了一个朋友，这次意外结交对其日后很有帮助。为了避风，船不得不停泊在印尼东部的安波那岛。在岛上他与罗伯特·法夸尔爵士邂逅。此时的法夸尔正遭受着来自印度当局的责难，指责他对临近的一块荷兰殖民地出师无名。想到今后的仕途，他不禁满腹惆怅与郁闷，说到上书总督和议会进行道歉，然而麦克阿瑟却给了他这样独特的忠告：

“倘若阁下写了道歉信，阁下的仕途就会从此告终，今生再不会被起用。请告诉总督和议会，就说他们并不完全清楚那块荷兰殖民地在何处，也不了解你出师时的具体情况，你确信攻地的必要性，并决心再次用兵。你这样写了，就照着做，**一定记住你必须拿下这个地方**。”

这是真正的特优处事姿态，这一姿态也只有麦克阿瑟才会本能地想得出来！法夸尔听了他的忠告，并将之成功地付诸了行动。法夸尔的父亲是威尔士亲王（即后来的国王乔治四世）的医生，并与当时殖民大臣卡姆登勋爵的秘书过从甚密。如此的好运把麦克阿瑟带近了权力中心，他当然是迫不及待地抓住了自己的良机：他很快和卡姆登直接取得了联系。法国对西南欧伊比利亚半岛的侵略，致使英国制造商对进口西班牙羊毛失去了信心。于是乎，麦克阿瑟开始了以不倦的热情，五次三番地向当局陈说在南十字（星）座下南半球这块地方正在开发的财源是多么重要。他把自己的羊毛样品展示给织布厂商，他起草组建公开招股公司计划，为了英帝国利益大规模发展产业，他还奏请枢密院专门委员会，指出在澳大利亚生产羊毛的各种可能，并主动提出，万一政府无意于这一商业冒险，他会以最乐意的心态亲自行动起来，条件是：政府配给他一万英亩土地，并允许他挑选30名罪犯作他的牧羊劳力。

他对议员们的游说，他的精力和娴于辞令，最终奏了效。卡姆登不顾约瑟夫·班克斯爵士（通常起着新南威尔士事务顾问的作用）对麦氏计划的冷淡与批评，而深为麦克阿瑟所打动。他解释说，考虑到能让他专心于美利奴羊毛生产，必须允许他卖掉其军衔（对军法处置之事现已不再追究），在牛牧场⑤拨给他不少于5 000英亩土地供他放牧羊群。

就这样，麦克阿瑟于1805年回到悉尼之时，似乎全城都沉浸在一片得意洋洋之中。为了随时和他这位深受高层青睐的人物言归于好，金总督只好言不由衷地称他为“羊毛英雄”。麦克阿瑟带回来的，除了卡姆登勋爵的手谕之外，还有一艘贸易业务专用船，以及皇家在丘这个地方赠给他的4只西班牙美利奴公羊。他一生最得意的日子莫过于此时：他要求的土地开始归他使用，他不再受到军纪的约束，海外的那些权贵们纷纷对他的事业表示祝福，尽管在拨牛牧场的公地给他的时候，金实际上是有所勉强和不快的。

麦克阿瑟从英国返回不久，就给副大臣库克写信道："因为牛牧场这里不乏迄今所发现的最好土地，金总督好像很想保留下来专用于野生牛群。我倒希望温顺多产的羊群，不久会因为阁下的支持，如愿以偿地获得这块牧草丰美、利于它们健康生活的土地，哪怕只是其中的一部分。"

这些话，对于出生的和未出生的羊，对它们的健康、习性和自身喜好，充满着焦虑与关照，真可谓"爱羊之心，溢于言表"！差不多可以说，麦克阿瑟，对自己的金钱、利益、事业、雄心壮志，即常挂在他嘴上的话语"扎扎实实安家立业"，都已忘却。可是不久，关于牛牧场的拨地决定作出了，不管金总督提醒他说什么缺乏"为大家每日吃饭而帮定居民打麦子"的罪犯劳力，麦克阿瑟还是及时得到了他所要求的所有奴仆。

然而，他的前途并非百分之百有保障，因为好景不长，短短几个月后，随着布莱受任总督，麻烦又出现了。就是这唯一的一次，他面对的是一个和他同样意志坚强的人，一个不可能被外交手腕吓倒或打败的人。作为海军上校的布莱，纪律坚定，主张不变，这种毫不动摇的个性导致过邦蒂号哗变⑥，来悉尼赴任，他一心铭记着新任总督的大权。加之他是约瑟夫·班克斯的朋友，这次又受任自班克斯，这也许会让人认为，他对麦克阿瑟已经怀有某种偏见。他与总督冲突将不可避免，并非起于这类个人原因。关于朗姆酒团伙诈骗或勒索行为的丑恶传言，海外当权人物已早有所闻。人们感到整顿和清理工作势在必行，政府也认为必须打发走麦克阿瑟。为了这里移民（已经脱离原先国籍）和政府之利，应同时废除军官们及其朋友们所抓取的特权，恢复原来对罪犯与小农殖民地的规划。完成这一重任的人选，此时非布莱莫属。由于是水兵出身，布莱与陆军没有关系，对于陆军部队精神或团队义气没有特别的好感。他一履任，就决心破除陆军的权力，增强政府和小户移民的权力，也就是那些在霍克斯伯里河⑦两边种植粮食的定居者的权力。布莱下车伊始重拳出击的，就是朗姆酒军官团伙这些享有特权的先生们。

麦克阿瑟太太写道："自由已退居无人迹的荒野，远离了我们。"

这是一场两种势力两种观念的斗争：一种主张政府应该实行封建的家长式统治，另一种坚持标志着18世纪的产业致富理论或工业主义，要求不受阻止地追求财富。麦克阿瑟及其朋友们实际上是站在制造商立场上，反对英国的工厂法和一切限制开发新资源的法规；碰巧的是，澳大利亚的新资源恰恰是农牧业。他们一心想要的，是更多的土地、更多的无偿劳力和能够回应他们需求的法律。他们习惯于把自身需求等同于国家利益。

斗争不可避免地采用了法律方式，且常常是复杂的形式。同样，麦克阿瑟不可避免地成了斗争的中心人物。首先是发生了关于蒸馏器部件的纠纷，麦克阿瑟进口这些部件后即被布莱扣留。接着发生了关于违犯港口规章的又一次纠纷。麦克阿瑟的纵帆船去太平洋岛屿时载去了一名偷乘罪犯。当船返回悉尼时即被海军军官们扣留在关栈，要求缴纳900英镑罚款方可放行。紧接着，他就表示反抗，立即断绝了对船长和船员们的生活供应，逼他们上岸，上边即下令逮捕他。

他儿子詹姆斯说："父亲的目的，就是要逼总督仓促采取狂暴措施。"

若真如此，他就达到了目的。只有抓捕麦克阿瑟，才能使军官们及其朋友们沸腾的怒气升至极点，造成采用武力之势。交保（释金）获释后，麦克阿瑟竭力给他的密友留下深刻印象：殖民地自由濒于危险，布莱是个不择手段的狂徒，麦本人险些被用钱买通的狱吏杀害。部队首领陆军团长约翰斯顿上校，在一次团宴之后回到帕拉马塔在家养病。在团宴上，他已得知不少针对布莱的威胁。他从家驱车回到悉尼，就立即发觉自己置身于一场危机之中：在营房附近的练兵场上，军官们群情激昂，谈锋锐起。他虚弱地请教麦克阿瑟怎么应对危机。麦克阿瑟一贯就是个雷厉风行的实干家，立即给他出了明确的主意。这时在练兵场附近，正好有一些闲荡围观的自由民，于是他就以殖民地公民的名义，正式写了要求抓捕总督的请愿书，支靠在炮架上。

就是用这样的方式把布莱赶下了台，朗姆酒军官团伙再度掌权。

麦克阿瑟当晚写道："我整整一天，忙得不可开交，竭尽全力为争取这个愤然的殖民地自由而战斗……此时此刻，毋庸置疑，这个残暴的家伙，因被推翻而愤怒得咬牙切齿。"

传统基本上同意他的看法。人们传说布莱不负责任，为人残暴，严重地践踏了这个国家的自由，最终被坚强的人民斗士麦克阿瑟赶到床下，躲在那里像个胆小鬼。

但是在同时，持不同看法者也不乏其人。比如塞缪尔·马斯登教士，肯定地还有霍克斯伯里河沿岸的自由民，都是这样的人。这些自由民，很可能像金总督令人同情地所提醒的那样，"在离开英国前，就是满脑子民主意识和时代精神了"。对于眼下这个造反政体，由于是容易被他人意见左右的约翰斯顿当头儿，麦克阿瑟像个国务大臣在指挥政务，这些人是不抱多大希望的。于是，在1808年5月1日写就的请愿书中，他们请求布莱复职。其中写道：

"几乎丧失了所有生活慰藉的我们和我们的家人，有很长一段时间，都深切感到：正义的溪流应该净化，滔天大罪应该防止，法纪应该建立，垄断与豪夺的系统应一定程度上废除。如若殖民地能在最悲惨的灾难后恢复生机，我们自然感到欢欣。"

不论是在约翰斯顿、福沃或佩特森的麾下，造反者对其胜利，实际上都不觉得愉快。他们缺乏能使他们凝聚在一起的共同思想：他们常常争吵，相互指责侵吞公款，争夺赃物。各位军官对其合法地位亦心感不安。麦克阿瑟，在这个团伙中是唯一具有确定目的和巨变勇气之人，认为这些军官个个可怜。然而他自己的地位也变得越来越不确定。新任总督麦夸里即将到任，带有指令对麦克阿瑟执行抓捕，并对其在叛反中所起作用进行审理。因此，他赶在麦夸里到达之前，就带着两个儿子逃离殖民地前往英国。

从此便开始了他长达近 9 年的流亡生活。在英国，麦克阿瑟不再受军法制约，因此人们无法起诉他，但是在麦夸里手持指令被取消之前，他也无法安全返回澳大利亚。他只有坚毅地作出勤勉不懈努力，证明当时当地情况决定了反叛布莱的必要性。虽然他与约翰斯顿在高层都有朋友，可是布莱在高层也同样有朋友：而且他发现造反在英国名声不佳，凡在英国为争取经济权力而奋斗的人一贯被迫遵守传统法规。此时的英国形势变了，他上次来英国对他那么有利的形势眼下变得暗淡多了。从整体讲，各统治集团是支持代表帝国法律与秩序的布莱的。军事法庭判定约翰斯顿哗变，将他革职。这一判决实际上也是对麦克阿瑟的不利决定。

他的处境不幸。只要麦夸里手中的指令一天不被废止，他就无归家和返回羊群之日。为使指令失效，他到处游说，四处活动，但他一切努力都归于失败。他曾一度想变卖帕拉马塔的家产，搬家到英国，但对英国的未来又不乐观：英国显得枯竭、破败，英国农业之利濒临毁灭，整个民族注定要经历一场“烈火般的熬煎”，也许要大乱要变天了！况且，吸引他的是澳大利亚，引力之大，超过他原先想象。詹姆斯和威利，这两个较小的儿子也感觉到澳地的召唤：他们交谈热切，言必称返回家园。两个较大的儿子约翰和爱德华，虽然分别负笈伦敦就读于律师学院和在陆军持有军衔，但是也都早有别的情感所牵。这一切都表明麦克阿瑟与他所归化的这个国家有着千丝万缕的联系。妻子的一封封来信，也把这片国土向他拉近了他，活生生地展现在他眼前。信中谈到伊丽莎白农牧场、姑娘们的兴趣与爱好和那个新建的宽大羊毛打包房，还谈到三位先生最终越过了蓝山⑧，没有一封不使他觉得趣味盎然。她的勇气，她管理家产的能力，对他坚韧不拔地度过自己的被迫流亡生活，都是大大的助益。

然而，在家的管理事务并非全留在妻子之手。他从伦敦大量地源源不绝地给妻子提供建议：挑选西班牙美利奴羊群她要不遗余力；她每次发信都不要忘记回答他的询问：诸如牲畜、资金、每种东西在上季度售出的数量及其价格之类的问题；她必须以更好的状态包装羊毛，而且还要保证在羊毛分类时多加小心。他本人在羊毛市场的调查研究对他显示过很高价值。他去过不同的仓库，看到过成捆的羊毛打开时是什么样子；他知道买家不看好洗涤马虎的羊毛，也不喜欢纤维太卷的羊毛。他每天都在收集情报，也就是对他人生要事头等重要的信息。

1815 年 3 月，同两个较小的儿子一起，他出发赴巴黎，开始了一次持久的范围颇广的参观学习之旅，第二年遍游法国南部。这年的旅行主要靠步行完成，为的是更易于获取农业知识。在蒙彼利埃市，他们找了两个专种酿酒葡萄的人做向导，因为麦克阿瑟已有在帕拉马塔山坡上种植葡萄的计划。他们父子一行 3 人还弄到一匹瑞士小马驮行李，沿途采集插枝和植物，向人请教关于养蚕和从油菜籽与罂粟榨油的方法。

麦克阿瑟要求妻子道："恳请你尽可能细心地在牛牧场洪水淹不到的地方，准备好几英亩土地下种，在帕拉马塔也以同样的细心备出 8~10 英亩地为了同样的目的。我们还要在某个地方找到空间种植葡萄树和油橄榄，我希望把这两种植物带出来时，它们还是活的。"

他开始一心想着能够早日回家。此时似乎有了吉兆。他始终不渝的老友沃森·泰勒，卡姆登大臣的原秘书，现又在厄尔·巴瑟斯特身边找到了一份美差。同时使他满意的事，是妻子对他说的：麦夸里本人非常愿意有人能够取消他手持的指令。麦夸里是“主政殖民地的人中，唯一具有足够的高尚思想和深刻判断力的总督，正是这位总督发现他自己的利益和荣誉会因我的最后成功而得到增进”。

不过，仍然有些困难有待解决。巴瑟斯特愿意特赦，先决条件是麦克阿瑟必须承认“他之所以离开了殖民地，是其不端行为造成的，对此他已有完全的认识”。麦克阿瑟始终不答应这个条件。他说，他认为自己在抓捕布莱一事中所起的作用，是他有生以来最具功德的行为，政府可以有不同看法，但它为什么非要他同意这些看法呢？他说这些话时的样子，足以使一个人想象到他双眼在冒昧地闪光，下唇前突显露出过分自信。这种抗上的态度，在他人生的几乎每次危急关头都给了他益处，这一次又不例外：没过多久，巴瑟斯特就在谋划帮他返回家园。

他生涯的大起大落已经结束：他剩下要做的是巩固自己的既得利益。他先后与总督麦夸里和布里斯班交上了朋友。当然，他也不是万事如意。比如布里斯班曾任命他为地方法官，后来又收回成命，他猜想，可能是这位总督听从了司法当局的建议，这表明旧怨还留有一点儿痕迹，撤去了他地方法官的冷落行为说明布莱事件还未被人忘记。他当然不好让布里斯班作出解释，只好提出要和巴伦·菲尔德法官决一雌雄，然而此举毫无结果。此时的他，尽管仍然受着幸运之神青睐（比如，卡姆登原先答应给他的另外5 000英亩土地终于到手；通过租借和购置，他的房地产不断增多），他却一阵阵感到强烈沮丧，而且不断遭受痛风之苦：他常常一连几个星期都在痛苦中度过，“没有片刻的欢乐”！美利奴羊业利益发展速度不如人意，甚至他的儿子詹姆斯和威廉也很让他失望：“在管理手下人时都缺乏足够强硬性格，对于钱财也很不珍惜。”

他那冷酷而又狂乱的心态，没有哪一段时间完全享受过安宁。他征服了，但是他的胜利却得不到承认，倒给人一种折中或妥协之感。实际上，这是传统政权与奔腾而来的资本主义这两种力量间的妥协，这两种力量在早先社会中已经冲突数百年，而在当前这个萌芽阶段，才开始突然消解。然而麦克阿瑟并不这样看，他自然把事情看作个人间的冲突。在这个阶段，国有土地突然被放开，可是对于献出精力开发土地的人仍然有障碍。这些障碍不是别的，而常常是"聪明的恶棍"，纯粹的刑满释放人员。

他妻子在1830年给子女的信中写道："你们的父亲心情郁闷，不是抱怨，就是呻吟。"

可是在4年后他去世之时，他在历史上的地位已经牢固确立。通过其不倦的热情和爱实验的本能，他开创了羊毛业，一个长期成了这个国家主要物质财源的产业。虽说他追求起个人利益来寡情寡义，对他人缺乏同情心，剥削他人时残忍无耻，但是他对国家利益却作出了贡献。也许可以说，谁要是否认他的功绩与荣光，谁就会有失其高尚。

注释

① 科里奥兰纳斯：全名为卡厄斯·马歇斯·科里奥兰纳斯（Gaius Marcius Coriolanus），公元前5世纪罗马大将，因夺取沃尔西人的科里奥利而得名。根据传说，他在被放逐离开罗马后领导一支沃尔西军队攻打该城，后因其母和妻子请求而退兵。他有超凡的精力和不息的智慧，后被写入莎士比亚剧作中。

② 邦尼查理王子：Charles Edward Stuart 的别称，1720—1788年英格兰斯图亚特王室王子，曾发动反对王室的叛乱，失败后逃往法国。

③ 蒲柏（1688—1744年）：英国著名诗人，全名是亚历山大·

蒲柏（Alexander Pope）。

④ 卢梭（1712—1778年）：法国思想家和文学家，全名是 Jean Jacques Rousseau。

⑤ 牛牧场：离悉尼不远的一大块地方，最初被人发现时看到了不下70头牛，因此名之为牛牧场（Cowpastures）。也有人音义结合地译作考牧场，后被约翰·麦克阿瑟易名为卡姆登草地（Camden Park）。

⑥ 邦蒂号哗变：哗变，意为突然暴动或反叛。邦蒂号是英国海军舰名。1789年部分船员在弗莱彻·克里斯琴带领下发动哗变，将舰长威廉·布莱及其18名追随者赶入一艘无甲板的小船，任其漂流海上。布莱大难不死，后来出任新南威尔士第四任总督。

⑦ 霍克斯伯里河：在悉尼附近，全长约480千米。沿岸系澳洲白人早期定居地。

⑧ 三位先生最终越过了蓝山：1813年，三位男士格雷戈里·布拉克斯兰、威廉·查尔斯·温特沃思和威廉·劳森，找到翻越蓝山的通路。蓝山在新南威尔士境内，面积约1 400平方千米。

2 军治总督：拉克伦·麦夸里

1809 年底，拉克伦·麦夸里肩负着贵为总督之重任抵达新南威尔士时，这里的殖民地刚到其法定年龄。自菲利普 21 年前把一船船满载郁郁寡欢的犯人带到灌木丛生的杰克逊港岸边以来，此地有了很大发展。一座密集小城拔地而起，满城是码头、客栈、店铺和一处处低矮的官方建筑群。悉尼人口已逾6 000，在帕拉马塔和霍克斯伯里河边还有一些从属的小小居民点。殖民地不再是一个只有罪犯和军官的简单社会。一些犯人已获自由，另一些犯人幻想着在假释犯制度下将获自由，军官们已拥有土地，另外还有一些自由移民。海面上颠簸着一只只小船，海岸上熙来攘往，喧闹繁忙——男人们有的在车水马龙地往官店运送产品，有的在新建筑物上忙活；女人们在开阔的场地上晾晒刚洗好的衣裳。总之，悉尼已不见最初流放地那种邪恶景象。

实际上，悉尼也仅此而已。政府机构并无发展：（在理论上）总督还是专制独裁者，只对一个遥远的英国内阁负责。公平正义只不过是法院的恩赐，法院由军法官和6名（陆军或海军）军官组成，但是军法官不具独立法官身份，他实质上只是一名军官。反专制政体的正常活动之所以尚未成功，是因为移民当中存在着分裂派别：一派是小商人和自主经营土地的小农；另一派是昔日朗姆酒团伙的军官，这些军官自信、放肆，曾推翻过布莱，当前在整个殖民地说了算，因为经济实力的天平曾向他们的利益倾斜。麦夸里受命来此，为的就是贯彻英国政府的既定方针。在英国政府看来，新南威尔士殖民地主要是一个流放犯人的地方，目标是让它自给自足，靠越来越多的小佃农的勤劳提供食物和其他生活必需品。这些小农原是流犯，获释后，愿意定居在自己租来的土地上。正是为了贯彻这一方针，才致使布莱处于与麦克阿瑟和其他非法贩卖朗姆酒者严重对立的困境。这些人，通过朗姆酒骗取了小农们的土地与家畜。很显然，他感到他是在根据英政府的各项指示和授权履行着自己的职责。

麦夸里的第一项职责是报告布莱事件。报告虽然措辞冗长，但有一点很明白，那就是相冲突的派别间斗争却跃然纸上。作为陆军的一员（他曾生活在他称作“服从学校”的军队长达30年），他自然偏爱自己的军种。作为总督，他自然同情布莱，这个易怒的老水手执掌邦蒂号时，麦夸里就遇见过。从总体上讲，麦氏感到较好的做法是将事情平息。于是乎，紧接麦克阿瑟和约翰斯顿上校同乘商船赴英后，布莱即以军官身份乘自己的船到了英国，让英国法院裁决他们孰是孰非。

但是，未过多久，他开始面临布莱曾经面临过的同样难题。所不同的是，他身边的气氛有所好转，他实现意志的手段更加有效。朗姆酒团（正式名称是新南威尔士部队或保安团）已被撤销，团里那些继续拥有土地的军官更倾向于接受麦夸里，因为他和他们同样，也是陆军军人，而不像他以前的几任总督那样出身于海军。况且，他还带来了自己的陆军团①和苏格兰高地人首领生来就有的权威。他是阿尔弗②宗族的成员（他爱说“因为我是阿尔弗小岛的首领”），他的举止与风度都能显示出他的家族意识。他看上去出类拔萃，高贵专权，自尊自重。他在世界各地经过长期戎马生涯之后回到伦敦，又在军务局当了3年副局长，因此，他每到一处，都在官场留下了美名。

与麦夸里同船来殖民地的埃利斯·本特，原是英国北部巡回审判团律师，将出任军法官。本特这位男子汉温文尔雅，富有教养，在社会交往上又灵活圆通。然而对于法律事务，他总是一丝不苟，严肃维护法律传统和司法机构的尊严，正是因为这一点，他说的和写的都能令人信服。在乘船漂洋过海这段时间及其以后，他和麦夸里成了亲密朋友。可是到后来，由于自己对法律的严谨态度，他与麦夸里产生了矛盾。必须说明的是，让本特这样的人作军法官这一任命，对于那些为制度自由而奋斗的人士，无疑是个大大的抚慰。迄今为止，人们一般认可的是：在法官席上，军法官和另外6名军官的地位差不多相同。法官席上的人不过是官方机器的零部件，行政机构的工具而已。埃利斯·本特对此观念从不苟同，因为他对布莱克斯通③法学的严守，几乎到了迂腐的程度。

此时此地，尽管少数人已经占有几乎半数的转让地，殖民地似乎迎来了一个机遇期：它可以在新主政者支持下，根据菲利普首倡的政策重振旗鼓了。转眼间，罪犯溪流有所缓和，使得无偿劳力的紧张状况有所改善，因此可以为麦夸里提供大量人力实现工程建设计划。以人类苦难为巨大代价使英国富强的工业革命，现已进入摆脱其意外后果的过程。这场革命结束了一个时代：在这个时代，公地被圈为私有，快活的英国农村人口被迫流落到制造业城镇的街头，剩给他们的是毫无选择地自谋生路，只好作农场工或偷占他人土地从事耕种。由于工业革命，在遍布各地的工业中心，一个新的无产阶级，也是一个人口迅增的阶级，应运而生。原因很显然：在工厂里和煤矿里照管起机器来或在矿井下推起煤车来，童工和成人差不多同样有用。工人们不但工资少得可怜，而且任何建立组织的努力都会惨遭禁止。对于成功的中产阶级，自由竞争论几乎成为信条：除此之外，还有什么能够解放生产力；除了生产力，还有什么能给他们权利！他们培育出一种冷血的唯理主义，把自己的目光从喧闹不安的工业城市移向码头旁满载的快速帆船和白厅前的盛大场面。

关于英国，这个工业主义正在兴起的英国，人们贴近实际的描述在当时的文学作品中很少看到。这种情况造成一种法兰西优雅和田园式简朴之风。人们欲知真正的现实，只有到贺加斯④的画卷和克拉布⑤与布莱克⑥二人的诗篇里去寻找。在法院记录中，足可说明或让人们看清这样一个国家：对于私有财产的尊重，国人持有截然不同的态度：小偷们拒绝接受，曾为大盗者残酷地加以强化⑦。在人类文明史上，盗窃在一个国家如此普遍，也许就是空前的。刑法造成的罪犯之多，达到了监狱不够用的程度。一船船超载的犯人一开始都运往弗吉尼亚，而现在都来到了新南威尔士。

如若声称，麦夸里即将统治的悉尼市罪犯人群的大多数都是专制行为的自觉反对者或者只是试着做过小偷小摸的人，这未免失之荒谬。但是，在任何一种社会中总会很有那么稀稀拉拉几个人，因为一种病态的暴力癖成为犯人，这倒是有很大可能。至于“制度”的残酷状况，造成另外的人遇难，也是不可避免。然而此时此地的现实依旧是：在这个松散的社会中，朗姆酒成了一种通货，规章制度不易实施，但是暴力犯罪之数量，按人均计算，却比不上英国。领了执照的一个个“摇滚乐”场所，即悉尼城内邪恶一角或想象中的藏污纳垢之窝，根据一位观察家的评说，在行为上，都不会比伦敦大多数同类场所堕落。不幸的耻辱落在“罪犯”一词上久久不去，有权人出于社会和经济原因都愿把耻辱保存在那里。特权阶级从来没有像现在这样富有权力意识，也从来没有像现在这样热切希望他们这些权力仍然毫无争议。土地所有者和官员们比较能够容忍的罪犯只不过是那些犯过小偷小摸的人，而不是苏格兰人改革派，爱尔兰人造反者，或与诺尔哗变⑧有牵连的英国水兵。

麦夸里自然有自己阶级的一切偏见。他是托利党党员，严守教规的圣公会⑨教徒和一个久在纯粹军人圈子生活的人。但是他首先是一个有本能、有人性、有热烈感情的人，对于虚伪疾恶如仇，这也许是因为他对自己家族先人合群生活的团结一致念念不忘。他生性有些天真，这种性格特点既可爱又古怪。在乡野地区，他曾张贴告示要求土著人能够行为端正，想以此劝阻他们突袭自由定居民；对于到达悉尼港的流放犯，他给予布道，劝说他们能过规矩的生活。在所有这些行动中，麦夸里的自然冲动正好和他被派来要重新履行的方针相一致。他一刻也没有忘记：殖民地就是为罪犯建起的定居地，他的职责就是把犯人尽可能多地变成自由民。他到悉尼后没过多久，就开始抨击富有的地产投机商和非法买卖朗姆酒的人，抨击他们对其道德的标榜，批驳他们永远比流放犯高一等的自称自夸。他请刑满释放者共餐，同时鼓励手下官员也这样做。他认为适当时，就提拔他们当法官。他全部的精力和行为只有一个目的，这就是打破服过刑者和未服过刑者的界限。

后来，他给比格专员写过这样的话：“我最初进入殖民地时，和你同样感到，而且我相信我还可以加上‘人人都感到’这句话——在那样一个时刻，我的确没有料到，对于罪犯和曾为罪犯者，除了控制，我会有任何别的交往。然而，短短一段经历使我明白，在我发现的很少人中，最值得推荐的，最能干又最愿意为公服务的人，就是昔日曾为罪犯的人！”

例如，亨利·富尔顿教士，被疑为爱尔兰人造反派同谋而作为流犯被船运到殖民地；第二个例子是海军前军官雷德芬：他受到责难，仅仅是因为他年轻时在诺尔给几个水兵说要团结在一起的话而偶尔被人听见了；第三个例子是建筑师弗朗西斯·格林韦：他受法办只因为被派去隐藏破产资产并为他在巴思⑩认识的菲利普带了一封信而已。凡是类似这3位的人，在道德上肯定优于朗姆酒团中的大多数人：这些人一心想暴发致富而投机取巧。麦夸里能看到这一点，实在值得颂扬。可是他的这一良心带来了他与社会中有影响力人物的冲突，甚至还带来了他与像埃利斯·本特那样文雅持重的传统派的矛盾。

他的第一个经济难题是土地问题。大部分公共地产已被侵占。几近12万英亩业已转让，在当时看来，这一数目相当可观，因为尚未发现越过蓝山的通路，可以得到的肥沃土地只限于帕拉马塔周围和霍克斯伯里河沿岸的几小片地方。人们的眼光当然不能只盯着这几个地方——麦克阿瑟和他的两位朋友早已得到庇护，占据了其中的牛牧场这样一大片肥沃土地，他们每人都有100多名罪犯在这里帮他们养羊。前几任总督都大手大脚拨地给人已成惯例：有时竟然拨地给手下官员作婚礼礼物。最早时的理由是：不惜任何代价鼓励食品生产，凡是有资金又能耕作者均可得到拨地！只要交10英镑就肯定可以买到一个罪犯劳力，同时还可得到政府补给品，所谓的低微工资也主要是以茶叶、烟叶和衣物等实物支付，所以无需什么成本。然而奴隶式劳动总是效率低，使得该土地政策的总体结果非常差，殖民地公众无法填饱肚子。

原因之一是许多得到拨地的人从不愿意在土地上劳作，有时候没等把土地看上一眼就卖掉了。土地以此方式投了资就必须营利，经常性的开支就在加大。牛肉和其他产品，除了官店再没有市场。在物价被定低时，农牧场主只好杀掉自己的牲口吃肉，把谷物拿去喂猪。少数农牧业主缺乏任何真正的农业知识或根本就不喜欢务农：他们只是连续不断地种庄稼，不知道休耕，也不回报任何东西以增土壤肥力，等土地肥力耗尽，很可能，他们就把这样的地卖给新来者。

麦夸里不忘其故土的小农们，一心要把定居于土地当一件大事实事予以落实。他所颁发的拨地契据包括3条新规定。第一条规定收到契据后5年内不得转移或转让土地，如有违犯，则契据无效，所受土地必须回归王土。另外两条分别涉及土地开垦和土地耕种，规定必须在5年内对所受土地的一定比例进行开垦和播种，否则，就会受到第一条规定的同样处罚。

但是，对于临接每块拨地的惯常专用地，麦夸里没有作上述规定，为的是通过国家发展过程中土地自然增值使国家受益。实际上，他作的那些规定实行起来也是困难重重。对于仅以普通人利益为基础的道德观，有人是不尊重的。军法官埃利斯·本特就是一例。因为他对其法院纯洁性的看法严谨到一丝不苟，所以他对让刑满释放者，现为帕拉马塔制造商的西米恩·洛德当法官之任命不能容忍。而且他自己又乐于没等到期就卖掉了他本人和他两个双胞胎儿子的获拨土地。他真心尊重的是英国法律传统。他能够用深奥和让人神经紧张的难懂英语捍卫法律的种种传统。语言之艰深可以把麦夸里弄得似乎像个不善辞令的小学生。他有诚实的思想而且可以言行一致。唯一不幸的是，他这些思想都形成在一个固定而局限的社会，到了当前这个易变的不稳定的社会，统统失去了生命力。

然而，实实在在的进步在取得，一条条新路在测勘，一座座重要的建筑物拔地而起，随着越过蓝山的通道被发现，广阔原野的一片片处女地被辟为定居区。源源而至的罪犯提供了一切需要的劳动力，唯一的苦恼不过是开支的增加。年轻建筑师格林韦，为悉尼的全城改建作出了规划：在市中心建一环形广场，广场上立一座大教堂，所有大道都从广场辐射出去，还要建一座司法大厦，四周林立着古希腊柯林斯式圆柱，沿着港口要建起一系列防御城墙，且要用石材把码头建得漂漂亮亮。对于这个年轻人的美好理想，麦夸里给予热情鼓励，特任命他为殖民地建筑师，并给他每日3先令的薪酬。若对建筑师的支持得以继续，人们则会看到一个建得更加美观的悉尼。不幸的是，建设费用在加大，殖民部不禁忧虑起来并提醒麦夸里殖民地已在入不敷出。麦夸里也看到了这一点，格林韦规划的实施只能因新经济政策的实行而夭折。

实际情况是：麦夸里的为人，与其说靠原则理智不如说靠感情冲动，这种性格造成了他为政的即兴特点，也使他处处陷入矛盾境地。建正规医院这件事就是一例：他到悉尼不久就明白了建个医院的必要性——越来越多病人的事不得不由当局处理，但是能找到的病房只能是菲利普时代建造的现已摇摇欲坠的一座破败房子。资金从哪儿来呢？精明的三位一体——企业家西米恩·洛德、达西·温特沃思和布拉克斯塞尔，主动提出立合同建医院：条件是给他们进口酒类供全殖民地消费的垄断权。尽管当时麦夸里正在展开大反非法买卖朗姆酒运动，他还是答应了他们的条件。医院建成了，其部分建筑直至今天仍屹立在悉尼。

接下来的一个例子是他对于批给售酒执照的态度。他真心诚意想限制殖民地饮酒量，消除 20 年来徘徊在悉尼的朗姆酒气味。他发觉城区特别引人注目的一点是：很多零售商，甚至面包店主和肉贩们，都有售酒执照，他们自然会鼓励过往行人到店里小坐小酌，这也是他不愿看到的。麦夸里给手下地方行政官员发号施令，要他们一定要大大削减执照，如无好人品的最有力证据，任何人不得持有之。可是，那些特别想求执照者，必须找他本人，说出自己困难的可信理由，他才愿意背着手下官员发给他一个执照。结果是饮酒量趋于增加而不是减少。

麦夸里实际上已经开始喜欢行使专断权，而且是为权而用权：权成了他人生的乐趣。1814 年，最高法院设立之时，军法官本特的哥哥杰弗里·哈特·本特⑪出任法官，麦夸里的权威第一次遭遇真正的反叛。两人之间的冲突表面上看，是有关刑满释放者在法院行使律师权之争，而实际上其根源是二人各自对权力的要求。杰弗里·哈特·本特和他弟弟一样坚信法律传统的绝对纯洁，不一样的是他为人好斗，跟着感觉走，且有果敢行事之偏好。他不喜欢罪犯出身的律师与他共事的思想，且固执地认为地方之具体情况也不应改变这件事。纵然这样的司法人员本人诚实可靠，此事依然不必考虑。只有法院的尊严在大众心目中不容损害才是重要的。有一次，只因与他坐在一起的两个地方法官对他的裁决表示异议，他就关闭最高法院，一直关到英国政府下达决定的那一天。

麦夸里对此无权干涉，但是他说对没向他汇报这件事表示反感。然而本特活力四射地断言：汇报全然没有必要。

本特说："我的职权全然不同于阁下的职权。在行使本人职权时我不需要报告任何人，除非他是有权接受阁下汇报的人。"

他补充说，不论根据他任务的要旨还是根据英国大臣们对他下的任何官方指示，他都不受麦夸里指挥。

昔日对刑满释放者的偏见之火，曾一度被麦夸里设法踏灭，现又呈死灰复燃之势，敬重传统法律之风，又把麦夸里脚下的死灰吹起红红的火焰。麦夸里的权威又在其他方面受到挑战，挑战者不是别人，恰恰是他热情欢迎从英国来到这里的年轻自负的法官杰弗里。总督兴办的最早公共工程之一，是修建经帕拉马塔至温泽长达 36 英里的公路。此举对农牧民运产品进城大有益处，但是费用太大，尽管它是使用罪犯劳力修成的。为了提供养路资金和清偿债务，麦夸里建起了收费站，对通行者实行收费制度。

本特拒认总督的收费权，因为收费就等于强加税。一个比法律事件更重要的问题出现了：即他个人的尊严受到冒犯。原因是：关于交费，他被给予豁免，就好像他是麦夸里手下的一个普通政府官员。他写了一封侮辱性的信给麦夸里，拒绝豁免，不承认麦夸里有豁免授予权，还质问总督说："难道他和总督不享有同等权威吗？"有一次收费站把他的车马卡下，他则闯破关卡，策马驰过，事后还扬言任何人都无权对他传召。

这个名叫麦夸里的独裁政府，由于议会制法律的这次实际体现而遇到一种阻力。这位有民主精神又醉心高洁冲动的托利党党员，面临的是个自尊果敢的辉格党人，此人自信其权力仰赖他的全体同胞英国人赢来的特权。这个扎根于家长制经历的苏格兰高地人首领，不得不面对的，则是一个18世纪英格兰男人，一位充满胜利喜悦的中产阶级的代表人物。这是一个使麦夸里忧虑又深思的形势，对于自己职权的本质和人权问题他都要反思。对刑满释放者的支持他更加坚定不移，他甚至把这种同情心扩及一般犯人。1817年7月发生的一次事件，无意中又成了证明他仁慈的机会。这一天，以一个名叫德雷克的男人为船长的罪犯运输船查普曼号到达悉尼。船上挤满了带着镣铐的犯人。随船到来的还有一则有关此船在公海哗变的传闻，说什么费了很大的劲才没能让哗变罪犯们劫船的企图得逞，还说什么哗变者7人被击毙，其他人受伤。船长不顾麦夸里的指示要求和一般习俗，坚持说不到船靠岸并把罪犯交到岸上当局的照管之下，他是不会把罪犯身上的镣铐取下的。

转眼间，传闻弄得全悉尼满城充满怒火，群情激昂，如火山爆发，已显而易见。对于大多数人来说，流放生活之可怖可谓是尽人皆知，无论是凭耳闻还是凭亲历，都无不如此。对关于哗变的报告，他们都心存轻蔑与怀疑：谁能说这不是为野蛮和凶杀行为纯粹找出的老一套借口？在一条条街道上和一家家酒馆里，人们的激动与狂暴达到了无以复加的程度。查普曼号上发生的实情在悉尼众口相传，人们针对船长及其手下官员举行示威，几个船员上岸时被抓被打。

麦夸里和其他任何人一样，深为漏出来的传闻所打动。他扣下行船记录并对整个事件开始查问。真相大白的是，船上根本就无真实的哗变企图：真相是几位士兵一时惊恐失措，奉命朝挤满犯人的货舱开枪。而调查委员会，关于对查普曼号船长和船上其他官员如何处置心存疑虑。对他们可加什么罪名呢？殖民地有哪个法院能对公海上的事有司法权？对麦夸里摆出的难题越多，他把犯事者绳之以法的决心就越大。他对法官们逐个走访：他否决他们的汇报，他还设法强迫新法官巴伦·菲尔德发表和他自己相同的意见。他还明令：未经他本人许可此船不得离港，他还派一位陆军卫兵上船，带有他“若有任何移动该船的尝试，可对涉事官员开枪”的口谕。当事态表明对被他视作凶手者在悉尼不能作任何处置时，他只好作出安排，把这些凶手由卫兵押送到英国回应军事法庭或刑事法庭的传唤，并派 13 个罪犯随行，以充当证人。

麦夸里也许可以为自己省去麻烦。把被告马马虎虎审判一下立即无罪释放并无不可。麦夸里受到无情责备，明显因为其行为被人看成了小题大做。人们提醒他给大家造成的不便。他受到苛责尤其因为派犯人到英国作证人，其中几个还是罪大恶极者。至少可以说这些人尚无自由，无作证资格。

此事对麦夸里是一个打击，促使他进一步思考社会制度。若事情由他亲手处理，就会大大提高效率！

他曾这样写道：“对于用我的方式所能给予的有效公平，尽管我只能绝望，因为那是我听了军官进言丧失主见后采取的方式。但是，我仍然希望罪犯们迄今在某种程度上遭受的残酷和暴力在这里消逝，在将来可以做出充分努力，至少要保护罪犯们的人格……”

心地高洁的麦夸里有着个人的精神慰藉。在他看来，土著人不乏人情味令他感动。他因此每年都在帕拉马塔为他们组织盛宴，烤上一头大阉牛，并发给他们毛毯！可是他也有自己的苦恼，在自身人品方面和他兴办的公共工程方面，他一直在受着种种认识误区或心理妄想的折磨，这样的妄想任何独裁者都无法摆脱。他的心态是：他所做的一切都必须无错无误；在任何事情上，只要是反对他的人，无不自私和腐败；同意他的人，都是道德完人。他与听话的或容易控制的人交友，与有独立意志表示异议者争斗。很自然，他的信息渠道越变越窄，除了《政府报》再无别的报纸。国内发生了什么，他只能从他个人的支持者那里得知。政事纯粹变成了私事。即使他制定出好规章制度，他也没有保证落实的实际措施。在处理朗姆酒买卖和土地法规方面依然存在混乱，在大批自由移民开始到来之时，这种混乱会更加糟糕。

接着还有英国政府政策的摇摆不定，不再牢牢坚持原来的农业经济计划，这种经济以定居于小农场上重获自由的原罪犯为基础。羊毛业日益壮大，且有接受大规模投资之机遇和吸纳罪犯劳力之能力，也许会成为一条真正的发展之路，这有可能吗？

运动普遍展开，这是一场得到塞缪尔·马斯登、一户户定居民和早就拥有土地者支持的运动。这场运动使人们感觉到，它赞成一种形式更为宽松的政体，在这种体制下实行陪审团讯问，使贸易更自由并改善了司法。麦夸里对这种进展表示同情。社会气氛已经改变，变得与麦克阿瑟及其一小撮土地持有者可以左右民众生活的时候大不相同了。在这一变化过程中，麦夸里功不可没。由于他的支持，刑满释放者身心变得坚强，挺起身来做人比从前容易了。在悉尼走在路上，他们不再必须给原来的军官让路，在公共饭桌上交谈，也无须不安地扯动嘴唇强装微笑，在古老贵族们的情感中，对他们也许还有敌意，但是他们已经能够应对了。

造成社会较前繁复，至少还有其他力量在起作用。殖民地人口已增至4万，其中本土出生的占相当数量，对于这些年轻人，前辈人之间的分歧几乎毫无意义。当时的观察家注意到这新一代人身上有种种迹象表明一种个性。不管小伙子还是大姑娘，其身高都超过了父辈，且肤色较白，五官较小，四肢柔软灵活。英国政府派出的专员比格曾说：新南威尔士不同于别的殖民地之处在于多数定居者都视之为自己的家园。麦夸里执政时期是个快速发展的时代，一个在松软的土壤上匆忙扎根的时代。

他的事业就这样结束了。他投入事业的，没有别的，只有他全部的精力，一个诚实、冲动、平易近人者的精力。然而在当时的情况下，他的付出，也许已经足够了。初到殖民地时，他看到的是一片生态蓬乱的定居地，经济上不稳，地域上为大山所阻隔，社会因海军当权者与谋反的富有地主军人集团争斗而变得支离破碎。离开殖民地时，他看到的是另外一派景象：比较起来，是满目繁荣与太平：像样的公共建筑物把首府装饰一新，巴瑟斯特平原的偏僻地区得到开发，平民政府之基已经打下。

注释

① 陆军团：指的是麦夸里任名誉团长的英国陆军第73团，该团成员均为苏格兰高地人，随麦夸里到新南威尔士殖民地取代原来的驻军——前4任总督时的新南威尔士部队或保安团。

② 阿尔弗：（苏格兰西北海岸外由约500个小岛组成的）赫布里底群岛之一小岛，麦夸里就出生在这里，这里的人具有很强的家长式宗族传统。

③ 布莱克斯通（1723—1780年）：全名是威廉·布莱克斯通爵士（Sir William Blackstone），英国法学家，主要著作为《英国法律评论》，这部书是对英国法律的阐述，长时间被多数人视为权威法学论著。

④ 贺加斯（1697—1764年）：全名是威廉·贺加斯（William Hogarth），英国画家和雕刻家，其作品（如《浪子生涯》）讽刺地描绘了18世纪英国上层和下层社会的现实。

⑤ 克拉布（1754—1832年）：全名是乔治·克拉布（George Crabbe），英国诗人，尤其以恐怖的现实主义叙事诗著名。

⑥ 布莱克（1757—1827年）：全名是威廉·布莱克（William Blake），英国著名诗人，其代表诗集为《天真之歌》和《经验之歌》，其诗作标志着浪漫主义的开始。他又是画家。

⑦ 这一句是意译，其根据是17世纪以来流行于英国的一些歌谣。该句原文是："…repudiated by those who stole the goose from the common, and harshly enforced by those who had stolen the common from the goose."可直译为：从地里偷鹅的拒绝接受，曾经从鹅那里偷地的残

酷地加以强化。

⑧ 诺尔哗变：1797年由英国皇家海军一部分水兵在诺尔发动的一次叛乱。诺尔是泰晤士河口附近的一个沙洲名。

⑨ 圣公会：基督教新教主要宗派之一。16世纪欧洲宗教改革运动时期产生于英国，并将英格兰圣公会立为英国国教。鸦片战争后由英国、美国和加拿大传入中国。

⑩ 巴思：英格兰西南部历史文化名城，并以温泉著称，1991年人口约8万。也有人译之为巴斯。

⑪ 杰弗里·哈特·本特（1780—1852年）：比其弟埃利斯·本特（麦夸里政府的军法官）大3岁，1814—1817年任新南威尔士最高法院法官，因与总督麦夸里政见不合而去职。

3 土生自仔：约翰·巴特曼

有一种气氛，可以使人感到友善的甜美和健康的活力。每当我们遇上这种氛围，它总是弥漫在约翰·巴特曼这位人物的周围。他就是19世纪初在悉尼一带成长起来的新一代典型，也是麦夸里总督所喜欢的那批年轻人典型：总督想从这些人中挑出人选组成一队队重骑兵，在通往温泽的大道上疾驰，风度潇洒又生气勃勃；或在帕拉马塔大街上急驰且信马由缰。但是，他无任何变态心理致使他们中的一些人嚣张地显示自己的独立与威严。巴特曼体大力大，性情愉快，处世真诚自我，不为身边权势所左右。他被好友休姆称呼为“忠实的约翰”。“忠实”这个形容词在当时有褒扬意味。他无社会抱负，也几乎没有别人（包括自由人和非自由人）心中的阶级与地位意识，正是这种意识才造成了人生的一种大杂烩，其中尽是些无关紧要的欣喜与羞辱。关于他那些冒险计划，一直可以说是个大笑话。比如，有一次他和菲利普港的土著们签了可笑的协议之后，闯入约翰·帕斯科·福克纳在朗塞斯顿①的酒馆，活泼泼地大喊道：

“伙计们，你们看哪！我成了世界上最大的地主啦！”

1800年，巴特曼出生于帕拉马塔的一个果园主家庭，父亲种水果供悉尼市场销售。他的家乡在当时是个令人愉快的地方，很适于男孩的成长。人工栽成的树篱，鲜花盛开的果园，在绿草成茵的河边湿地上，牛群啃着青草，处处都已经是一派人烟定居的景象。要看得出居住点结构令人神伤的一面，只有在周日，罪犯们从周边农场聚拢来，做完礼拜闲荡在酒馆和不洁场所附近之时。在这种时候，人们几乎不能忘记：身边的每根柱子，在某个时候，都曾经是惩罚犯人的鞭笞柱，女犯工厂依然是个可怖地方，尊敬的塞缪尔·马斯登教士也不只是这块新国土第一个旨在社会和谐的基督教传教士，不管他的讲道多么雄辩又多么单纯。在严肃的事实上，他主要是个养羊者和地方行政官。正如罪犯们自己所说：

“星期天他为我们的灵魂祈祷，其他6天他使我们的身躯极度疲劳。”

然而上述这一切，都与人们认可的制度不可分割，因而对一个孩子构不成什么压力。巴特曼的同代朋友很多：有自己的同胞兄弟亨利，有汉密尔顿·休姆，有小怀特，就是后来娶了他妹妹玛利亚的小怀特。他与土著年轻人们结伴同行，对家乡周围的原野进行探险，并学会了事实证明对他们每个人都有用处的丛林生活技能。他们念念不忘走出家乡，在外面的世界发现奇事妙境。在巴特曼不满15岁时，他年龄最大的朋友休姆伙同自己的几个兄弟，就已经完成了某种认真的探险，在他家乡之外往南不远的地方发现了一个名为贝里马②的崭新地区。可是，对于他们这些既无资本又无获取拨地权的年轻人来说，这片土地的发展前景很有限。他父亲只好把他送到悉尼，在一家木轮修造厂当学徒。

他学的这一行，很可能，似乎也带不来多大发展前景。帕拉马塔周围的乡下，对于一个小伙子来说，也许具有自由的气息；而悉尼，肯定地说，毫无这种气息：任何一种体力劳动都被人看不起，觉得不光彩，每天一大早，兵营大门打开，让上着枷锁的犯人潮水般涌出，流向城内，在卫兵看守下，分成不同的班组，迈向各种各样的场所，或去建筑工地干活或去修筑道路。在这种劳动中和他们角逐的，唯有身份为“穷苦白人”的自由民。甚至假释犯也不愿干这同样的劳动，而想方设法尽快开个自己的小商店。既聪明又有魄力的巴特曼自然不愿待在悉尼，于是四处寻找逃脱的门径。20岁那年，他终于如愿以偿，和同胞兄弟亨利一起，逃到了范迪门地③。

在接下来的10年中，他的人生都致力于在一块新国土上发迹。在本·罗门特④山附近的金斯顿，他一心一意地办着一家农牧场，没用多久就在当地少数自由定居民中，从某种意义上讲，成了一个人物。与在帕拉马塔出生的这位年轻人老在一起的，是一种闯劲和魅力。从最宽泛的意义上讲，他是一位“交际高手”——无论是在阿瑟总督的客厅还是在篝火旁置身于土著和罪犯奴仆堆中，他同样感到轻松自如。对于他的男性小毛病，如瞥美女和偶尔贪杯，他们都持宽恕态度。就连他的异常婚姻，也被看作一件纯粹的“浪漫”事。他在家附近的山里邂逅了一个年轻女逃犯，即刻把她保护起来，后经政府默许，他确保她获释并娶了她。她给他生了一男七女，他们的生活，至少有几个年头，成了幸福家庭的模范。

当时的霍巴特，不像悉尼那样排外。对于这位热情、率真、年轻的悉尼人，即使是最怀恶意的社会势利小人对他进行中伤毁谤，也难以让人相信。1826年的一天，在西蒂厄山坡，他单枪匹马将臭名昭著的丛林逃犯马修·布雷迪抓获，一时间在当地声名大噪，就是在此时他依然低调为人。他善于和土著打交道，因此成了阿瑟总督的有用之才。一场残暴的“黑战”⑤在塔斯马尼亚已经打了几年，这场战争的明显特点就是来自白人们野蛮的报复行为，他们不断发誓，只要一看见任何一只“乌鸦”（土著）就当场射杀，对于业已形成的这种恐怖气氛，巴特曼很觉反感。他向总督请愿，让他到两个种族间斡旋。他的种种努力在一定程度上奏了效。他亲自接近部落中最好战者，并赢得了他们的信任。如果说他的努力未能阻止这个命运悲惨的民族最后覆灭，但至少产生了一定助益，对一般人们产生了一定影响，在大众对待土著的行为上多了些许仁慈。在他与土著的所有交往中，他从未开过一枪，这种行为本身在当时当地无疑是一大成功。

作为对他在土著中工作的奖励，当局给他追加 2 000 英亩土地。可是在芬格尔⑥地区，乡野环境恶劣，什么草都长不旺，在这样的野地上养羊，他几乎看不到任何希望。于是他把眼光总是投向澳洲大陆。有一次野营，参加的有总督，有土地测量员约翰·韦奇，还有一位英国年轻人查尔斯·达令（后来出任维多利亚总督）。他对这伙人概述了一项计划：先乘船北上卡奔塔利亚湾⑦，然后沿陆路南下悉尼，沿途探察新国土。这一远征探险需要财力支持，阿瑟总督答应向国务大臣提交建议，可是后来他承认忘了这件事。巴特曼脑中掠过的许多计划中很可能这是唯一被忘记的。他的老同学休姆讲了穿越墨累河的陆路旅行，途中发现了肥沃的原野，他听后激动不已。把船停靠在霍巴特的一群海豹猎人，也给他讲了在菲利普港附近优越畜牧地区的见闻。他就想：既然有沃土可供开发，为什么还要待在这个贫瘠地方苦挣苦熬呢？

至 1835 年，他已经说服一些朋友，组织一次私人远征以探明新国土情况是值得的。这些人主要是商人和专业人士，诸如霍巴特的律师杰利布兰德，土地测量员韦奇，眼下刚完成对他新获拨地的测量，还有年轻的亨利·阿瑟。另有少数几位农牧场主，他们都急于在大陆得到较好的土地。巴特曼主动出任探险队领导是理所当然之事。他租了一艘 30 吨级的纵帆船里贝克号，伙同他手下的 3 位男工和 7 位悉尼土著，于 5 月 25 日从朗塞斯顿扬帆起航，开始了海路探险。

巴特曼的航海日记显露出他性格的大多方面：他好奇，乐观，见解新颖，都被天真质朴地描述出来，令人觉得生趣盎然。

他的船长罗布森后来说："巴特曼勇敢，强健，冒险，且坚定不渝。他无所畏惧，一不怕风浪二不怕恶劣天气。"

之后，这位船长听到约翰·帕斯科·福克纳对巴特曼关于自己所见国土的描述进行恶意嘲笑之时，便立刻作证，说巴特曼所述属实。

对于巴特曼日记的确切性现已无需辩解，因为历史学家们已一致认为它基本真实。他横穿过菲利普港岬周围的大片土地；他与普伦提河边的澳洲黑人签订过著名协议；在现在主桥的附近的亚拉河段往自己的大桶装水时他深受感动，竟说出了"这地方将成定居区"之卓越见地。所有这些都毋庸置疑。

可是，怨恨产生了。因为这种怨恨，在巴特曼之行几个月后，福克纳也乘船开始了航海之旅；因为这种怨恨，福克纳一连几年对巴特曼展开了口头困扰，想方设法让巴特曼放弃他要成为墨尔本创始者的断言；也是因为这种怨恨，才令人们关注这两个人的明显不同。在朗塞斯顿，福克纳开了一家酒店，还办了一份地方报《广告商报》。他精明、睿智，有政治头脑，使其酒吧成了全城公众的生活中心，他自然对国内发生的事情最为熟知。巴特曼从海豹猎人那里听到的消息他也听到了，而且很想尝试一次去菲利普港或波特兰湾的探险。里贝克号船停靠朗塞斯顿期间，他曾接触巴特曼并询问巴特曼的种种打算。两人当时很是友好，正如巴特曼所言："我们在那里安居得越久越好。"

然而，福克纳忍不住暗想：巴特曼的探险团体并没要求他参加，似乎急于在其一系列发现中抢在他的前面。他对比他年轻的巴特曼及其同伴们疑虑重重。这些人中不是有总督的侄子亨利·阿瑟吗？他们有亨利作伙伴不是让这个团体占优势吗？巴特曼实际上不会随时"向有钱人行贿"吧？在福克纳的疑虑中还不只是这些个人感情。在一定程度上讲，福克纳还是一位有公益精神之士，关注国家发展，随时准备站在穷苦定居者一边以对抗富人。不论是他的酒店还是报纸，都是社会论坛。在他后来漫长的墨尔本政客生涯中，他始终坚定支持民主权和公民自由权。但是，他的人品却是易怒、多疑和报复的。他是个小个子男人，身高只有5英尺2.25英寸，然而他身上的每颗微粒都发射出刺人的力量和热度。他有生以来就深知：权势的脚跟多么沉重，对那些一度失足者折磨得又是多么无情。他父亲就是因为某种小错就被判作流犯，11岁的他就陪父亲上了流犯船。后来他到丛林荒野当了锯工，又被送到悉尼，足有3年之久，他所干的就是帮葡萄牙囚徒逃逸。他只有一条路，就是完全通过顽强精神和坚强意志才能为自己开辟一条独立营生之路：做面包，当书商和开酒店，均无不如此。昔日的不公正燃起的火焰在他五脏六腑中燃烧，对任何安享富贵者他总是投去愤恨的目光。

至于巴特曼，可举一例。他是出身于人民大众的年轻人，然而似乎很有点缺乏阶级意识，感觉不到阶级间或自由人和非自由人之间存在的鸿沟。他在世上走，脚步都是轻快的，他为人大度、粗犷、快活、充满活力。每谈起前往大陆的航海之旅和作出的了不起的发现，以及通过与土著签协议为自己及朋友们谋得适合养羊的大片新奇土地，他就欣喜不已！

这个协议，在岛屿塔斯马尼亚，成了智者中的一则大笑话。他们援引巴特曼离开前就被杰利布兰德写就的生硬法律术语，他们还写幽默小品，说什么巴特曼一伙人在霍巴特街头遇见了不止一位居无定所的土著王，用一块烟草饼就换取了大片领土，还说什么所谓皇家签字，是用赤裸的脚趾夹着羽毛按时贴到羊皮纸上的。可笑的事还有：在普伦提河边巴特曼和贾加-贾加⑧及其弟兄们完成了荒谬的仪式；之后，杰利布兰德准备停当又被巴特曼看重的各项文件。人们不禁纳闷：这些头脑简单的土著代表自己及其后人答应

“给予，拨给，赐以”并批准给巴特曼及其后人和受让人土著实际上的一切猎场时，他们对其行为到底能懂多少？但是，他们至少用自己的签字换到一些实惠：巴特曼很大方地给他们毛毯、镜子和短柄小斧。或许，在与白人的交往中，几乎没有几个土著的生活得到改善。而巴特曼对于土地的所有权，与昔日获得了帕拉马塔周围和霍克斯伯里河岸边拨地的军官们的所有权相比，至少可以说，似乎同样合理。所不同的是：前者来自土著所有者，后者来自一位过一两年就会离开这块国土回英国的临时总督。

然而巴特曼并未得到允许从协议中收获多大好处。他留下一批人占领菲利普港，并吩咐留人对外来人发出警告“不得擅自闯入领地”。到六月他回到了朗塞斯顿。七月底福克纳乘企业号船从朗塞斯顿出发，到了今天墨尔本的亚拉河边，和一小批朋友一块安营扎寨。他们的船刚进海湾时，巴特曼留下的一位白人和几个悉尼土著曾设法阻拦并要他们离开，可是福克纳的人只是付之一笑，不予理睬。由于双方的合法权问题尚未解决，他们都决心在这里挖壕固守，确保事实上的占领。

接下来几个年头的历史见证了和平然而无官方授权的定居生活。巴特曼及其朋友们慢慢意识到他们签过的协议在法律上站不住脚，只好希望在依法分地时能以一定方式获得优先待遇。这时候这个新创的殖民地不断有人流从塔斯马尼亚涌来，纷纷搭起草皮屋以坐等事态。巴特曼把家搬了过来，连家庭女教师都带来了，在现在的斯潘塞大街火车站附近的一块地方上办起了农牧场。在此之前，他还专程到悉尼，在那里他对自己在帕拉马塔时就认识的老友们大谈菲利普港附近肥沃的牧草地，还有大片地方适于小麦生长，以激起朋友们的极大兴趣。他还怀着种种期望，指望着杰利布兰德送到唐宁街的一封封请愿书都会带来转机，因为书中指明了他的团队已经完成的和继续想做的事情。然而事态的发展超出了巴特曼的预料：这个小小的定居区日益发展，建起了居委会，赛马会和社会聚会时常举行，关于一个正规政府的成立已开始进入人们的思考。因为这些，原打算在一块处女地上成为仁慈创始者的构想开始消失在巴特曼的大脑。他已万念俱灰。他的对手福克纳与他相比，显然更适合玩弄卑鄙的权术，他因此开始遭受健康不佳的折磨。

与此同时，他与福克纳仍然是友好相处，他对于福克纳要做这个定居区创始者的声称的愤怒也与日俱减。日后仅仅因为一些小事，他们之间的友好关系才告结束。例如，篱笆断了引起的争吵，或亨利·巴特曼看到了福克纳的几头小牛在劫掠东西就嗾使自家的狗向小牛袭击。

在开始测量墨尔本这个城市规划区之时，首次土地拍卖会上，对分成的一块块土地的出价太高，他出不起如此高价，有失去自己家园之虞，令他震惊。他写就一封请愿书上呈殖民大臣，要求定要无偿批给他20英亩拨地，因为“这20英亩地不在目前规划中的城市规划区，且他已在上面盖房和种了作物”。请愿虽遭拒绝，但允许巴特曼继续占用这块地，直到新的通知，条件是巴特曼必须有所克制，即不再新建房屋和开辟更多围场。

一年后，身受久病困扰的巴特曼再次请愿，表明他为自己的病情好转已花去至少1 500英镑巨款，又说他是首先占领这块地方之人，又是和土著缔结友好关系的中介人，他因此要求当局同意他不通过竞售而直接购买自己已占用的土地。很过了一段时间，他的请愿通过一切不畅通的渠道，像过滤一样，才流到当局之手，然而他得到的最终答复是不如愿的。而且答复下达之时，巴特曼已经去世。他身后的土地被分成小块，卖给了出最高价者。乔治·吉普斯爵士在给内政部的报告中说过“为了巴特曼先生家人的利益，作为一种宽容，他已经同意他房内一切用具和其他所有动产均可随家搬去”。

巴特曼，这片国土的生气勃勃之子，命中注定，他给自己的继承人和受让人留不下任何东西。在和贾加-贾加及其朋友们交往时，他即使想到了创一个大家，此举也会遭到阻止。他家中的那些财产，通过他的有心理缺陷的遗嘱，都给了陌生人。他唯一的儿子在亚拉河溺水身亡。他的女儿们都嫁了人，没入了无名的芸芸众生之中。

巴特曼逝世30年后，垂垂老矣连话也说不清的福克纳，作为一个尝过富贵滋味之人，仍然忘不掉他人生中的种种耻辱，每每忆起墨尔本初创时期的日子，他还能不无欣慰地说出这样的话：

“巴特曼一家人安在？他们全在地球上不见了。”

注释

① 朗塞斯顿：塔斯马尼亚（岛）州第二大城市，是全州北部海、空和铁路交通中心，1976年人口为6.338 6万人。

② 贝里马：新南威尔士州一小镇，在悉尼西南方向近140千米处。

③ 范迪门地：又译“范迪门地区”，后改名为塔斯马尼亚。

④ 本·罗门特：塔斯马尼亚一山名，海拔1 527米。

⑤ “黑战”：又译“黑色战争”，指澳史早期发生在塔斯马尼亚的那场白人旨在灭绝澳洲黑人（或土著）的战争。

⑥ 芬格尔：塔斯马尼亚州的一个小镇及其周围地区，该地区以金、煤等矿产闻名。

⑦ 卡奔塔利亚湾：在澳洲大陆的东北海岸外的一大片海域，东临昆士兰州，西临澳北区，往北与巴布亚新几内亚遥遥相望。

⑧ 贾加-贾加：原文Jaga-Jaga，译为Jagajaga，故亦可译为贾加贾加，是菲利普港附近土著3兄弟共用的名字。

4 昔日囚犯：威廉·查尔斯·温特沃思

为当出庭律师，年轻的温特沃思于1816年远离故土赴英学习。此时的他，信心满怀，自信一个卓越的生涯就是他的前程。是年他只有23岁，但在整个殖民地，已算有了名气。他和布拉克斯兰以及劳森一起，已经穿越了蓝山的多个山口；他曾被任命为代理宪兵司令；他的地主地位已经确立，因为获得了纳皮恩河①流域的乡间拨地。在社会交往上，已在悉尼上流社会留下了他的痕迹。麦夸里总督看好他；他年纪轻轻，却碰到了常被总督看到的机遇，那是因为在总督从塔斯马尼亚返回的时候，为总督举行的一次次欢迎会都是温特沃思组织的。他不仅有力量，而且适应性强，因此受到人们的钦佩和欣赏。他多才多艺，年轻有为，有公众集会他担任主持，在海德公园②举行的一次次赛马会上，他骑着他父亲的赛马显示出和父亲同样的优势，对这样的一位年轻人的光明前途，谁人能够怀疑呢？他与住在帕拉马塔的麦克阿瑟一家关系友好，甚至有希望娶到麦克阿瑟的千金伊丽莎白，以此成就一桩强势利益集团的联姻，这一联姻足以确保他给父亲信中所说的“我们家族日后的尊贵与显赫”。

在达西·温特沃思心中，有一种让儿子从军以在近卫军获得一官半职的愿望。自麦克阿瑟之子爱德华入了陆军并带着自己的连队在西班牙执行任务以来，他父亲的这一愿望尤其强烈。但是，青年温特沃思的抱负不在军事，这首先是因为蓝山探险的艰苦影响了他肺部的健康，他需要一段时间的休养。再就是因为他肯定是讨厌军队的等级制度。在悉尼，他支持麦夸里反对排斥论者，所谓排斥论者，指的是一批军官，即那些想方设法为社交立下排外标准的军官阶层。他写过一篇匿名文章，讽刺莫莱上校（“管子”这个笔名，就像其他东西被命名一样），结果激怒了莫莱，弄得莫莱怒火中烧地四处寻找和反复思索这个隐姓埋名的敌人。温特沃思对军人的反感进一步加深：他对悉尼军官们不断耀武扬威和压服人们的企图感到愤慨。

可是，他不愿从军的主要原因，是他知道从军会使他离开自己的故国，进入他心目中属于异族人的世界。在他的观念中，已视自己为爱国者，已把自己的角色安排为澳大利亚的第一公民。在写信给他父亲的赞助人菲茨威廉勋爵时，他头脑敏锐，明确直陈：他赴英求学，攻读法律，但目的绝对不是要放弃生他养他的祖国。

“我一刻也不会忘记故国对我的需求——在国家目前贫困又受人鄙视的情况下，别说去忽视这些需求，就是被人猜想有‘忽视’的可能，也足以使我脸红。我之所以要暂时离开自己的国家，是因为受到一种欲望的驱使，这种欲望不是别的，而是为了更好胜任母国要求我去履行的职责……”

他的爱国心是真诚的。他也许的确感到故国对他有种强烈要求：在他登上蓝山的最后一批山峰，站在那里放眼远方，俯视将为一个崭新民族提供家园的一片片未知平原时，他心中充满的，大概就是这种真情实感。然而，他的思维特点是偏爱虚夸与言辞：令他感动的常是华丽的辞藻和美好的概念而非朴素的内心感觉。在1817年的澳大利亚有什么足以激起人们的效忠和自豪之情感？人们早在童年就已看惯的河流与山峰，也许可以极大地吸引休姆或巴特曼这类人，但是他温特沃思不是乡下人，而是生在城市且热心政治。要求他效忠的澳大利亚正是一个他一心要亲自创建的国家。他对这个国家的宪法业已作过思考且有了想法：这个国家要有英国模式的自由机构，这个国家也要有一批贵族之家来治理，这些家族因握有大量土地已经牢固确立了自己的地位。他父亲已经是自己国家的最大地主之一，若他家能与麦克阿瑟家联姻，他们的权力之基即可牢固确立。

他给父亲写信说："我知道，两家这一性质的联姻，以世交和两家都看得见的类似目标，即构成全殖民地的一种永久而尊贵的权势集团为纽带的婚姻，一定会使你满意和赞同，即使不考虑你对我深爱对象的偏爱与看重。"

关于这桩婚事，温特沃思的深爱对象伊丽莎白怎么想，眼下还很难弄清楚。然而，他父亲对此事是垂青的，至少是暂时如此。麦克阿瑟流亡海外已有几个年头，目前还是无法返回悉尼，因为麦夸里总督仍持有当局指令，可随时逮捕他送最高法院审判。流亡期间，他游说英国议院，求见有影响力的人物，拉种种关系，四处走后门，还是无法回国，就带着几个儿子先后到瑞士和法国，学习和钻研葡萄种植，同时进行其多次失败后的养精蓄锐，以求东山再起。他始终处于忧虑和不安状态。关于国内事态的消息如此之少，他在帕拉马塔家中那一只只优质羊活得怎么样，他也几乎无从知道！他对年轻的温特沃思热情友好，欢迎他的到访，并引他去见也许会日后帮助他的不少人，包括埃克塞特③学院院长。

尽管温特沃思在国内创业的意愿从未动摇，但他已经认识到，在英国确保强有力的人脉关系会大有其益，因此他开始关注这一利益。他已经有了菲茨威廉勋爵作其资助人，现在又开始在高层交友，努力建立关系。他向巴瑟斯特勋爵提出申请以求悉尼拍卖长一职：他这样做大概有两个同样重要的目的，一是让自己被此要人了解，二是希望得到这一肥职。他在伦敦内殿律师学院已经注册，准备安下心来工作5年之后进入英国出庭律师界。同时，他却为钱发愁，因为伦敦拒付他父亲的汇票，尽管他父亲在悉尼的固定资产可以给他提供充足的支持。这时年轻的温特沃思感到，他要真正胜任自己的生涯，必须先回到悉尼得到一个官位。

他充分利用自己的时间，常常出入于众议院，还和约翰·麦克阿瑟多次长谈，谈新南威尔士的未来，他还到巴黎住过一段时间，为的是扩大他对世界的识见。可是，大约就在此时，他受到一大打击，这一打击改变了他对自己身份的认识，甚至改变了他整个的人生观。在阅读H. G. 贝内特这位大员写给西德默思勋爵的一封公开信时，他被一段陈述震惊了，其中谈到他父亲达西·温特沃思曾是一个流放犯。确切地说这一说法并不真实。他急于为父亲辩护，在查找资料时却发现了更令他不安的一些事实，证明他母亲竟然也是罪犯！他自己很可能是个非婚生子。如果说他父亲不是流放犯，但是不管怎么说，也是被迫离开了英格兰，他身为一个医科大学生，因参与武装行劫之罪而被捕。

若说此时的温特沃思念念不忘世界“已到某种普遍的大革命前夕”这一思想，也没什么让人惊奇的！他自己的私有世界已遭根本动摇：他不再能够指望成为一个贵族和排他社会的领袖之一，也不再能够容易地平起平坐地和悉尼那些高傲的军官们进行交往。他阅读雪莱和拜伦（的作品）：关于前罪犯在新型澳大利亚社会所起作用的某种思想他要重新思考，加以重塑。在他正在撰写的一本书中，概述关于新南威尔士的政治章程时，他专门为刑满释放者（或昔日囚犯）被允许的选举权设计了条款（麦克阿瑟后来提到他的这本书时，说其倾向“相当危险”）。

此时发生了他和麦克阿瑟一家人的争吵，很可能就是他改变了的心态引起的。他对小约翰·麦克阿瑟心怀强烈反感，尽管他俩曾是好朋友。小约翰与他老子毫无二致：他们是暴发户，是新贵，对政治阴谋同样敏感，对于结识对自己有用之人同样富有才干！他曾用多年时间在英国接受教育，他关于在议会进行活动的知识多于他对经典著作的知识！1823年，温特沃思在彼得豪斯学院已待了几学期，为参赛夺取校长金质奖章写就了一首诗，其明确目的就是报复小麦克阿瑟，如果此诗获奖，他在给父亲的信中写道："一个月后我在这里将出人头地，而小麦克阿瑟，尽管在此住过14年，这么长时间他不管如何努力，我的这一成绩，他也是达不到的。"

以《澳大拉西亚》④为题的这首诗，虽然最终没有获奖，却是18首参赛诗中最好的两首之一。它集中体现了温特沃思的气魄、辩才和实力，也体现了他对幽默的基本缺乏。除了一位缺乏幽默之人，即使在18世纪文风强压之下，又有谁能把一堆落难人中的最后一个作题材写成如下诗句呢？

"还有一座悲凉的坟墓埋葬了其他一切人。"

然而幽默，正如有人说过，对于一位实干家，可能成为缺陷而不是优点。

温特沃思于1824年返回悉尼，满脑子想的就是决心摧毁旨在统治全国的排斥论者集团的权力，并对自己的能力充满信心。他对其父身世的意外发现，不但没让他产生自卑感，反而开启了他内心激情的源泉。尽管他步态笨拙，还有一只眼轻度斜视，他却不失为一位受人欣赏和看重的人物，且对此不乏自知之明。他业已成熟，说起话来语速快、不连贯，但他和他那狮子似的脑袋的仪态一样，都显出一种力量。是他在英国生活的经历给了他自信。英国众议院在准备实施针对殖民地的合宪协议时，他感到他有能力对众议院的这一新法案直陈己见。不幸的是他错过了机会，剩给他的是为新南威尔士自身立宪自由而斗争，他决心通过带领正为争取立法和政治自由而斗争的所有刑满释放者去获取领导权。

获取此权的最快方法莫过于通过新闻这一途径。与和他一道挺身而出的法律界朋友沃德尔合作，他创办了《澳大利亚人报》，这是他视为当然的权利，尽管此前除官方的和审查了的《悉尼公报与新南威尔士广告人》之外，没有过任何报纸。温特沃思的方针是逐步组织和掌控支持自由机构的舆论。刑满释放者对于废除自己的无选举权这一规定表现毅然与决然，但是对于政治权利却漠不关心。温特沃思努力的目标是唤醒他们认识到他们需要的不只是代议政府而是责任政府。要达此目的，他首先要集中在他们热衷的事情上，诸如司法改革、陪审团审判，消除排斥论派企图强加给他们的一切耻辱。

《澳大利亚人报》的问世在悉尼生活中不失为一件令人兴奋之事。办报人付出了超凡的才干，篇篇文章都针对读者需求，因此吸引了日益增多的公众和新来的人群。温特沃思不直接攻击政府，因为总督托马斯·布里斯班爵士支持他，或者至少可以说非常明白他的影响力，不能不容忍他的一些看法。布里斯班为人随和，喜欢天文学，急于平和地完成任期。可是拉尔夫·达令爵士就不同了，在他受任总督时，温特沃思便开始加强自身，为掀起一次反整个独裁制度的运动作起了准备。

达令官气十足，固执己见，是传统型的军权总督，他决心墨守麦夸里的成规，但是他几乎完全不具备麦夸里的机敏圆通和通人情的宽容个性。这时实行专权统治对于一个总督来说已为时晚矣：自生性冲动的苏格兰高地人麦夸里统治的时代以来，新南威尔士已经发生巨大变化。自由移民一直不断涌来，人们对其公民权和自由也日益敏感。目前一段时间还未出现什么麻烦，因为达令和布里斯班同样，都机敏地意识到《澳大利亚人报》的影响力。温特沃思利用与达令就职和布里斯班离职有关的多次仪式激发公众示威以求建立责任政府时，达令也只好努力讨好他安抚他，甚至不惜玩花招，出主意拉拢温特沃思。比如，任命他为新建的执行委员会非军人成员之一。然而，由于温特沃思对自己的影响力有着清醒的认识，他并未轻易上当。如果接受给他的这一赏识或确定的地位也许是件快事，但是他的抱负比这更高。另外，若接受任命，就有丧失原则的危险。他不能停止对排斥论者的斗争，也就是说他不能变成他厌恶的制度的组成部分。他决定保持独立，为他坚持的斗争注入更多精力。

1826年，出了一次偶发事件，大大激起了公众情绪。名叫萨兹和汤普森的两个士兵，故意犯偷盗罪以达到离开军队之目的。满脑子都是军国主义的达令总督，感到此举是对英王军队的公然侮辱，他下令判处两个罪人劳改，到筑路工地干苦活。这两个士兵被开除，上了枷锁，受到残酷虐待，造成其中一人萨兹惨死。

萨兹之死立即引爆众怒，怒声最大者来自温特沃思。他称达令为杀人凶手，并威胁说要把此事上告英国众议院，甚至扬言弹劾他。在公众一次次的集会现场，他站在讲台上，精气十足，怒不可遏，平生第一次以平民演说家的姿态出现在听众面前，颇富煽动人心之能量。在达令眼中，他就是反叛人群之典型形象。这位总督先是态度傲慢地把温特沃思指为一个粗俗下流缺乏教养的家伙，接着又称他为共和主义者，竭力挣脱大英帝国的枷锁。总督试图将《澳大利亚人报》停办。而首席法官福布斯却有另外的做法，使他提的一个个议案失去法律效力，在多个民事法庭上控他为诽谤罪。福布斯这样做毫无效果，反而损伤了自己的信誉。与此同时，温特沃思继续其鼓动活动，并起草了一篇篇弹劾檄文。

1831年达令终被召回英国之日，正是公众欢庆之时，港口附近出现了喜气洋洋的场面：一只只小舟轻快来往，旗帜飘扬；汽笛声声，此起彼伏；人们游行在滨水区。更使人高兴的是，温特沃思当众宣布，他要打开他家在沃克柳兹的房门和庭园，举行一次规模巨大的户外烧烤，一条条街道上都展示着一头挂满饰带的阉牛，这就是要在营火上烧烤的全牛之一。等到约定的烧烤之夜来临，整个悉尼几乎是万人空巷，人们成群结队来到全城杰出人物处在港口边上的家。

达令被召离职被人看作温特沃思个人的一次胜利，因而他被当作了人民的英雄，成了令人瞩目的人物。可是，当温特沃思站在人堆面前，看到人们欢天喜地之状，聆听他们的欢呼与赞扬，他内心也许会有所内疚或些微黯然神伤。他不是一位共和主义者，正如达令曾经委婉说过的，他甚至连个民主主义者也不是。在内心，他实际上像个旧日辉格党人⑤，并不信任群众。他之所以被推上平民领袖之位，完全是因为他仇恨排斥论者，仇恨支持排斥论者在社会当权的专制制度。事实上，他自己的行为已经离谱。还有，人民的热情又会把他带到何处？既然自由移民不断涌来，他们对于废除流放制度的要求就会日益强烈，对此他会同意吗？他当然不愿看到流放制度被停止。他想的是土地和他自己的地主地位：要是不靠罪犯们的廉价劳动，他怎么能够经营巨额财产呢？他决心为建立责任政府和自由机构而奋斗，这类政府和机构必须以财产为根基，而不是基于任何有关全民权利的思想和主义。

他于1835年创建的澳大利亚爱国协会，纳入了他当时的这些思想。此会创建的宗旨是继续刑满释放者们早就开始的争取法定权利和立宪政府成立的斗争。然而温特沃思所警觉的是确保此会必须由握有财产的人士亲手管理。排斥论者仍然是一批有社会力量之人。他们支持专制政体，相信只有这种政体才能确保他们的权力。他们把温特沃思看作一位煽动人心者，一位危险的颠覆性人物，和一位想方设法为毁灭性民主洪流打开一道道闸门的恶棍。约翰·麦克阿瑟虽然已死，可是他的次子詹姆斯却成了排斥论者当立的又一位领袖，他虽然不太像其老子那样能干，可是他很可能和他老子同样积极。当澳大利亚爱国协会为了实现选举的立法机构和陪审团审判而请愿之时，詹姆斯就被派往伦敦以确保当局相信，请愿者的要求，除了一小撮捣乱者或在国家无声望者，再没有什么人会赞成。

然而，随着时间的推移和事态的必然发展，两派争论的问题在日益减弱或曰淡化。在一定程度上，这种斗争一直发生在不同社会集团间而非经济阶级间，其实质日益明显。许多刑满释放者均拥有土地，其物质利益和排斥论者的物质利益没有什么不同。温特沃思本人已从《澳大利亚人报》退休，也放弃了律师的开业生活，全部身心都倾注于开发自己的畜牧业或乡村房地产。与此同时，自1831年以来不断涌入的自由移民的兴趣只在于得到土地使用权和废除流放制度，尽管此制度可以提供大批备用劳力，但是其价格已经降低。因此，旧有的政治分派就变得越来越不现实。

这些年间，温特沃思在思想上并没有改变，但是他周围的环境变化却相当之大。因此，给他动力的激情却出现了渗漏。他是个富人，其财富来自父亲和他做律师的收入。他拥有大片土地。不管他在讲坛上作过多少演说，不管他的抨击如何猛烈，也不管他的行为多么狂热，他在社会上的地位已经变得更加稳固。在他身上有一种本地力量，而且这种力量已被人感知。人们已经公认他是整个国家生活的领导人物之一。可以说因为他的出身，没有哪家门户有足够力量把他排斥在外，没有一个俱乐部有可能拒绝他加入。漫长岁月激励他行为的受伤感，此时已经全部被他忘却。

他曾经创办的报纸，现在竟然这样写道："他得意的时日已经一去不返，他立于社会已经是形单影只，人们对他已经是全然不屑一顾。说实在的，在一开始他教殖民地出生的同胞们懂得了自由的含义，但接着又背叛了他们，自此就使同胞们失去了对他的信心。"

当然，这段话是一种夸张。温特沃思眼下的地位与他以往一贯的地位几乎没有发生变化，变化的只不过是从他身边流过的思潮和世潮。比如，澳大利亚爱国协会在成立初期，对于排斥论者来说，似乎不失为一个革命组织；可是，到了1840年，它转而维护流放制度，以及老式的土地垄断和牧场主们试图从印度引进苦力所进行的种种努力。事实上，它做的每件事都为激进派所仇视！因为目前悉尼掀起了一场激进运动，一场起于经济争端的运动，得到了本国出生的年轻人和移民们的支持。比如，亨利·帕克斯就是支持者之一，他是乔治街上的一位象牙车工，白天造台球，晚上则大谈宪章运动。这些人对当年作为煽动者的温特沃思一无所知。但是，当这些人看到他站在同样的讲台上，和詹姆斯·麦克阿瑟一样在捍卫流放制度和拥有土地的种种老条件，却不感到生疏或出人意料。

虽然温特沃思明面上没有什么变化，可是排斥论者们已经开始接近他。只要是选举基于财产资格和基于放入他们手中的基本权利，他们就不会认为责任政府会带来什么危险。他们不满意的是在先后提出的诸项议案中给他们的代表权不大。总督依然控制着任命行政官员的权力：他操纵着王土的管理，不断增长的岁入的大部分也由他支配。这样的制度与国家资源的迅速开发不相适应。意识到这一点之后，他们甚至反对 1842 年的宪法决议，此决议规定：立法委员会由 36 名成员组成，12 名由英王任命，24 名根据财产资格选举产生。

作为被选出的法定人数的领袖，温特沃思忠于职守，向人们表明只有一个不折不扣的责任政府才可以被接受和甚至被实施。这是一种职责，一种需要付出他全部素质、政治本能、论战本领和立宪法律知识的职责。他早年某种激情和力量又重新焕发在他的身心，因此采取了好斗的姿态，他对于吉普斯总督，在所有细节上都持反对态度。他制订出种种决议，强烈反对总督的观点，并指控他破坏了特权。在这种行为的始终，他都清楚他的后盾是整个国家。因为不管是人民大众还是排斥论者都感到他们有全权掌握自己的事务。温特沃思再次成为全国性人物。

1843—1853 年那 10 年是他人生中最富成果的时段。他对议会种种机构的理解能力居全国之冠，因为他毕生从事对议会机构的研究，他早年在伦敦坚持不懈地频繁出入议会下院，其政治花招的每一次运作他都清楚，何时需要敏锐施计，何时需要强硬有力，他无不知晓。因此，即使他的人望有所下降，他的领导地位，也无人会真的提出争议，在他的身边一直罩着一位年长政治家的光环或尊严。在当年公众生活中虽然不乏能干之人，比如后来在英国众议院混得颇有名气的罗伯特·洛，但是这些能人无一敢在论战中与他面对。他在一开始就为成就新南威尔士责任政府挺身而出。从挫败英国政府对他思想的暧昧反对，到1853年宪法议案在新南威尔士议会最终被通过，基本上都是温特沃思的成果。

基本上是，而非完全是如此。他最珍爱的想法之一，居然为公众的嘲笑和他同事的投票所打消。他有一种强烈的感情，那就是最终操控政治的权力，应安然掌握在地主阶级手中。所谓地主阶级，他指的就是有文化和贵族式的阶级，但他喜欢相信，至少是他自己的阶级，也就是那些业已安家立业的人们。为什么不可以成立一个由世袭贵族组成的修正院，以行使对舆论的永久遏制之权？由于国家的社会利益和物质利益都有待维护，他争辩道：若创建地方贵族的话，就可以强烈吸引“体面之家”留在国内，同时还可以鼓励别国上层阶级移民过来。可是这一建议激发起来的仅仅是本国的地方幽默感，于是诸如沃克柳兹公爵和坎登伯爵之类的挖苦话或俏皮话就说开了。为了遏制舆论，温特沃思被迫只好从修正院退让到一种任命的第二院。

关于他的议案的其他修改都是在英国完成的，至少有一条是比较重大的修改。温特沃思一贯主张要区分本国事务和英帝国事务问题：在本国问题上，总督应根据手下部长们的建议行使职权，他的权力应在法律上加以明确限定。可是这一条被认为是限制了君主特权，就被英国众议院删除了。总督那些未被限定的权力延续到今日，一直是政治危机难题的根源。不过，在主体上，正是温特沃思打造而成的宪法，仍然存活到今天。

这就是他的功绩，这一功绩给了他要求被看作一位伟大历史人物的权利。他在其人生早期就有了自己的生活目的或抱负，并为实现这一目的进行了坚持不懈的努力。是品格的力量才使他成为他同代人的杰出人物。在一个变化着的时代，社会生活易变且不稳，其他人的看法都因当时的客观情况摇摆不定，他却像一株粗壮的老铁皮桉树，因其固定的方式和深思熟虑的主意而一直根深叶茂地坚实挺立。早在他去世之前，他的名字就成了传奇。1873 年他在英国去世，从英国运回在沃克柳兹安葬之时，人们普遍感到，一位伟大的爱国者和政治家已永远离去。

现在是思考这个传奇人物及其对我们民族生活所作贡献的时候了。他的思想与活动在许多方面与民族的真实进展和他所处时代的气氛均背道而驰。他把自己关于责任政府的主张建立在人民的最高权利之上，但是他并不是一个民主主义者，这正如帕克斯所言：在他的心目中，他常常挂在嘴上的“人民”一词，是否包括过他的同胞大众，仍然令人怀疑。实在是非常可疑：他所说的人民，的确不包括他广大的澳洲同胞。他不失时机地讥笑大众的政治智慧，纯粹的人民大众与国家之永久利益相比，对于公共事务的决定权，前者的小于后者的。他把自己视作阻止涌来的民主大潮的精神堡垒。甚至在他深入思考宪法的种种问题之时，他一刻也没有忘记他必须扩展他对土地的拥有，并通过法律来确保自己的畜牧业利益。他的目标是要作行使国家权力的一个牢固的小小的寡头统治集团的领袖，并把这个领袖的特权传给他的几个儿子。有时候他很贪婪，竟会动起昔日强盗之巧取豪夺之心。1840 年发生的一件事便是一例：他背着正在和毛利人头人们谈判的吉普斯总督，说服他在悉尼抓到的几个毛利人头人，把一千多万英亩土地转让给他及其同事们，他所给出的交换条件只是那些微不足道的年金。这是一个骗局，与这个骗局相比，往日巴特曼与菲利普港原住民的那个协议似乎就无恶意了。可是，当人民指出温特沃思的这次欺诈行为时，他只是一笑，并坚定有力地说道：“我崇拜雷利和斯特拉福德⑥，这可是他们二人愿意干的一类事情。”

他的爱国主义，即使其表面含义也几乎不能为人所接受。约翰·邓默尔·兰⑦把他的爱国主义说成是“含糊的”，并非只是受恶意驱使。毋庸置疑，温特沃思的肯定话语“爱国是他人生的主导感情”是真诚地反复说出的。但是他此话中的“国”，必须是反映他的和他阶级的形象的国家，他不能无条件地与它融为一体，使自己成为它整体的一部分。澳洲之外，不乏可以使有钱人安享晚年的国家，而且不止一个这样的国家。

他曾有过这样的问话：“除了迫不得已，有谁愿意待在这里？一旦离开了这些沿海地区，有足够办法的人，又有谁愿意返回？或者说，只要自私，愚昧和民主占了统治地位，会有谁甚至愿意和这样的国土紧密联系在一起？”

这样的话语不禁令人想起：在国内有份利益并非爱国责任的可靠保证，正如他声称：那份利益是容易转移的。

然而，对温特沃思的思考，必须参照他所处的时代。他的同代人把他看作一位伟人，这种看法必定有其根据，因为反对他的人和支持他的人都表达过这同一看法。他的活力、独立精神和勇气，对于在其他人身上激发这些品质均有助益，又帮助唤起了民族意识，因而开创了一个与他曾设计的社会截然不同的社会（这和他设计的宪法被人变为服务民主的工具的情形是一样的）。

注释

① 纳皮恩河：在新南威尔士州境内，全长近150千米，注入霍克斯伯里河，在悉尼西南方向。

② 海德公园：悉尼市一著名公园，1824年以前主要用作赛马场，根据伦敦的同名皇家公园命名。

③ 埃克塞特：英国德文郡首府，是一座为罗马人所建的历史名城，1990年人口逾10万。

④ 《澳大拉西亚》：是威廉·查尔斯·温特沃思写的一首诗之题目。此诗充满诗人的想象力和热爱澳洲之情，历来为后人所推崇。澳大拉西亚是包括澳大利亚、新西兰、新几内亚及周边太平洋诸岛的一个地名。

⑤ 像个旧日辉格党人：英国辉格党人主张改革、立宪、议会制和经济自由，代表工商业主和金融资产阶级利益。辉格党成立于17世纪，19世纪转入自由党。

⑥ 雷利和斯特拉福德：生活于16~17世纪的两位英国历史名人，在英语国家历代都不乏崇拜者。雷利，亦译罗利，指的是Sir Walter Raleigh（约1552—1618年），英国探险家、作家，伊丽莎白一世的宠臣，后被詹姆斯一世处死。斯特拉福德，指的是Thomas Wentworth（1593—1641年），英国政治家，英格兰王查理一世首席顾问，世称斯特拉福德伯爵（第一），后因议会指控他反叛英国在伦敦塔被砍头。

⑦ 约翰·邓默尔·兰（1799—1878年）：1823年以苏格兰牧师身份到达澳洲并定居下来，成为澳史上著名的教士、政客和作家。

5 探险家：查尔斯·斯特尔特

斯特尔特这个姓，彪炳澳洲殖民史册。作家罗尔夫·博尔德伍德在其《墨尔本回忆》一书中说到偶像崇拜，作为小伙子，被提到的总绕不开查尔斯·斯特尔特这位探险家的弟弟伊夫林·斯特尔特①。伊夫林是年轻的牧场主，风度潇洒，精力充沛，被时人称为“芒特甘比尔帮”②成员，博尔德伍德所理想的完美骑士：帅气，有礼，仁慈，举止超凡，但无孤傲之态。他浑身朝气，勃勃生机，不管何人，都敏于救助，他使一个落水者免于一死，又见一人被蛇咬他就吸出腿部的毒汁。他兼有别具一格之贵族和信奉民主之乡下人士气质，不管与何人相处他都轻松自如，他既赶过自己的牛群又探险过前人未知的国土。

查尔斯·斯特尔特和其弟弟相比，虽属于同一类型，但比弟弟更沉静，更慎思，随时为他认为值得的目标而献身。1827 年，即运送罪犯到澳洲的第 39 年③，他作为船长来到了悉尼。后来他承认说，他来的路上，一想到要到一个罪犯流放地执行军职就感到愤恨，感到他注定要度过一段令人沮丧的流亡时间。他来后耳闻目睹的一切不禁令他惊诧。国土，气候，以及整个的生活潮流都使他欣喜。一片片玉米田，一处处果园，都生机盎然，还有这么多美丽的海湾！他听过和读过的新南威尔士从来没有让他想到过会有如此令人愉快的环境。他的这种惊喜也许会使他对这样的环境稍作理想化。没过多久，他开始沉思这片国土的种种问题，特别是地理方面的问题。他天生就有一种科学资质，但所受到的训练却是军事——他去过西班牙和法国人打仗——然而他的心性是不喜欢军事的。

"它是怎么回事我不懂"，有一次他写信对弟弟说，"但我一直厌恶战争。"

事实的确如此：他经历过半岛④战争，也去过加拿大随入侵的美国军队打过一些小仗，但是他很少谈及这些，即使对他的好友也不多谈。当时不直接关心贸易的人，十有八九都爱思索澳洲大陆内地的问题。开辟新国土的愿望有其实际上的原因：羊群越来越多，而一场大旱致使沿海地区贫困不堪。内陆会有些什么呢？向西流的一条条河是否都会注入一个与世隔绝的大海呢？当地传说给的是肯定回答，但是在被探险过的沿海，人们确实没有发现过大入海口。奥克斯利在1817年曾设法解决这个问题，但是令人晕头转向的拉克伦河边一片接一片的沼泽地阻止了他前进的路，同时告诉人们：是选一条新路进行探险的时候了。

然而，当达令总督同意了斯特尔特当探险队长的自荐之后，马上就有人提出批评，说什么比他更有经验的人有的是——米切尔，坎宁安，休姆。很明显，斯特尔特，除了其人品，几乎没什么值得荐举的。

米切尔气愤地问："不管是作为一个有科学知识的旅行者还是有实践经验的旅行者，这位船长有何资格可以证明此任命的合理呢？"

历史有力地回答了这个问题，可是历史的回答总是来迟。两家报纸和几位未被任命的官员，很自然，所认定的原因，一定是身为军人的达令作决定全基于其偏爱现役军人。米切尔本人当过兵，可他的服役期早已过去，现在的职务是总监督官。而休姆呢，明明白白只是一个本土出生的平民。典型的休姆是个品德高尚的乡下人：虽然他有过菲利普港之行，有大量的成就值得赞扬，但是他并没有让个人的自尊心阻止他陪伴斯特尔特。他后来说："在斯特尔特手下，我感觉到足够的荣誉，除了荣誉之外我还获得了友谊，对此友谊的记忆一直被我珍爱。"

一路上有这个年轻乡下人在身边，实在是斯特尔特的幸运。休姆不但懂土著语言和风俗而且尊重土著，又能给自己的头头展示如何进行友好交往。他们多次碰到好战的土著团伙，都是靠了休姆的冷静和经验才避免了冲突而得以脱险。另外，他的丛林生活技能本身无疑是一大优势。虽说斯特尔特已有旅行经历，但都是短途，没远离过悉尼，对于乡下情况知之甚少。他对休姆的价值有清楚的认识，而他自己谦虚、不摆架子又善于学习。他们紧紧在一起，探寻到博根、麦夸里和卡斯尔雷这三条河，并通过了这几条河令人恼怒的湿地，发现这三条河均注入一条向南流的大河，斯特尔特就把这条大河命名为达令河。

此行虽说成功，但是对于斯特尔特来说，只是他一生中最重要工作的第一步。他尽管没有找到内陆海，却发现了殖民地西部分水岭的主要水道。这使他在无意中给了批评他的人作了回答，并在悉尼人中激起了对于探险的更大兴趣。现在剩下的事是决定达令河更进一步的流向并找到它在何处入海。在几个浓盐水泉附近，他突然发现一条河，但是河水太咸不能喝。由于在那里无把握找到淡水，再沿河而下会危险很大，因此他说，往西南走，接下去是马兰比吉河，将是一条较好的路线，若无法穿越一大块地方到达达令河，也会到达比早先偶遇的那条河远得多的南方。到 1829 年 9 月底，他得到当局批准，对如此一次探险开始准备。

在我们记录的所有探险中，最引人入胜的一次就这样开始了：它富有激动人心的事件和戏剧性情景，展现出此行中人们的英雄性格与勇气。探险队由 8 人组成：休姆因忙于自己农场的收割不能前往，由麦克阿瑟一家在帕拉马塔的邻居只有 20 岁的小伙子麦克利顶替；另外 6 个队员，当一条极好的船的船员——3 个当兵的哈里斯、霍普金森和弗雷泽，都参加过上一次探险；另外 3 个是罪犯克莱顿、马尔霍兰和麦克纳米。很有可能的是，从来没谁对这 3 个人提醒过他们的罪犯身份，因此这 8 个人很快就成了一帮兄弟。在此战友情谊或友好精神的形成中无人能够揽为己功。但是，要是没有斯特尔特的可贵品质，在混合而成的这群人中，这种精神的形成绝不可能：这位个子高高、身材瘦削、双眼蓝蓝的年轻队长完全信任身边人，而且他也发现他对人信任的这一品德奇迹般地奏了效。

这一行 8 人，带着几辆板车和一群羊，朝着马兰比吉河方向喜气洋洋地上路了，出发时受到当地热情好客居民的喝彩与鼓励，并为上游原始且令人感觉惊险的景色所吸引，一种曾被人公然指为“最糟糕”的景色。未过多时，他们看到河两岸长满芦苇和大片大片无人烟的平原向西伸展。一位土著老人说及另外一条河在西边向南流，旁边的一条支流就是马兰比吉河。斯特尔特推断，这一条一定是休姆和霍维尔曾渡过的被命名为休姆的河。他预料会发现它与马兰比吉河相交，汇成一条向西流的大河，然而同时他发觉他前方的地上长满芦苇且地面腐烂发臭，再往前走就难了。他决心把板车和牲畜送回一个地方，然后开始造几条船，包括大捕鲸船和小划艇各一。

他给休姆写信说：“我往哪里漫游无人知，然而我几乎毫不怀疑我会最终到达海边。”

就这样，实实在在的旅行开始了，8 个人把他们造的不大结实的船弄下水，顺流而下，向一个一无所知的世界漂去。航行一开始就很艰难。洪水冲下来连根拔起的树木，塞住了狭窄的航道，水面下多年的障碍物可能很容易把船从头到尾都划破。不到一周时间，他们顺着难对付的急流迅速航行，竟然进入了一条宽阔而又曲折的河，斯特尔特因此得知他登船之决定是正确的。这条巨大的水体一定有出口，他选择了到达出口的唯一有实效的路径。

顺墨累河而下通向大海的航程有点田园诗的意味。水流载着他们前行颇显轻松：他们射鸟逮鱼，补充供给；一路上总有令他们兴奋的发现前景。就连偶然碰上土著，给他们的惊扰也是暂时的。他们不止一次碰上了紧张的时刻：他们在悬崖下走，兴冲冲高谈不断的土著人群站在上面威胁着要攻击他们，每遇此，斯特尔特就用学自休姆的办法，向土著扬起青枝子，土著就会知道这是友好的表示。他对土著的态度是同情又热情，同时谨慎又清醒。土著生活在荒野，因此不能把他们当宠坏的孩子而对之抱有幻想或浪漫情怀。他知道他们爱冲动，脾气易变，常被心血来潮左右，这一切他从来都不希望弄懂。但是有一条常被斯特尔特视作个人荣誉攸关之事，那就是除了万不得已的情况，决不对土著动枪。他乐意送他们小礼物，尽快避开他们。他若让自己的探险队遭受意外袭击，就会有很大危险。

然而有一次邂逅值得记录下来：它发生在墨累和达令二河交汇处附近。两三天前，探险队员们，尤其是麦克利，与一群土著野营过夜，和他们交上了朋友，还参加了他们的狂欢会。显而易见，这些土著认为这个小伙子就是不久前被一把长矛扎死的部落成员现在死而复生后回来了：他们都叫他龙迪，并要龙迪给他们展示肋部的矛伤。次日，其中4位土著由一位个大身强的汉子带领，陪同探险队沿河而下，跑在我们几条船的前方，最后过了河就不见了。斯特尔特纳闷：他们的脑中在想什么？往下游行了许多英里之后答案才算大明：船员们碰上了一个更大更可怕的部落在一处采沙场严阵以待：采沙场伸展在我们前面占去三分之二河道。看来，若不来一次战斗，要突破他们的防线就几乎没有可能了，因为他们都举起了长矛。就在此刻，4位友好的土著沿河岸迅跑而来，大块头首领因为担心，就从高高的悬崖跳入水中以防白人受袭。不管他的权威还是愤怒都很有影响力：这部落的土著被此突然干预震住了，不仅放下了长矛，而且甚至集合在一起来帮斯特尔特及其队员们，让船漂过去并停在沙滩。

至此，斯特尔特沿墨累河的旅程业已准确完成。但是，发现亚历山大里纳湖之秘密和通向沙滩的河口之后，剩下的一件可怕事就是如何返回了。达令总督答应送一条船到圣文森特湾接他们，但是要越过一座座山岭希望在那里找到一条船是不可能的。就连等待也是危险重重，因为他们的给养快用完了。唯一的办法就是溯流而上开始漫长的航行，水流给他们阻力，不能希望使用在顺流时给了他们帮助的船帆。将近2 000英里的航行只能靠划桨完成，而且他们的定量已经减少到每天不足一磅面粉。

这个旅程可以恰当地和30年前布莱⑤不得不进行的通往帝汶岛的航行作比较。虽然不需要像布莱那样和汹涌的大海抗争，但是这次必须应对急流，不断吃力划船，不断减少体力，不断处在遭受两岸来袭的危险之中。原因是现在他们完全受土著支配，只能以蜗牛速度朝上游前行。一着不慎，就会弄破横展于河面的渔网，网一破也许就导致他们的毁灭，而且始终处在洪水造成的恐惧之中，他们划船划了一星期又一星期，背疼，双手起泡，但是无人抱怨。

斯特尔特在航行日记中说："他们认为我睡着的时候，我就会听他们牢骚说疼得厉害又非常疲劳，其中有人这样说：'明天我必须告诉船长我不能再划了。'但是到了明天，他们还是倔强地划个不停。"

一天晚上，他们被一声枪响吵醒。他们一跳而起，发现岗哨哈里斯朝两个蹑手蹑脚朝他走去的土著开了火，但是没造成流血恶果。哈里斯承认说，他是对着两个土著中间开的枪，因为他知道斯特尔特会因为他的人被杀而悔恨。"我的印象是：斯特尔特及其团队的人品是多么高尚啊！”查尔斯·内皮尔爵士⑥慨叹道。

作家亨利·金斯利曾纳闷说，胖木匠克莱顿若被判去过罪犯生活不知会干出什么。

但是人们只管相信，谁要是和斯特尔特在一起谁就会被激发出真正的勇敢行为。墨累河之行过去数年之后，斯特尔特在瓦罗镇附近自己的土地上务农，一天夜里他竟被3个丛林土匪持枪抢劫。听到他的抗议，用枪瞄准他的土匪认出了他的声音，就马上对其同伙大喊：

“哥儿们，后退！这是斯特尔特船长，我们不抢他。”

当年另一位臭名昭著的无法无天之徒奥多诺霍曾发誓说，不管发生了什么，他决不举枪反斯特尔特，尽管他对作地方行政官的斯特尔特挑战说过他什么手段都会使出来。

对于斯特尔特来说，墨累河探险已经成功结束。现在他已在土地上安顿下来，先住米塔冈⑦，后住瓦罗镇。他被拨给5 000英亩土地，对和平生活充满期盼，养羊和进行园艺实验。他写信给散居世界各地的朋友帮他弄到各种种子，目标是要创建一座托斯卡纳⑧柱型乡间别墅，种植自己的果树，用酒窖贮藏自己的葡萄酒。日间，在自己的土地上劳作，培育并移栽柑橘树，筑坝蓄水；晚上，则读书看报，忙忙绘画，完成了一系列宝贵的鸟类习作画，不幸的是，这些画到后来全部遗失了。

上述这种平静的生活直到1838年他奋起响应另一召唤才告结束。在亚历山大里纳湖以西肥沃的原野上，阿德莱德城市规划区已经创立，对于这片土地他在日记中已有热烈赞扬。然而这个新殖民地的发展前景尚不能确定。日常食品供应还未确保，大批移民已经蜂拥而至，眼下受着饥荒的威胁。在此危急关头，悉尼有几位企业家已怀有穿越大片国土把牲畜赶往阿德莱德的念头，并请求斯特尔特带领第一批人前往。他先是犹豫，接着想起了一个主意：虽说墨累河下游业已探明，甚至有人居住，但是被称作休姆河的它的上游仍然未被探险过。

“因此，我决心使自己的私利服从地理研究这一大事：在前往阿德莱德的路上，我要完成对休姆河的调查并记下它可能流经的地域种类。”

他不能指望这次旅行的新经历会表明能有第一次通往海边的探险经历同样丰富，因为到最后也不会有“大未知”被揭示出来。此行是严肃的地理工作，是对马上将被人定居地区的规划。很令他操心的是自己牲畜的安全。它们要经过上墨累河两岸一片接一片的沼泽地，在艰难跋涉、蹒跚而行时会受到土著拦截，落在后面的牲口会被在远处小心瞄准它们的土著射中。一直让人头疼的是那些母牛，因为它们因顾及自己的小牛而落在后头。还有事情推延和对食品供应的担心！斯特尔特本人还要担心妻子，他被迫把妻子一个人留在家里，让她操持瓦罗镇的难题。后来他不无悔愧地承认，这一难题也是他所有旅行中最大的困扰。

到了阿德莱德，使他惊喜的是各阶层都热情欢迎他。可是，不止一种新责任又推到了他身上。此城发展缓慢，因为居民无法确信自己目前定居地能否固定，也因此要求斯特尔特给他们提供报告，说明搬迁到墨累河口附近的邂逅湾（或因康特湾）⑨有什么好处。接着就让他担任了总监督官，这意味着他要和自己在新南威尔士的家分居，那可是个给了他多年幸福的家啊！但是，对于为公众服务的召唤，他从来都未能拒绝过。再说，阿德莱德四周的地域自他看见它第一眼起就一直令他陶醉。在洛夫蒂山（高耸峰或洛夫蒂岭）⑩和墨累河之间，那一个个山谷啊，无不美丽如画，满目青草像英国的牧场，处处鲜花开放！大海在起伏的山间闪光！对这片新定居地的前景他怀有极大热情，从一定意义上说，他还可以把他自己视作此定居地的创建者。

他接下来的若干年人生基本上致力于民事。尽管他在官场上不够如意，他对民事之尽力却堪称无私。他起初的任命曾被殖民部忽视，只好去接任国土专员助理的职责，并在委员会占有一席：可是这一席被弗罗姆取代之后他也不怀怨气，而和其新任一把手一道全力投入测勘土地并使土地得以定居的工作之中。他另外还有许多即将出现的失望。他在北部内陆发现肥田沃野的种种希望很快破灭。原住阿德莱德的定居者（其中有许多有钱人，都为韦克菲尔德[11]的原方案所吸引）更感兴趣的是投机买卖土地而非开发土地。结果造成那些除自己的劳力别无他靠的人只能慢慢流动到悉尼和墨尔本。这个年轻殖民地，若不迅速增加食品供给，看样子只有失败这个结果了。于是乎，斯特尔特便极其认真地开始了工作，以完成牲畜喂养和发展农业的任务。他热切引进果树和其他植物新品种。遇到绵羊疥癣惊人蔓延，是他发起对此病的探索并有效消灭了这一羊病。他还通过设法安排牛展和犁地比赛以激起人们对农村生活的兴趣。他率先致力于改善农业运动，通过颁奖以刺激发明。这一运动的直接结果之一是取得了不少有关节省劳力器械的专利。里德利发明的剥离器，使小麦生产成本大大降低。

在农场这个新家，他沉浸于平静又有创造性的工作，过着幸福的家庭生活，斯特尔特颇有满足之感觉。

他写过："这地方，就其所有资源和政事来讲，真比英国强。"

但是他心里老放不下的，还是那些关于尚未被探过的内地难题。别人都在作着自己的发现——近在身边的有艾尔和弗罗姆，远在新南威尔士内陆的有他的老对手米切尔。斯特尔特自信：只要给他提供支持，他能在两年之后完成对整个大陆的调查。一个稍欠雄心的愿望则是探明北方大盐湖后面到底存在着什么。挡住殖民区向外扩展的，可以肯定地说，是艾尔和托伦斯这两个湖泊。他温和却又不懈地给当局施压，请求允许他再作一次探险，最终如愿以偿。1844 年 8 月，他启程，开始了通向大陆中心的努力。

此行的实情是一次艰辛、紧张和失望之旅。为了避开盐湖群，探险队转向东行，在离开达令河附近的未知原野之后，他们突然遇到了沙丘、风棱石平原和大片连绵的干旱沙漠。当年大旱，连鸟儿都飞离了变小的水坑。斯特尔特和他的队员们都感到进入了一个其生灵已全部逃走了的荒凉之境。日复一日，足可烧焦眼球的酷热朝他们倾盆袭来，他们只好在满是浮垢的积水洼地旁停下来，为的是使马匹恢复活力和被迫进行长途跋涉以越过下一片无水的原野。用了一年多时间，才到达了离大陆中心之南的一个地点，到中心还有150英里。斯特尔特只能从此地转回。由于他患败血病，差不多要失明，所以他只好朝着阿德莱德往南走，他唯一的慰藉是：对于解决一个地理难题，他已经有所作为。可是没过多久，他开始觉得，如此自我安慰缺乏正当理由。

他写道："我决意朝家转回，是因为心情沮丧和体力下降，在我看来，我似乎做了人类能够做到的一切。然而现在，在得到了恢复的健康作用下，我有了做得太少的感觉。我只能说，要投身那些沉闷的地区，我将不再犹豫，我会第一个踏上这个广阔领土的中心，最终揭开仍然蒙住它的面纱，尽管大陆的面貌像戴面纱的先知的五官那样，谁看见了它们谁就会毁灭……"

他命中注定揭不开这种面纱。18个月的漫长旅行损坏了他的健康和精力。这之后他只能求其次，退落到行政生涯，当起了民事登记署署长和殖民地财长。他1851年年底退休，不久后则离澳返英去料理几个儿子的教育之事。

他身后留下了盛名，这种盛名不仅立于他的作为还立于他的身份。几乎无人能像他那样为公众利益尽力又始终如一。他可以如实地说他从未因为纯粹爱冒险，也从未夸口说过他有为了帝国扩张或扩大英国版图这种沙文主义思想，才被吸引去致力于自己的多次探险。驱动他行动的力量源自科学家式的欲望，即扩大知识，也源自他的人本主义思想，即希望增加社会财富和幸福。对地球上的各种生物，诸如鸟类、动物和花卉，他都有兴趣。他赏识其同胞和他人。他的日记满是赞颂别人之言、钦佩别人的勇敢、好心态和谋略，他想得较多的是别人的成功而非自己的成功。在他的探险途中，他必然会在陪同他的任何人身上激起强烈效忠之情。他的许多旅伴都肯定地说过，他们都愿为斯特尔特船长“赴汤蹈火”，在比喻意义上说，他们的确说到做到了。他对人类生命的尊重使他在晚年回首往事时体会到幸福，因为他平生连一个土著都未伤及过。他还把这种良心上的自觉令人惊异地扩展到其他领域。比如说，不少人都听说他发现他家附近的灌木下有条棘蛇，他都能忍着不打死它，他给出的理由是那可怜的爬行动物没伤害过他。历史学家邦威克在阿德莱德斯特尔特家中看到他身处动物群中，发自内心地说：“就连一只猫也禁不住喜欢斯特尔特船长。”

这种情感上的敏感脆弱并未阻止他成为一个实干家，而是使他不愿意把自己推向社会或挤进政坛。毋庸置疑，斯特尔特并未得到过其贡献和才能应得的晋升。当时的多家私企曾愿意向他提供发财机会，他都不为所动而决然进入公共服务界，然而他得到的却是一个冷落接着一个冷落。他获得的第一个任命是总监督官，又不得不移交给弗罗姆，事后担任助手时，那一个职位又被废除了，他只好去干那乏味的民事登记署署长工作，拿一种降低了的薪水。在英国居住，他的目光仍然盯着他远离的国度，他申请出任维多利亚总督一职，此职因查尔斯·霍瑟姆爵士 1855 年逝世而成为空缺。可是回复他的是拉布谢尔大臣阁下“感到无正当理由”举荐他。也许是他自己支持这个国家的做法妨碍了他。不管怎么说，1859 年当昆士兰人民明确要求一定要任命他作其首任总督时，这一要求遭到了拒绝。

斯特尔特晚年的一个强烈愿望就是返回他视为祖国的国土。如他所说，他想“把自己的尸骨安放在澳大利亚”。可是，就连这样一个谦卑的愿望也没让他满足。在 74 岁，他死于英国离切尔腾纳姆（切尔特南）不远的一个地方。他最后生年所想的都集中在福雷斯特为寻找失踪的探险家莱希哈尔特⑫正在准备的远征探险上。

注释

① 伊夫林·斯特尔特（1816—1885年）：20岁时从英国移居澳大利亚。

② “芒特甘比尔帮”：与芒特甘比尔这个地方早期生活关系颇多又颇有名气的一批人。此地是南澳大利亚州（原为殖民区）最早居民点之一，因地理条件优越很快就发展为城市。在州首府阿德莱德东南方向近500千米处。此市因甘比尔山得名，此山虽不高，海拔只有190米，但风景优美，且离海边不远，长期以来为澳洲著名旅游城市之一。

③ 第39年：白人澳洲的历史开始于1788年菲利普率领的第一船队到达植物湾后不久即宣布新南威尔士殖民地建立。至1827年，就是殖民地建立的第39年。

④ 半岛：指伊比利亚半岛，在此发生过半岛战争，也叫拿破仑战争（1808—1814年），发生在英、法两国军队之间，主要战场在西班牙。

⑤ 布莱：即威廉·布莱（William Bligh，1754—1817年），英国海军军官，“恩惠”号（亦译“邦蒂”号）船长。1789年，手下水手哗变，他被弃于小艇上，被迫漂流几个星期，最后到达6 400千米外的帝汶岛。后任新南威尔士总督。

⑥ 查尔斯·内皮尔爵士：全名Charles James Napier（1782—1853年），英国将军，曾参加半岛战争和1812年美英战争，后在1848—1849年第二次锡克战争中任英军总司令。

⑦ 米塔冈：新南威尔士州的一个镇，在悉尼西南方向124千米处。

⑧ 托斯卡纳：是意大利的一地区，其首府是佛罗伦萨。托斯卡纳柱型是起于意大利的古建筑样式。

⑨ 邂逅湾（或因康特湾）：地处亚历山大里纳湖入海口，离阿德莱德85千米。1802年英、法两国的船在此偶然相遇，因此被命名为邂逅湾。

⑩ 洛夫蒂山（高耸峰或洛夫蒂岭）：南澳大利亚州境内离阿德莱德海边不远的一个海拔727米的山峰。

⑪ 韦克菲尔德：即爱德华·吉本·韦克菲尔德（Edward Gibbon Wakefield，1796—1862年），出生于英国，其殖民理论对于西澳、南澳和新西兰等殖民区的建立贡献很大。

⑫ 失踪的探险家莱希哈尔特：全名是（弗雷德里奇·威廉·）路德维希·莱希哈尔特（1813—1848年），澳大利亚探险家，生于普鲁士，1841年移居澳大利亚后开始一系列地质学调查，后在横穿澳洲大陆冒险中失踪。

6 不从国教者[①]：约翰·邓莫尔·兰

1823年，正在发展壮大的新南威尔士殖民地欣逢一件十足幸运之事：它把精力充沛又具公众意识的一位年轻苏格兰牧师吸引了过来。此时的新南威尔士尤其需要这种公众意识或为公精神。当时的社会结构单一，天然简朴，一个由开明的专业人士构成的缓冲阶层尚未形成。当时只有一种斗争存在于富有的刑满释放者和富有的排斥论者之间，握有绝对权力的总督不断在这两种社会势力之间左右摇摆：时而倒向这一边，时而又倒向那一边。刑满释放者的典型人物是西米恩·洛德：他有工厂，有贸易利益，有赛马会用的马匹；排斥论者的典型人物是约翰·麦克阿瑟。每遇涉及全局的大事，每一派都打自己的算盘以满足私己需要。至于罪犯的声音，自然是听不到的；自由定居者、土著或移民的声音也是很少听到。所谓民意或舆论，在帕拉马塔的酒馆之外和通往温泽的道路外面，是不存在的。

特别适于充当自由定居者爱戴的领导人的，非约翰·邓莫尔·兰莫属。他有精力，有主见，有斗志，尽管他领了布道牧师证，但对世俗和宗教之事均有兴趣。也许可以说他对世俗的兴趣更大，他本人也不承认二者有什么分界线。这位年轻的苏格兰小伙子的确是生来就有政治头脑。他的先人，世代都是地主。他的成长环境是自由与平等的。他喜欢说，自由与平等是“造物的一条法则和上帝的一则训令”。他在新南威尔士，一开始就决心投身于争取政治自由与平等的斗争。他家所有成员的兴趣都在这个新国度。他弟兄之一乔治先他几个月到达悉尼，他母亲和另一个弟兄安德鲁不久也会来悉尼，所以他不会因为想家而受到妨碍，不会像其他许多人那样念念不忘留在老家的一切而浪费时间。

他做的第一件事是在自己周围聚集一帮教堂会众。早在1809年，霍克斯伯里河流域虔诚的长老会教友们就在埃比尼泽②建起一座自己的教堂，并在一位信仰坚定的长老带领下坚持每周在此教堂做礼拜。可是，兰决心要干的是确保公众对他本人宗教地位的承认。在当时的悉尼，有钱的长老会教友不止一个，其中就有总督托马斯·布里斯班爵士。兰在埃尔郡③读中小学的时候，布里斯班作为当地的一位名人，曾抚摸过他的头。兰心想：为什么这些长老会教友不可以在悉尼市中心拥有一座值得他们信仰的教堂呢？可是总督对这一工程却有一种屈尊俯就的态度，虽说他对建造教堂愿意亲自捐资。他很欠严肃地说，宽容，乃英国国教之骄人之处，故若长老会诸教友不从国教之习俗，国教亦不阻止诸位以任何自己认为可为宗教争光之方式进行其礼拜活动。对于这位已被英国化了的苏格兰人出身的总督说的这番话，兰作了很不客气的回答：

“宽容，不是英国国教的，而是英国宪法的，骄人之处。苏格兰人不能因此而降低身份必须承认宽容是英国国教施给的恩惠。苏格兰人的社会和宗教自由是由其先人通过武力赢来的。在任何情况下，假若他们不依法确定这二者的权利，他们就会是一种退化的种族。”

这是他面对权威时的锋芒初露，并把这次小冲突向前推进，直至最后成功。次年他回到英格兰，就谒见了巴瑟斯特伯爵。谒见的结果是这位殖民大臣对布里斯班的冷落，作出了从岁入预付建造教堂预算费用三分之一的指示。

这位年轻的苏格兰男士，在其生涯很早之时就使自己的重要为人所知！紧接着，他就开始关注公众之事。澳大利亚，他感到，的确是个好国度，只是其社会氛围不够正常。对于有罪犯污迹的西米恩·洛德们和满脑子都是贵族式权利要求的麦克阿瑟们，他同样是几乎无好感。政府小集团的官僚主义令他怒发冲冠，只要他看到一个穿制服的军官，他的头发都是一贯非常敏感。这些军人，其所有见解，无不经过了洗脑！无论是习惯发号施令的军官，还是习惯听命的士兵，无一不是殖民化工具。看来，要创建一个他想看到的有力而又民主的社会，不到自由移民洪流形成之时，是没有什么希望的。因为这一洪流带来的是大批农民、商人、技术工人，这些人要么具有独立习惯，要么具有争取独立的强烈愿望。要寻找这样的人，苏格兰无疑是个当然理想之地，尽管在北爱尔兰，甚至在德国，并非没有同样的可能性。

新来的移民大多数必须是新教徒，这一点对于兰来说是件要事。天主教（通常被贬称为教皇的教）老被他与文盲和奴隶意识联系在一起。他的这些社会偏见和宗教偏见均为来自南爱尔兰的移民数量所引起。在他开始纠正衡量标准的时候，他身上总显出一种传教士的意味。不管他的堂区居民如何抱怨，他总是频繁赴欧，部分原因是想确保为自己不断发展的宗教提供新任牧师，并为其教育计划获取款项，更重要的原因是鼓励移民不断来他已移居入籍的国家定居。在英国一个个户外会场上和不同工业城市的会堂里，每次演讲他总是满怀激情。很明显，他都不是以通常的政府代表身份出现。他的表现有点像信仰宣扬者，或者说有点像狂热的福音传教者。他总是谈起一个新国家，在这个国家，土地容易得到，气候理想，土壤多产，在此沃土上定居下来的人民将会建起一个有点像乌托邦似的家园。在他每说这些话时，不管是职员还是工匠，都会驻足倾听。他的演说虽辞藻华丽，但均为真诚之言。对于澳洲的未来他充满信心和激情：因为在这里，他，或徒步，或骑马，已作过多次漫长旅行，对整个国家已有清楚了解。经他带出来的居民，对他有了效忠个人之感情，这种感情在日后他寻求政治支持之时得到了证明。

他的效忠者中包括近 4 000 位苏格兰高地人，他们都是因为 1837 年的那次饥荒才被迫离开了自己租用的土地。他们本想随自己民族的人到加拿大，可是由于资金短缺，才给兰造成了可以很快利用的机会，把他们转引到了澳大利亚。他说服这些苏格兰人到殖民部向格莱内尔格勋爵提出申请，通过把卖地收据用于移民的计划获得资金。令他这位对自己民族充满坚定信念者非常满意的是，只用 3 年时间，所有 4 000 同胞先后乘 18 艘船，都来到了澳大利亚。关于一些训练有素的酿酒葡萄种植者德国人的事，他做得却不够成功：他的一个兄弟曾使他深信要在克拉伦斯河④边开种酿酒葡萄，这些德国人将会是有用人才。这些德国人在出国途中到了里约热内卢，碰到几位代理商，这些商人向德国人大谈有关澳洲“罪犯殖民地”的可怕传闻，听者顿觉醍醐灌顶，被诱下船，定居在阿根廷。

然而，符合要求的移民潮至今不断涌来，新民主国家的种子业已播下。作为非官方领袖，兰之影响远远超出他自己的教派之外。他一如既往地啰唆、好斗和富有公益精神，在时下所有争执中都可以听到他的声音，看到他的身影，无论是关于土地占有条件、教育，还是在昆士兰种棉的可能性等问题之争执都无不如此。对于每一个问题他都有自己的看法，常常还是很有见识的看法，并且总是令人关注的看法。除了他在宗教方面的布道坛之外，他在新闻方面也不乏讲坛或发表意见的地方。他于 1835 年创办了《殖民地居民》报，又于1841年将之改名为《殖民地观察家》。他的喉舌从未停止过发声，他的大脑这架机器从未停止过转动。在人们看来，好像有一种魔力在驱策、在鼓动着他，把他身边死水般的生活搅得不得安宁，他让人们奋发起来，告别了头脑的懒散或麻木，而这种麻木通常与专制政府和追求私利共同存在或结伴而来。

他与自己教派的往来并不愉快。英格兰圣公会的统治地位令他愤慨。这是因为总督布里斯班已经断言，兰之教派地位已为1836年伯克⑤法令所推翻。此法令规定：基督教所有教派一律平等，按列出的条件可以同样分享用于薪金和建筑方面的国家资助。令他同样愤慨的是苏格兰国教会⑥的统治地位，根据这一地位，它可以拥有对殖民地长老会区会的司法权。他于1837年12月在新南威尔士建立了一座教会法院，并宣称之为最高法院，即在殖民地和苏格兰其一切判决均不允许上诉的法院。从而，在当地宗教方面开始了两种团体并存的局面，一个是独立的，另一个是传统的，且均有其海外联系或教派。几年之后，二者开始合并，但是使兰不安的，仍然是基督教的种种关系或纽带。不久，他劝说自己的会众放弃国家资助，与教会法院脱离关系。由于兰任性又自我，他无法容忍教众对他提出的要更加严格履行其宗教本分之种种劝告，并在布道坛公然指责他的教众成了一种“魔鬼的犹太教会众，因在精神上对于他的深仇大恨而被激起了行动，这种仇恨只有从罪恶之源才会产生”。

这类语言只有从兰的舌头才容易说出，尤其在争吵涉及宗教问题之时。他口中说出的话使他在自己身边人中树敌不止一个，并使自己陷入诽谤诉讼之困境。这样说话只是他近于爆炸的过剩精力的一部分，他对此不可抑制，就像驱使他外出作从菲利普港到布里斯班河长途探险的冲动不能被他遏止一样。他是牧师，但更像政治人物，他最像的是一位开拓者。他硬要不断走到户外，坐只小船沿海岸慢慢探险，或者旅行到亨特河⑦上游，造访他一个弟兄的农牧场。对于这个国家的地质知识、动物生活和人们的生活方式，他都大有兴趣。一种独有的爱国精神像火焰一样在他体内燃烧，自他把澳大利亚认定为自己的祖国第一天起，这种爱国烈焰不仅没有熄灭过，反而因他贴近了这块国土的地气而变得更为炽烈。他主张用本土名称为新发现的山川命名并摆出命名的理由，像伊拉瓦拉、帕拉马塔和伍伦贡等名称，不仅有地方魅力和乡土意味，而且还部分表明这些平原颤动的高温和一个正在逝去的种族的迷人之处。他用写诗来嘲讽麦夸里河和古尔本平原⑧等命名。为什么只是本国过客的官员之名一定要和这些地方联系在一起？更糟糕的是，竟用海外政客之名命名，这些人从来都不可能看到这些地方。他认为也可选择别的名称以取代本土名称，比如汉普登、克伦威尔和华盛顿等，他们都是英语世界的人，并与这个世界的自由思想有过联系。或许，你还可以靠家更近些。当兰非常钦佩的莱希哈尔特把澳洲大陆中心高耸的一个玄武岩山峰命名为兰峰（芒特兰）时，他深感荣幸。

为了实现他的乡村文明计划，他曾试图吸取他在南美洲一些乡镇时打动过他的一些想法。比如说，在镇中心有一个广场或开阔地方，那就是新世界中所有西班牙乡镇的一个最有趣、最有用和最重要的特征。在昆士兰，当规划伊普斯威奇这个镇的建筑师准备建这样一个广场时，总督乔治·吉普斯爵士竟然不同意，兰得知后非常气愤。这就是被用于管理国家的智慧吗？他不禁责问：难道吉普斯在想，在“仅仅”一个两千英里见方的国土上，为了人民的舒适与方便，这两三英亩英王土地的面积就大得不值牺牲吗？或者他是否又在想，这样的广场有可能吸引人民在露天举行大规模集会，对平庸的总督们大投谴责票吧？

只要一有让人民选举代表的机会，满脑子都是公众兴趣的兰就一定会马上转向政治，这是完全自然的。1842 年宪法为此作了部分准备：议会 36 名成员只有三分之一由英王任命。兰成为了代表菲利普港的 6 名议员之一后，立即跻身于少数激进派之列。他当时的最大热情在于使政府分权，将菲利普港和被他称作库克斯兰的地方从新南威尔士分离出去，他同时又参与扩大选举权的活动和争取成立责任政府的斗争。他政治生涯的显著特点是充满活力而非连续不断。他频繁出入于不同议会，时而代表菲利普港，时而代表悉尼，有时又代表在莫尔顿湾的斯坦利郡。他的政治归属同样变化无常。一开始，他愿意追随温特沃思，视其为为宪政而斗争的领袖：为了这一斗争大事，他可以不计较温特沃思的私心贪婪，甚至他对新西兰土地之要求的丑闻，一则被吉普斯宣称为"史无前例的假公济私"的丑闻。但是，到宪法之事近于确立之时，兰断然与其老头目分手。他对民主选举权，定居地要近一点儿和瓦解地主寡头统治集团等的要求不可压抑。温特沃思在1853年宪法决议中加入专门条款，规定不许任何教派牧师参加议会，为的就是让兰出局。然而，此条款很快就被废止，兰又得以置身议会，1859—1869年这10年间他任西悉尼议员。

作为一位政客，他的活动领域不在议会之内而在议会之外。他想得较多的不在立法而在具体开发——学校的建造、港口的疏浚和农业的实验。新行业的创办、新定居区的开拓，等等，无一项工程不引发他的热情。他总在想：怎么建起一个又牢固又独立的民主社会？如何把一群群移民团结在这块崭新的土地上？在他作漫长旅行期间，他利用闲暇不断推出作品，写出一系列书、文和诗歌，扮演着历史学家和地理学家之角色，让他的同胞熟悉本国的面貌和短暂的人类历史，并使自己的作品充满测勘者的报告和探险者的记载。这就是他的趣味所在，以致这些作品直至今天仍不失新鲜，就连他那些讽刺文，尽管嘲讽过多，妙语表达欠流畅，也仍有新鲜之处。虽然兰生性啰唆，令人生厌地爱重复，且有智竭了还词不穷之倾向，但是他的好奇心永葆活力，他的脑筋总是强劲。跟他旅行，听他发表意见、表明信念，令人感到刺激：他谈棉花种植，谈当地风俗，还谈罪犯劳动，又可以听他表明自己的观点，他认为这个国家唯一的缺陷就是被军人奠基，这些军人唯一的正事和职业，就是在其主子为谋私利喜欢挑起的一切不正义不必要的争执中摧毁自己的同类或曰杀人。

他自然得罪了一些人，特别是在那些紧抱成伙、期望永握权力的地主小集团成员中树敌不少。对于郑重的史学家和这一小撮人之颂扬者鲁斯登来说，兰就是那种"捣乱老手"，所有动荡，所有煽动人群的幕后指挥。在尤里卡⑨暴动背后，鲁斯登甚至也可以看到兰轻快移动的身影。兰不是已经对特伦河⑩边的矿工们说过，黄金的发现将会加速这个国家的完全自由和独立之类的话吗？他不是有一个儿子在巴拉腊特为地方报纸写过多篇颠覆性文章，警告当局诸君，如若不满足淘金工人要求，就会在他们有罪又无戒备的头上像旋风一样突然袭来大众愤怒的乌云吗？鲁斯登坚信，在墨尔本出版的《世纪报》上一篇篇要文都响着兰的声音，在19世纪50年代初，就是这些文章，加强了支持淘金工人的舆论。大批年轻作家都是他的"学生"，戴维·布莱尔就是其中之一，布莱尔曾在新南威尔士当牧师，现在成了具有民主思想的最活跃、最有为的记者之一。

鲁斯登有关兰之影响的这些看法也许都是对的。这位"捣乱老手"使命的一部分就是充当这个国家社会生活的发酵剂，鼓励民意强势表达，推动对专权的反叛。他话语的广泛影响在任何政客话语的影响之上。追随他的人遍及全国，其中有些人对他忠心耿耿，满怀激情，不少人若不是对他信任，永远也不会来此移民。虽然他为宗教问题多次与人争执，常常纯粹由于心血来潮而突然口出辱骂之言，但是从未削弱大众对他的喜爱。如果在19世纪中叶举行公民投票选举民族领袖，谁会当选几乎是毋庸置疑了。

他从内心拥护共和政体，想目睹澳洲走与美利坚合众国类似的道路。他把这个国家分成多个小单位的一切计划为的都是这个目标。在其论著《来临的大事》中，他不断恳请与联合王国分离。

“独立国地位或曰完全自由与独立，对于澳大利亚各殖民区之社会福利和政治进步，是绝对必要的。给我们这个地位，你们就给了我们一切，可使我们成为一个伟大而光荣的民族；不给我们这个地位，你们就拒绝了一切。”

他认为无充分政治独立就无正常公民生活。对既赞成又惧怕殖民主义的思想，他心存憎恨。他强调，这种思想，会阻止人民像四海为家之人那样去思想，去行动，它只能妨碍人民的发展。当前在最新宪章统治下大谈可做什么和不可做什么，无异于“为长了胡须男人准备的奶头”，毫无用处。最高权力存在于人民手中：难道这不就是造物的一条法则和上帝的一则训令吗？

“对抗造物的一条法则极其危险，肯定等于抵抗上帝的一则训令则罪孽重重。”

他像他那个时代年长的民主主义者一样，很重视政治形式。一种名称对他来说寓有妙想，这就是合众国！他对于使各国“殖民化”中之财经力量和文化力量所起作用的认识有点模糊。使其主张分离热情有所减弱的唯一因素，是他对独立后的澳大利亚如何使用从出售荒地中所得款项持有疑虑。他不想看到这些土地通过苦力劳动来得到开发，而是期待着它们逐步为英语国家的人所占领。因此任何独立条约均必须规定：往后至少 50 年，出售公地的一半收益一定要用于促进大不列颠和爱尔兰往澳大利亚移民。

这就是这个坚毅的长老会教友的思想，他把这些思想强有力地坚持到底，20 年后他虽然对《来临的大事》进行了修改，但是他对其中主要要求的叙述口气并没增加一点温和，对其声音和姿态的着力并未随年纪增长而有丝毫减弱。这一点给他的生涯一种独特完美。到了晚年，他还是以前同一个约翰·邓莫尔·兰，对于布里斯班总督的恩畅态度，他依然是强烈反感。若不重新改造他整个的人品，在他身上不可能有任何改变：只有上帝直接神示，才能使他相信有改变的必要。

然而，尽管他有种种缺点和局限，他仍不失为他那个时代的澳大利亚最重要的人物。对公众事务，他献出了自己的全部激情，而他周围的人都把这种激情保留下来，用在追求个人私利上。在一个仍受流放制度和独裁政府其害的病态社会中，他激发人民为自身思考，公开全部表露自己的心声，挺身自立。与帕克斯（身上保有情绪化伦敦佬的印迹）相比，兰更能象征一种顽强民主政体，兰为这一政体的建立作出了巨大贡献和努力。

注释

① 不从国教者：原文 nonconformist 或 Nonconformist，根据任继愈主编的《宗教词典》，汉译作不从国教者。根据多数英汉词典，多译作不信英国国教的新教徒。基督教教派繁多，包括（罗马）天主教、正教、新教和其他一些较小教派。新教，亦称“更正教”“抗罗宗”“耶稣教”。新教的宗派有信义会、长老会、圣公会（英国国教）、浸会、公理会、卫理公会和不从国教教会。在中国，常以“基督教”一词单指新教。新教主张教会制度多样化而不赞成强求一律；重视信徒直接与上帝相通而无须神父作中介，等等。

② 埃比尼泽：意为不信英国国教者的礼拜堂，在此文中是澳大利亚新南威尔士州的一个村庄，位于霍克斯伯里河畔，离温泽很近，离悉尼也只有66千米，这里有澳大利亚白人建起的最早教堂。

③ 埃尔郡：位于苏格兰西南部。

④ 克拉伦斯河：发源于昆士兰州南部边界，主要流域在新南威尔士州，流入太平洋。

⑤ 伯克（1777—1855年）：全名是理查德·伯克（爵士）（Sir Richard Bourke），曾于1832—1837年任新南威尔士（殖民地）总督。

⑥ 苏格兰国教会：又称“苏格兰长老会”。属加尔文宗，1567年在苏格兰被定为国教。

⑦ 亨特河：主要流经新南威尔士州，流入太平洋，全长近500千米。

⑧ 古尔本平原：位于悉尼与堪培拉之间，或古尔本市周围的一大片平地。

⑨ 尤里卡：指1854年12月3日发生在澳大利亚巴拉腊特尤里卡旅馆的金矿矿工起义。

⑩ 特伦河：在新南威尔士州，流入麦夸里河。特伦河流域有金矿发现。

7 政治人物：亨利·帕克斯爵士

1850 年 9 月 16 日，一大堆悉尼人聚集在老营房练兵场，抗议混合立法院同意对流刑的恢复。载着流犯的几艘船已经到岸，人们看到它们停泊在港口，便被激起满腔愤怒，不止一次扬言要爆发激烈行动。威胁国家社会生活的这种行径已经引发出一种民族感情似的情绪。悉尼弥漫着一种大罢工氛围：商店统统关门闭户，货栈也都是大门紧锁，在抗议大会上，每阶层人都有代表出席，唯独不见少数地主阶层的代表。因为这些地主们相信自己的繁荣与富足靠的是重新得到奴隶般的劳工，也就是说依靠一种制度，这种制度，用悉尼头号诉状律师詹姆斯·马丁的话说，就是已经“使劳工们减弱了骨气，败坏了举止，得到了有关劳资的错误观念，且在许多情况下被播下自身毁灭的种子”。

在墨尔本和霍巴特，也采取了零星行动，旨在防止流犯登陆，但缺乏的是较有力的组织工作。那些赞助集会者认为在抵制运动中，应该建立一种团结全国的联盟或协会，最终结果是成功组建了澳大利亚反流刑联盟。在此关键时刻，人们意识到分布在各地的殖民区具有基本一致的利益，在此意识中也许可以发觉联邦政治的萌芽。不管怎么说，这次组建会议标志着一位年轻人的首次公开露面，就是这位年轻人从此与联邦思想结下了不解之缘，也是这位年轻人，多年如一日致力于政治斗争，并且主持了为奠定澳大利亚联邦基础而召开的首次代表大会。

这时的帕克斯作为民主思想的倡导者，已经小有名气。他充满活力，随遇而安，一张表情丰富且刮得干干净净的脸，两只锐利且起皱的眼，具有吸引人的流利谈吐和天生才智，能够吸引人的还有他被一看便知的真诚。他代表涌进这个国家的移民，这些移民包括技术工匠和小商人，他们已被培养成人，笃信教育和中产阶级体面，还笃信用不断按照惯例慢慢扩大自由的方法创造一个仁慈慷慨的世界是可能的。他在很年轻之时，就已经深受宪章运动影响，聆听过科贝特、阿特伍德和丹·奥康内尔，并陶醉于边沁①的政治哲学，还钻研过雪莱、利·亨特和拜伦。他意识中已形成对文学和思想的兴趣。然而，他所有上述自学均未促进他在国内的发展前景。很明显，他是另外一种类型的年轻人，这种人只能指望在新国家找到多于在旧国家的机会。

可是，他在澳大利亚的最初经历颇不愉快。1839年出来的时候他身无分文，只带着又虚弱又年轻的妻子离开了英国。一到悉尼，他就发现当地刚刚遭受了一场大旱，正处在其严重的周期性萧条时段之一。他第一次安下的家是一条小街上一间空荡荡的小房，除了在船上捡起的一个小箱子是唯一的家具之外，可谓是真正意义上的家徒四壁了。他的本行是象牙车工，这时要在本行找份工作，对他来说是不可能了。他只好远离城镇，到内地当农牧场劳工，工资等级是一年30英镑加上一份半以稻米为主的口粮。洗羊，为栽桩挖坑，睡在一张树皮上，这样的生活状况只能给他痛苦的幻灭感，他这时一心只想攒足钱返回家乡。

但是未过多久，他竟能这样说："从今开始，我孩子的国度就是我的国度。与我的祖国相比，澳大利亚已经给了我一个更好的家，我将以爱国者情怀去热爱她。"

11年的艰难打拼到此时已使他成熟，给了他对自己才能与命运的信心。从一开始，他就有幸结交一批好友，尤其是查尔斯·哈珀这位被肯德尔②称作"澳大利亚诗才的第一位宠儿"的面有皱纹、表情沉思的诗人。他开始闻名于悉尼。从这位年轻民主主义者的浅色脸上，流利的言谈上，有刺激性的幽默上，对米尔和边沁的恰当引用上，以及组织掌控人群的天赋上，已经有人看出，他就是人们最需要、最得人心的领袖，带领大众勇敢对抗以温特沃思和詹姆斯·麦克阿瑟为首的统治集团。除了废止流刑的问题之外，各商业阶层和人民大众所关心的，是要确保开明政体和容易获得土地这两件大事。在帕克斯看来，对这些问题需要公众讨论，因此在他创办《帝国报》之时便立即得到热情支持。在悉尼，自史密斯·霍尔的《箴言报》停办以来就再没有出现什么自由报刊，这就说明创办一种宣传进步思想的报纸时机业已成熟。另外，帕克斯也需要表达自己的政见。

他说："宣传家的使命既艰辛又令人兴奋，我自己为能作这样的宣传家而激动不已，在全澳大地制造和传播正确客观舆论是我义不容辞的大任。"

《帝国报》，差不多和责任政府的成就一样，标志着一个新时代的开始。此报周围聚集了社会上一批最优秀的才智之士，诸如詹姆斯·马丁、丹尼尔·德尼希和（后来的）加万·达菲。这些人之间通过反复讨论，解决了为一代人去引导新南威尔士公众生活的各项政策问题。帕克斯自己主要不是首创而是阐释新思想。他生性热情大方，经历艰辛，给了他一种强烈的民主情怀。但是，他思想起来，靠的是血气，是体液而非大脑；他行动起来，凭的是冲动而非理智。然而与人争论起来，他能敏于领悟要点，敏于用自己的种种事例进行修饰或加以发挥，并用此要点颇具魄力地以理服人。不管是讲话还是撰文，他都能让其同伴们感到声声入耳，字字入心。对人性他有本能的体悟，对政治他有精明的感知，这一切使他于1854年成功跻身立法院。

民众需要一个自己拥戴的人物反抗温特沃思，待这个老资格名人过世后取而代之。能起此作用的最佳人选非帕克斯莫属。他身上有一种民众代表资质。因为他有朦胧的理想主义，有多彩的阅历，又有对教育和社会改良的兴趣，他肯定就是开始掌权的多个新生集团的合适代言人。没用多久他就精通了1856年新选议会的种种惯例，并在议会中赢得了支配地位，不管他在不在官位，他的这种支配地位一直维持到他生命的最后一年。

土地自然成了当时最紧迫的问题。如何把那一片片广阔专用地投入生产，正如人们习惯说的如何开发国土！牧场主们早已做了工作，即他们把自己的牧群赶进了新领土，并付了极低的租金，确保了牧地租用。他们，这些牧场主，都已安家立业，稳握了政权：在民众政府出现之前，他们没有反对派。他们制定的各项土地法规，均无不服务于自身利益，还激情满怀地宣称他们的利益就是国家的利益，此论貌似有理：他们生产的羊毛、兽皮和牛肉成了国家岁入的首要来源。鉴于此，国家怎么会拒绝他们的诸如宽厚条件和廉价劳力等任何要求呢？谈论这个国家由农牧民定居，无异于做空想交易。国土不宜于发展农业。查尔斯·达尔文不是早已到过巴瑟斯特附近，站在大平原上说此国土永远种不出小麦来吗？

确切的真相是：为了防止小农获取合适土地和阻碍发展农业，凡是能做到的事都做了。牧场主想租借哪块地方，都可如愿以偿，只需交上10先令即可得到一平方英里国土：他方便时可以挑选任何上等地块，且可以最低现行价买过来。依靠其小集团为其相互利益而通过的立法羊毛扣押权条例和牛类抵押条例，牧场主可以确保自己的操作与管理信誉。所有这些事情都把想当小农的人们拒之门外。这些人不可能租借土地从事农业。官僚主义的繁文缛节和复杂手续使这些人无法选择自己想要的地块：就算他们能定居于土地开了业，对于自己种下的一批麦子也得不到可靠的收获。坚持认为这个国家不宜发展农业的人士，为确保其主张不受反驳实在是煞费了苦心，大费了苦力。因此，经过了长达70年的殖民之后，新南威尔士做的面包仍然必须从南美和别的国家进口材料。

帕克斯自己对土地虽然所知甚少，但是他很负责地挖掘出土地知识丰富的人才。在旧立法院行使权力期间的1855年，他动议任命一个特别委员会调查农业状况，“尤其是对小麦育种展开调查”，于是一位年纪尚轻的农民在此国家露面了：此人有坚强的科贝特意识，长期的实践经验和提出见解的直率作风。他就是约翰·罗伯逊，一个在此国土上生于斯长于斯的人：先是在亨特河上游土地上为其父干活，后又自立务农，在长达22年的实验农业生涯中他不但善于观察而且勤于思考。眼脑并用的结果使他知道如何有力处置此国不宜种粮的胡说八道：在他的农地上，他不是一次又一次有了每英亩40多蒲式耳的好收成吗？他断言：适合农业发展的，不仅仅是亨特河流域，而且还有新英格兰地区和利物浦平原③等处所有冲积土地。他，一位谈锋锐利的激进派，对于置大片土地于牧场主借用之下的原因，毫不迟疑地作出了解释。

调查的最大成果就是1861年土地法案的产生，它是现任议员罗伯逊力排元老派众议才得以通过的，对于遏制牧场主阶级权力和小农这个新阶级的形成具有重要作用，在总体上有利于自由思想。自此以后，在超过一代人的政治生活时期内，罗伯逊和帕克斯二者的生涯，命中注定始终处在不同路线上平行发展，甚至在作为争官位对手时也是如此。二人的个性与兴趣也很不相同但始终互补。罗伯逊是个农村人，志趣主要不离农事，对麦堆如何免遭虫害，或者对什么才是考虑得最好的旱季防灾播种方法，他都了如指掌。他头脑敏锐，客观，实在：他的激进思想全在小土地所有者一边，坚决反对任何类型的垄断。即使随着年纪增大而变得稳健谦和，他仍然不失身上的全麦面粉面包之质朴基调或本色，他眼中仍闪有冷嘲之光，言谈中仍不失农村人的直率。帕克斯就大不一样了：他骨子里有着城里人的善变与适应能力，对周围的一切能随机应变，生性机敏随和而非一成不变。对国家的未来，他热情洋溢，看法乐观，一心想促进大批移民，深信移来的人越多，对一切有关人士就越好，对于公众文化和福利他怀着兴趣，对于分布广泛的教育他有着自学成才者的信仰，相信“心智训练乃一切社会美德之基”。1866年制定的中小学条例是罗伯逊的土地法案在建立自由又开明的社会中的必然结果。

19世纪后半期新南威尔士政坛无大事发生，可谓是风平浪静时。大争议基本全部结束，政治发展路线业已奠定，自由贸易亦为人所接受，土地问题和教育问题已大体解决，剩给政府要做的事无非就是个管理问题。在国家生活与发展中真正令人关注的事情全部发生在议会范围之外。这是一个社会福利文化思想开始四处传播的时期。在每个小小的城市规划区都建有自己的文艺场所，这个场所是个可用作剧院、舞厅和图书馆的文化中心。文化活动有科学知识讲座，狄更斯和马克·吐温作品朗诵会，甚至还有娱乐活动，使得昔时传下来的诗歌片断得以复活的活动——或者是我们为民间艺术找来的相当勉强的替代品。这个文艺场所有廉价图书，有免费教育，既包括世俗教育也包括强迫教育。这些都是广泛传布文化的渠道。在这些年间，帕克斯逐步树起了自己的形象，深留在民众心中，成了公认的领袖人物之一。甚至在他1872—1875年的首个任期前，他就成了当时最广具盛名的公众人物。1861年他肩负移民使命赴英，得与科布登④和布赖特⑤相会，与卡莱尔⑥交友，并与维多利亚（女王）时代中期其他一些大人物建立了联系。这些人物的某种相当端庄的尊贵气质传到了他身上。艾尔弗雷德·迪金说过："他总是把自己的形象想象为伟人形象，并且一贯将自己朝伟人形象调整。"他双颊白髯，长发厚乱，一袭男士礼服大衣，摆出一副德高望重的模样，活活是其移居入籍国家元老的合适样子。在整个新南威尔士，进步正以一种举目可见的方式被人取得。约翰·罗伯逊的土地条例导致更接近、更密集定居，所谓这样的定居，指的是修公路、建桥梁、筑铁道和组建小型城市规划区。由于帕克斯的中小学条例之实施，许多学校已经开办。他欣然广出巡游，利用与这些发展相关的庆典，作为他接触民众的一大手段。他生平最愉快、最现本色之日，莫过于他在学校、在文娱场所开办庆典上演讲之时。他全部单纯人性显现的时候，要么就是他反复讲述自己早年奋斗史的时候，要么就是他决心了解世界上最好思想和最好书籍的时候。他坚信一架子书可以给乡野寻常百姓家带来光明，门前的一个花园可以给人美的享受。他同人讲话从来不会让人联想到他居高临下。他毫不做作的幽默，他让人觉得含糊的送气音，是他永远都是人民之人的可靠保证，尽管他为了官位，为了地位，为了领先，不止一次与人有过小争小斗。

在议院，他精心制订计划，旨在改善社会生活的总体基调。在当时社会上还大量残存着流刑时代给人类造成的破坏和一种令人不快的情况，或者至少可以说，对身心病残者、对男女少年犯的处置依然草率。飞速发展的社会造成的种种冲突并未留下足多传扬仁爱思想的空间。用建造教练船弗农号这一办法，帕克斯对教化男性少年犯作出了一定贡献。在他巡游全国各地路过农村时，最令他满意的莫过于他遇见的农工们自豪地让他确信他们都曾是弗农人。工读学校条例是詹姆斯·马丁爵士之功；但是，对身心病残者待遇的改善，可以说唯帕克斯功不可没。是帕克斯亲自派能干的精神病专家曼宁医生赴欧学习最现代的精神病院运行模式和管理办法，是他为新南威尔士雇用一批医护人员，也是他在雇请这些人员时确保得到弗洛伦斯·南丁格尔⑦的帮助。在他主政期间，对病人的护理既严格又细致，这又为其他政府大员立下了标准。

每逢涉及面较广的事情发生，他一般都是依据民族精神对待之，所谓民族精神，就是逐步为人所感知的自立精神或依靠自己解决问题的精神。对派小分队去苏丹一事，他持反对立场，理由是“战争在埃及是一场侵略未开化部落的战争，与我们相比，这些部落是在他们自己的国土上打仗”。他通过自己1888年制定的限制华人移民法案以坚持他的国家有权选择其未来人口之结构成分这一原则。对于华人大批涌向矿区和沿海城市的情况，已经有过多次强烈抗议行动，而且每天似乎很可能发生两个种族之间的群体对抗，这类对抗还可能导致国际事件。然而，帝国当局，在被要求作出与中国政府订立条约安排以控制移民潮继续涌来之时，却持置之不理态度。帕克斯最终只能下定决心，采取独立行动。

……

时至今日，他已是一位老人、资深政治家和为数甚少的声名远扬海外的公众人物之一。他试身过商界而结局惨败，在选举中他经受过沉浮，从政时曾几度贵为内阁之首。国际上，他被视为新世界引人注目的代表人物，这个新世界为英国移民所创建。在外交和内政两个领域，他的声音也许在前者更有影响。尽管他有民主情怀，但是他开始游离在正在发展的国家经济生活和涉及人民大众的问题之外。（19世纪）80年代末开始，在航海业和畜牧业爆发了几次大罢工。在他看来，这些罢工似乎是不祥的社会动荡，并认为动荡源于颠覆性的人心。“人民”，这个他曾动情援用的既模糊又抽象的概念，如今成了一个有很多脑袋和百万只手的怪物。对工联主义，只要这主义仅仅是一种思想，他并不反对。可是，让他头痛的是被纠察员们在街上拉下车并赶离码头的那些人。这些零星进入议会的工会新代表，在大谈煤矿行业的工作小时数应由立法规定的问题。作为已经在悉尼主持过首次8小时会议的他，对此举深感震惊和愤怒。他仍然认为8小时对任何工作的人已经够长了，但是他还认为任何人都应该是个自由行为者，应该根据自身方便去处置自己的时间和才干。议院，在道德上，无权对个人的工作时数立法！

他虽是个科布登信徒和反对土地垄断和反对寡头政治的斗士，但是一遇到这种新来的劳资冲突氛围，他不禁心神不安起来。只要一接触经济结构问题，他的政治原则总是模糊起来，并使他采取不合逻辑的行动。他言行矛盾，或以此时之言之矛刺彼时之言之盾。甚至在他早年生涯中，这种前后不一致的情况就显而易见。他强烈反对牧场主阶级引进苦力劳工；可是在（19世纪）50年代一次淘金热中《帝国报》排字工人罢工时，他马上改变主意，开始赞成从印度输入欧亚混血人之想法。这一刻，他决心献身反失业反邪恶社会事态运动，下一刻又转而力主从英国大规模移民。一会儿他迷上借助关税在新南威尔士办起第二产业之主意，一会儿又亲自拜见科布登转而主张自由贸易。诸如此类的矛盾行为似乎表明他思想肤浅，时时改变观点，均为权宜之计或权宜之见。

然而，在帕克斯身上也有少许伟大之处，一种不因其思想的前后不一或他作为政客的某种卑鄙变幻而改变的伟大。他是他那个时代具有一般自学水平之人，但在此基础上他的知识又有很大扩充。直到他生命尽头他都保持了公益精神和个人廉洁。他晚年的贫困在整体上给他带来了荣誉，这不只是个破产和铺张挥霍问题。他本性趣味简朴。如若当初对贫困很在意的话，在他漫长的为官生涯中他有大量发财之机可乘。可是，他可以自豪地说，他和他的家人从未损公肥私过。对于自己的家庭生活，他的确一贯以一种从不张扬的尊严护卫着。自他的第二任夫人被拒进入政府大楼之后，大楼内举行的所有公宴他都拒绝参加，他说的理由是凡是不让夫人进的门他都不能进。他与一些同事相比，对国家事务的看法，他的眼界更开阔。他的老朋友和老对手约翰·罗伯逊爵士，听到帕克斯关于联邦政府的建议之时，竟能无礼地说："现在帕克斯在干什么？他干的一切又意味着什么？整个事情来自英国。事情始作俑者，老德比⑧

也。”这位扎根于本土利益又上了年纪的民主主义者，对于眼前的民族运动看不到别的，只看到它是为英帝国联邦的一种旨在破坏来之不易的自治的邪恶阴谋。可是帕克斯对于此事却不然，他坚决不改他早在《帝国报》上所写多篇文章所概述的思想，这一思想在当初反流刑集体行动中首显其价值。

要想确立他的重要性，人们必须重新认识他所具的代表人物素质。他实质上是位政客，是他那个时代占主导地位诸社会集团的代言人。他的人生持续了19世纪的绝大部分（1815—1896年），是澳大利亚历史上一个漫长的阶段，成了大多数澳人成长的标志。他的形象具有滑稽的一面，也是常被他那个时代漫画家们热切利用的一面。人们笑他那张像机灵的猩猩脸似的脸，几乎藏在一团灰白头发和胡子中间，笑他与其债主们的一次次搏斗，笑他急于被人当作维多利亚（女王）时代中期伟人的热望，笑他写的充满柔情的诗篇，还笑他对伍尔纳⑨和丁尼生⑩的钟情与献词。但是，人们对他的这些讥笑从来都无什么恶意。约翰·邓默尔·兰总结帕克斯时说了这样一句话：“他虽是公众的一大怨愤，但也是公众的伟大友人。”

注释

① 边沁：全名是 Jeremy Bentham（杰里米·本瑟姆，1748—1832年），边沁是 Bentham 约定俗成的译法，英国哲学家和法学家，功利主义伦理学的早期代表人物。代表著作是《道德及立法原理》(*Introduction to the Principles of Morals and Legislation*)。

② 肯德尔（1839—1882年）：澳大利亚19世纪最著名的诗人之一。全名是 Henry Clarence Kendall。

③ 利物浦平原：在新南威尔士州境内，农牧业发达，其中大片土地属于澳大利亚农业公司。

④ 科布登：即理查德·科布登（1804—1865年），英国政治改革家，英国自由贸易运动主要代言人之一，自1838年开始，和约翰·布赖特一起，领导反谷物法同盟进行了成功的废除谷物法运动。

⑤ 布赖特：即约翰·布赖特（1811—1889年），英国自由主义政治家和改革家，著名演说家，和理查德·科布登同为反对谷物法运动的领袖。

⑥ 卡莱尔：即托马斯·卡莱尔（1795—1881年），苏格兰历史学家，政治哲学家，他的许多著作颂扬了“坚强、正直之人”的力量。

⑦ 弗洛伦斯·南丁格尔（1820—1910年）：英国女护士，医疗改革家，在克里米亚战争中，她改善了陆军医院的卫生状况和医疗程序，大大降低了伤员的死亡率。

⑧ 德比：即德比伯爵（第十四），全名是爱德华·乔治·杰弗里·史密斯·斯坦利（1799—1869年），英国保守党政治家，三度出任首相。

⑨ 伍尔纳：即托马斯·伍尔纳（1825—1892年），澳大利亚雕塑家，著名作品是悉尼海德公园内的库克船长雕像。

⑩ 丁尼生：全名是艾尔弗雷德·丁尼生（1809—1892年），英国诗人，1850年起被封为桂冠诗人，关于不朽、变化、演变的长诗《悼念》等诗篇为他赢得了声誉。

8 画家：路易斯·比尤弗洛

对绘画的欣赏，在澳大利亚发展相对缓慢。这也不足为怪，因为培养这类兴趣的素材并不存在。罗斯伯里伯爵①出访这个国家时曾说该国富人“坐在价值30几尼的软垫凳上看只值30先令的石版油画”。这些油画的代表作大概就是《海湾边的一次男子聚会》，或者是一些田园式英国风景画：画面上是星星点点地长着毛茛的绿色草场，以其赏心悦目、从容富足的景象来缓解户外澳大利亚大地上抖动的亮光和满目苍凉。早期来此国度的多数移民，对自己面对的新环境，感到的不只是毫无兴趣，而且是一种毋庸置疑的仇恨。这种环境对他们来说，就像奥尔德斯·赫克斯利（旧译赫胥黎）②所说的新墨西哥州一样，是“空虚和陌生得无异于月球”。他们把自己的人生想象为一场殊死搏斗，搏斗对象就是身边严酷似铁的树木和脚下难对付的壤土。而且这场搏斗不仅要在自然层面还要在心理层面继续下去。他们置身的地貌，与其童年时所熟知的截然不同，没有任何人类文明所施的痕迹，没有茂盛的枝叶，有的只是蓬乱的植物，稀稀疏疏地长在荒芜嶙峋的地表结构上，在这样的地貌上，他们当然看不到任何美的景象。这里不见鲜艳的颜色，各处的色调与格调在他们看来都毫无二致，还有树木的形状，样样都使他们生厌。

只有等到下一代人，才会发现这样的毫无二致基本上是一种假象或错觉。

亨利·汉德尔·理查森在其《最后的归宿》③一书中说："也是为情感所激活，留待他们的双眼所看见的，是貌似暗淡景象中的不同颜色：翻起来的土地显出红、白、深紫、橙黄；新生叶子的颜色是灰中见蓝；小灌木鲜红；暗部最强的颜色又紫又蓝。在流落他乡的日子里，他们有着极度的怀旧情：想芳香叶子气味，想金合欢树蜜香，想那升起的又浓又重的芬芳，犹如水蒸气一样，来自那片广阔的、设有围栏的、长满又悦目又开花苜蓿的地方，还想那光亮的伸展了不知多少英里的丛林地的刺毛和强烈味道。"

可是，对地貌态度的这一改变，并不是一个单纯的爱国主义问题，而是生于斯长于斯的这新一代人的一种必然进展。一个人自然会爱自己成长的环境，爱睁开眼最先看到的山岳与山谷，然而此情若无艺术加以认可，则会减弱或消失：尤其在人生的种种整体影响力对之反对之时。在澳大利亚，早期移民对其环境的仇视又多多少少地传给了自己的孩子，这些孩子读的是英国书，看的是英国画，在这样一个既艰苦又遥远、又无美好和重要可言的世界上，几乎感到自己是外国人。只有用崭新眼光看待环境的艺术家之作品，才会打消这种精神负担。对于美术家而言，只要有天赋，美好与重要都是客观存在，并非什么多情联想问题，而是一种可以发现又可以展现的事情。正是一个又一个画家才最早看到了澳大利亚自然风光的真实模样。

马克斯·梅尔德伦④说："很明显，美术家与在欧洲作画相比，必须混用更多色度与色彩：我们因此看到一种最重要的差异，这种差异正如我觉察到的一样，与大众的认可大相径庭，这就是澳洲风景微妙而多彩，欧洲风景精致华丽却变化极少。前者首先让人感到单调最终令人悟到多变，后者奇特地令人产生一种与前者截然相反的印象。”

可是，这一发现实属不易，即使对画家们而言，亦是如此。在早先日子里，有天资的画家实在是为数极少，有的只是些只会素描的半吊子，或是些爱好水彩画的友善女士。迟至（19世纪）60年代，一位真正的画家才始露头角并很快产生直接影响。《守卫报》艺术评论员詹姆斯·史密斯有一天傍晚在伯克街上漫步，无意间看到一个摄影师橱窗里有一幅水彩画，一下子为其上乘质量所吸引。此画描绘的是一棵松，长在瑞士的山上，史密斯认为自己看出了画上“大师”的手笔。进去询问的结果使他得知这位画家就是出生在瑞士的法国人路易斯·比尤弗洛：此人个子高高，留着胡子，正当中年，最近才来到墨尔本，还像史密斯事后说的，此人有点像列奥纳多·达·芬奇，他在乌菲齐艺术馆⑤所见肖像的样子。

比尤弗洛具有多变的国外经历。1814年，他出生在摩格斯⑥小镇，父亲是镇上邮局小官吏，母亲在地方学校任职。他曾先后在洛桑⑦和巴黎学习和研究绘画。后来在21岁那年他移民到巴西，尽管巴西有多种商机诱惑，但他不为之所动，只致力于自己的艺术生涯，而且还干得颇为成功。他的画作之一《巴伊亚州⑧的海港》得以在巴黎制版印刷。接着去了里约热内卢，皇帝买了他的几幅画并授给他玫瑰勋章。1852年，他因健康变差只好回到瑞士，在其后的10多年间，他都在瑞士教画，并在多个展览会上展出自己的画作。直到淘金热过后的1865年，他突然产生了移居墨尔本的冲动。

在此时的澳洲，发现黄金的事已成当然的明日黄花。但是，过去不久的淘金热大大改变了墨尔本：从昔日的小村镇变成了今日拥有近半百万人口，多座价值重要的建筑物，一所大学和上、下议院大厦的繁华城市。比尤弗洛在伯克街挂出小招牌，做起了摄影师生意来，但是他不需要在这一行长期干下去。不时有人向他提出小宗委托，求他作画，他本人也没什么奢求，因此不久就退居郊区，全力以赴作起画来。他妻子是位成功的法语教师，对他的工作充满信心，并坚持在需要时她能一人工作养活夫妻二人。当时还有评论家史密斯，通过《守卫报》专栏向墨尔本人宣称一位非常有名的风景画画家已经定居在他们之中。

史密斯说："他使我印象最深的莫过于他对他进入的环境非常迅速又完全适应。他的所有画作——油画、水彩画、铅笔画——每一幅都是我国风景的基本描绘，既易解又准确又纯正，就好像其作者一直生活在这种景色之中。无论是画面设计，色彩，氛围，还是对澳大利亚风景的整体领悟，都看不出作者对其早先在巴西和瑞士生活的回忆痕迹。"

这话也许有所夸张。我们今日再看比尤弗洛的画作，令我们不能忘怀的不是他对光线和色彩微妙之处的成功捕捉，而是他是一位有独特方法的真正的艺术家，是他决心如实记录他身边风景的特色。他深入这个国家，作了多次旅行，设法摆脱事先形成的有关何为秀美、何为浪漫的种种旧看法（这对一位风景画画家毕竟是件颇为重要的事情），结果他真的为自己亲眼所见所吸引。他看到了恒久的桉树，早期移民不喜欢这些桉树，觉得其树荫稀疏，叶子光泽晦暗，比尤弗洛却说："桉树非常美，它能以多种形状和姿态生长。"在一定程度上，他成功打开了他人的眼睛，使之看到他发现的这种美。在1869年的一次画展上，他展出自己的两幅画《坦普尔斯托之夏日黄昏》与《海德尔堡之冬日早晨》，均引起很大轰动，结果被墨尔本美术馆购去，次年该馆又出资125几尼（在当时可谓是巨资）购了他的另一幅画《科尔兰的水潭》。在当地意义上，他的声誉已经确立。两年后，他送自己的巨幅画作《去伍兹角的路上》去伦敦参展，他在那里因此荣获金质奖章。

至此时，比尤弗洛在某种程度上已经成为墨尔本的一个人物，至少在该市忙于艺术的人群小圈子里是如此。这是一个公共机构文化思想日益深入人心的年代，在维多利亚大多较大城市规划区都有一个被知为设计所的艺术中心，在卡尔顿的老商贸厅就开办了一个，比尤弗洛在此当风景画教师。他家住菲茨罗伊，用法文给家起个名字，意为“吾隐”居，年轻人们纷纷像朝圣般来家造访。他在家静度人生：日间在楼上自己的画室作画，傍晚步出户外，一手执杖一手牵狗溜达。“吾隐”居有着一种欧陆风情：它远离大路，掩藏在绿树青藤丛中。夫人虽然精明厉害但好客热情，乐于接待任何能与其名流丈夫谈艺论画之人。她就是受到丈夫的画作吸引才以身相许的，她觉得丈夫就是一位伟人。

在当地一次画展上，她看到丈夫的一幅次要画作被高挂在墙上的一条绳上，便大发雷霆，颇如河东狮吼地说：“那东西没价值，拿掉!”这就是她的个性，据说画展官员们只好立刻听命。比尤弗洛本人，尽管他简朴单纯，毫不做作，但是有一副权威自信的样子。

一位法国人说：“他穿农民衣倒有帝王相。”

虽然他从不花精力多学英语（妻子为他减去了日常交际的负担)，但是他能够足够明确地为前来拜访他的年轻人解决绘画难题。年轻人之一名叫约翰·福特·佩特森，是位具有诗才与灵敏天资的艺术家，正自做实验，旨在将澳大利亚风景转作油画。另一位是F. W. 麦卡宾，也算得上一位美术开创者，坦率承认他也得恩于比尤弗洛。

他后来写道：“能指出路子的人，在比尤弗洛之前没有一个。它具有领悟和捕捉本国最显著特色的天才。我记得很久以前的一个傍晚，好像昨天一样，我们站在斯塔德利公园看林中夕阳，主要是通过他，我才意识到景色之美。”

这位老人，就是这样影响着正在摸索欣赏澳洲风景真实特点之法的年轻一代艺术家。在技艺上，比尤弗洛虽然对他们有所传授，但是最有价值的授业很可能就是他建议年轻画家们用自己的双眼观察大自然。这里有一种崭新的题材，既完全不同于康斯特布尔⑨的英格兰，又全然异于柯罗⑩的法兰西。如若他们想抓住这一题材的色调与色彩，他们只有认真研究之。他说过："学画风景就好像是只有进行长期又耐心观察方可掌握的一件事。在比尤弗洛的画作《科尔兰的水潭》中就有这样的风景。"

他说："我热爱大自然。曾有一连3个星期我每天都在同一时间去观看和领悟大自然。"

遇上要求他的画作再多些"地方色彩"的人，他会大为震惊。地方色彩，对这样的人，意味着奇形怪状的动物生活，而在欧洲人眼中，就是为早期画作添上奇特有趣之色彩。对质疑他画作中为何没有袋鼠、沙袋鼠或澳洲土著居民的一位女士，他冷冰冰地回应：

"有的，女士，只是都被灌木丛遮住了。"

在比尤弗洛灵感的影响下，一个名副其实的风景画派在墨尔本开始出现。常到家拜访晚年比尤弗洛的人之一名叫汤姆·罗伯茨，此人于1885年从巴黎回来，满脑子取自印象派的"外光画法"的理论。他也许不是一个很有天赋的画家，但有的是精力和独立意识，而且充分注意到比尤弗洛的画作，并视之为他本人和其他画家得以发展的起源。他伙同阿瑟·斯特里顿和一位很有才能的英国年轻人查尔斯·康德尔，在亚拉河边的瓦朗戴特建造一块绘画营地，在这里画出了多幅确切影响澳大利亚绘画的画作，尤其是斯特里顿的《金色之夏》和《静静的溪流》。斯特里顿生性轻松大方又感情奔放，不像比尤弗洛的性格。处理起身边风景他不受拘束，运用起印象派画法他技艺高超，关于光线与色彩他强调其目眩效果，他的画作因此新颖生动，立即吸引了大众目光。

澳大利亚风景画之基就这样奠定了。比尤弗洛于1888年去世，过20年后举办澳大利亚画画展成了城市生活的常态，作为富家装饰品的石版油画在一定程度上已被取代。再往后不久，购画成了人们热追的时尚。博学之士们购蚀刻工艺画置于客厅，投机商人们寻购前途看好的年轻艺术家画作只因为预计这些画作会涨价。对这些画作的关注自然使画家们对其受众有了新的认识，一种很可能激起比尤弗洛之类画家反感的认识。D. H. 苏特描述汤姆·罗伯茨说，汤姆（19世纪）90年代初来到悉尼，因其画坛同仁隐士般生活方式和拒不参加大型社交聚会而斥责道：

“老兄，当艺术家，就没必要当不懂礼貌之人。一个画家既要能把画画好，画得很像样，又要知道在行为举止上如何善于交往。除此之外，在一般情况下，你不能把自己的画作向穷人兜售，就是那些只能租起17先令6便士一周的小屋的穷人们。生意，老兄啊，生意，你知道吗!”

要想估出在此繁荣状况激励下而出现的多数绘画的终极价值还为时太早。与澳大利亚的文学相比，其价值也许较低。具有亨利·汉德尔·理查森式普遍重要性的澳洲画家还没问世，也没有一个画家能像亨利·劳森一样透过表层深入了解我们的国家。但是，不管这种绘画艺术的终极价值是什么，其社会意义则毋庸置疑。它帮助澳洲人看清了自己国家的种种特色，并用爱心与热情敬重之，加强了澳人与澳土之间的联系。

必须承认的是，比尤弗洛本人的那些画如今已失去了当初的新颖与生动：它们的色调看上去已经晦暗，它们的色彩设计已有所失色。要弄清画中是什么足可促使人们想象当时的情况已经很难。然而，对于起过作用并为人所吸收所利用过的艺术来说，大多数都是这样的。如果说比尤弗洛算不上一位伟大画家，但一定算得上一位伟大开拓者。他的人品和实践唤起了他人的潜能。假若人们不忘如下两件事，他们肯定会加深对比尤弗洛的认识：诸如约翰·福特·佩特森、朱利安·艾什顿和稍晚的马克斯·梅尔德伦一批画家均尊他为师；年轻的斯特里顿参加他的葬礼后回到家中深感能和他这样一个人同住一城实在是件大好极妙之事。

注释

① 罗斯伯里伯爵（1847—1929年）：全名是阿奇博尔德·菲利普·普丽姆罗丝·罗斯伯里伯爵（第五）（Archibald Philip Primrose, 5th Earl of Rosebery），英国自由党政治家，英国首相（1894—1895年）。

② 奥尔德斯·赫克斯利（旧译赫胥黎）（1894—1963年）：全名是奥尔德斯（·伦纳德）·赫克斯利（Aldous（Leonard）Huxley），英国小说家、散文家，1937年迁至美国加利福尼亚。

③ 《最后的归宿》：原文Ultima Thule字面有“可达到的最高目标”等意，中国澳洲文学研究名家黄源深教授译之为“最后的归宿”，此书作者是澳大利亚名作家亨利·汉德尔·理查森（1870—1946年）。

④ 马克斯·梅尔德伦（1875—1955年）：全名是邓肯·马克斯·梅尔德伦（Duncan Max Meldrum），出生在苏格兰，1889年8月到达澳大利亚，曾在法国学习和工作长达13年，第一次世界大战前返回澳大利亚，著名画家。

⑤ 乌菲齐艺术馆：在意大利佛罗伦萨，有欧洲最精美艺术藏品。

⑥ 摩格斯：瑞士的一小镇。

⑦ 洛桑：瑞士西南部城市。

⑧ 巴伊业州：巴西临大西洋的一州，首府萨尔瓦多。

⑨ 康斯特布尔（1776—1837年）：名约翰，英国画家，代表作有从其家乡萨福克郡的风景中获得灵感的画作《弗拉特福特磨坊》和《干草车》。

⑩ 柯罗（1796—1875年）：名（让—巴蒂斯特）·卡米尔，法国风景画画家，对印象派画家有重要影响。

9 法官：乔治·希金博森①

希金博森到达澳大利亚只一个月后的1854年3月就开始跻身维多利亚律师界。此时对于维多利亚殖民区来说，是个政治和社会骚动的年头。自在巴拉腊特和本迪戈发现金矿以来，大群大群人口不断涌入，导致了这个殖民区整体面貌的改变，给该区政府带来一个又一个新难题。这个一直为军政府或封建式政体所统治的简单社会，开始感到新生活洪流的压力，其水坝和水闸在此高压下嘎吱作响，接近垮塌。满怀着找寻新黄金国的希望，移民从世界各地蜂拥而来，在墨尔本的帆布镇搭起帐篷，安营扎寨，接下来就塞满了未铺路面的条条道路，纷纷赶往不同的金矿场。然而，没过多久，这些人群中很多人得到的不是黄金而是失望。在那广漠的穷山荒岭上，也就是他们坐在牛车上颠簸经过的地方，并不是天然金块散落遍地。最容易发财的人还是那些有生意可做的人。沙金是越来越少，几近枯竭，穷困的淘金人只有抗议，不仅抗议每月必交的执照费，因为它占去了他们微薄收入的大部分，而且抗议那些收费人，因为这些警察行为残酷，官气十足。人心开始思反，思反之风四处蔓延。巴拉腊特改革联盟提出了一整套方案，其要求几乎囊括了英国人民宪章的全部观点——普选权，无记名投票，议员应有薪俸，等等。盟员们与官员们之间的紧张关系近年底达到顶点，爆发了尤里卡武力冲突。

虽说年轻的希金博森人品业已定型，这种气氛不可能对他没有一点影响。他是爱尔兰人，他的先人是苏格兰人和荷兰人的混血，他先人的家族属于独立的中产阶级，且家系源远流长。他体格不大却强健有力，长有典型贵族式脑袋，正如伯纳德·奥多德形容他的惯用语“有希腊式前额的希金博森”。他的气质有点像清教徒，但是讨人喜欢。他这种亲和力准确地说不是因为幽默，而是因为他本能慷慨又天生谦逊。他从三一学院②来到伦敦开始独立营生：先当《记事晨报》记者，后入林肯律师学会作出庭律师。可是，为有关崭新国家的报道所吸引，他终于离开了伦敦，事后他说他在伦敦看不到自己人生的成功前景或希望。

到了澳洲，他第一个天花乱坠的想法自然就是去掘金，但是时间不长他就乱了方寸。在伦敦时，一位朋友建议他戴上法官假发和长袍，这比带上尖镐和铁锹对他更有用，事实证明朋友的建议是正确的。不久后他发现他在新闻和法律方面的工作多得他忙不完。墨尔本正在飞速发展，短短 10 年间，从一个散落的小村庄变得颇似一座大都会。1842 年，维多利亚人口只有 23 799 人，15 年后竟增至 410 766 人。国家人口的这一快速增长令他激动不已。首府在大兴土木建造了一座又一座坚实的公用大楼，又在制订未来发展的宏伟计划，新生力量无处不在被释放出来。

登上新国土两年后，希金博森便被委以编辑《守卫报》的重任。该报兼并了约翰·帕斯科·福克纳办的《爱国者报》之后，成了当时墨尔本的主要报纸。他接受委任的条件，是他可以自由管理报务，因此可以根据己愿决定办报之策。在今天看来似乎奇怪的事，是他这些条件均被答应了。业主爱德华·威尔逊是位英国人，他原先办报的方针虽然朦胧但是一直不失为开明。他身为大牧场主，但是对待土地政策有开明心态，对于政府持尖锐批评态度，在巴拉腊特发生的多次冲突中他都偏向大众一边。在他邀请希金博森接受报纸编辑一事中，他的想法大概是他遇上了一位年轻能干又能成为他喉舌的人。然而，希金博森始终坚持独立行事和自己的办报理念。他认为业主与报社外的大众相比，对报纸的控制权一点也不能多。这就是说，威尔逊送进的信件，每一封同样可以见报、评论，必要时也可以驳斥。由于像威尔逊这样的人在一种迅速变化的新型社会会倾向于保守，上述这种状况不可能持久下去，希金博森一见其受压征兆，就优雅地引退了。

然而，这一短暂的编报生涯成了他人生的一个成熟期：它让他快速接触他移居入籍国家的生活，熟知了这个国家的种种难题，让自己从移民变成公民，对于这个国家各种问题他必须有自己的看法，这就是说希金博森要精通问题的细节。他此时身处的环境可谓是口诛笔伐之声不绝于耳，一个新的社会正在形成之中，他必须为这一社会的建成助一臂之力。首先要解决的是土地问题。（19世纪）40年代的维多利亚曾是牧场主们的天堂（罗尔夫·博尔德伍德③的黄金时代），但是现在众多的新来人口，正纷纷离开金矿场，若大片大片土地仍被关闭起来用作养牛养羊，他们如何才能被安置下来？再说，发展农业的可能性是什么？《世纪报》（亦可译作《时代报》——译者注）的戴维·塞姆曾构想出一种以保护政策为基础的新型工业社会，这一想法经过持续辩论和反复讨论，正不断赢得国人之心，为越来越多的人所接受。可惜的是，尽管人口剧增，可是旧有的土地利益集团依然掌权，牢牢地掌控着上议院。

当时，任何发展都一定要始于政治斗争，即上、下两院的斗争，前者基于财产资格，后者通过民主选出。两院冲突中最关键的问题是最高权威在何处。维多利亚早在1854年就获准建立责任政府，但是在宪法决议（或条例）中剩下很重要的一点没有规定清楚：凭借皇家指令行使权力的总督在处理与直接代表人民的部长们的关系时有多大权威是不确定的。按照新宪法的字面意义，维多利亚政府已拥有完全自主权，可是关于总督执行皇家指令的表述上，似乎令人理解为他仍然是代表英国政府在未独立殖民地执行公务的行政官员。正是在澄清总督的这种地位，让人们弄清总督权力的种种局限，坚称人民完全有权操控自己的一切事务等问题上，希金博森定要献上自己绝大部分人生。

他特别具有执行这种使命的完好条件。对于经济问题，诸如修桥、筑路、创办产业，他均无切身兴趣。但是，关于种种形式的民主、逻辑和推理，他充满热情和强烈责任感。若使维多利亚自治体现任何重要性的话，那就是在地方事务上人民必须具有充分权力，总督只能按照部长们的意见行事。一时间，各种经济问题均为这种权力冲突所淹没。

在希金博森从政后不久，这种冲突就强加在了他头上。1861年5月他作为布赖顿代表被选入议会，两年后他接受了麦卡洛克内阁任命，担任首席检察官。他就职后几乎是马上就发生了一件小事，足以表明他对其新职的观点。最高法院法官雷德蒙·巴里爵士出发去悉尼度假，正式致函告知总督，总督不经意间向首席检察官提及此事，暗示说他认为法官们均有权向总督请假，如是作合理合法。希金博森却回应说，他们既无权擅离职守又无权直接向总督告假。事后他告知总督他不能允许“他手下官员”将自己置身责任政府限定之外，也不能允许他部门的任何法官通过给总督本人写信的方式与首席检察官交流。他这一坚定态度导致了有关请假之事一项明确规定的出台。

这件事对他来说，是一次毫无疑义的冒犯。希金博森是普通公民，不引人注意，他下班回家挤公汽，手抓车上吊带不放和平常人一样站在那里。但是，他看重自己担任的公职，总是唯恐失去官位尊严，遇上民众政府遭到任何轻慢他都会马上义愤填膺。不久发生了一件大事，那就是内阁与上议院之间的冲突到了紧要关头，起因是上议院否决了某些新关税条款，连同一项拨款决议，又退回了内阁。上议院对此决议的拒绝立刻置政府面临筹钱难题，也就是使国家机器转动的资金难题。政府坚信其支配财政之权，便采取若干虽无把握但可应急的收税措施。总理麦卡洛克建议总督解散议会，但他的建议因多数票反对被驳回。

这件事表达了民心民意，可在这时英国政府插手进来。听从了各位部长意见的查尔斯·达令爵士被唐宁街召回，这件大事立刻变成更大之事，超出了两院斗争的范围。人们不禁要问：维多利亚人民自己的问题是自决呢还是由外界独裁呢？时任国务大臣的卡德韦尔严厉指责达令，实际上也不是毫无根据，这根据就是达令同意采取的某些措施都是“非法的”。国务大臣采取了据说更强硬的行动，完全是达令回应中说了一句欠明智的话引起的，句意是：把他召回有何实际意义？墨尔本有钱的地主们和进口商们不喜欢新关税政策，因这政策显露出保护主义萌芽。卡德韦尔代表的英国利益集团难道不为同样感情所动吗？由于戴维·塞姆和《世纪报》所施的影响，维多利亚民众对建起二次产业之策变得越来越热切。大多数土地依然被关闭，溪流和谷地的沙金也几乎挖尽，难道只是因为普遍自由贸易有益于工业发达的英格兰北部，他们就不能在自己的维多利亚制造其商品吗？

他们的疑虑不是没有根据，并不只是个抽象或不切实际的问题。在争端最激烈之时，达令总督被国务大臣告知说什么英王陛下的政府对于保护管理中财经政策的任何改变都会感到“真心遗憾”。只有相信外事政策是为几项神秘超俗原则所主导的人，才能想到对殖民地市场限制之事，影响不到英帝国的任何政治家。至于当地上议院，其经济利益广为人知，情况就不同了。甚至殖民部大员费雷德里克·罗杰斯爵士提及此事之时也不乏讽刺挖苦之意。在关于1867年10月26日公文快件的记录中他有言“以目前构成形式”存在的上议院，是一个本不该存在的机构，因为它只是个“封闭的寡头政体或有财有势的牧场主集团，既无历史联系根基又无社会基础，其影响只能延伸到对某种特殊财富的偶然掌握”。

然而，希金博森的主要关注不在关税建议而在于理论原则，这就是：根据宪法，人民是否已经能够通过他们法定的部长们真正当家做主了。此事已不只是个法律问题。他担心的是：人民近来这样获得的种种基本权利可能会在阶级间冲突中消耗殆尽，或者因为对他们历史价值的全然漠视而失去。

“如果我们成为一个团结一致的民族，紧守故土，严守国家宪法，我就不在乎国务大臣持有什么看法。”

但是，他坚持认为，这还不是问题实质所在。地方政府问题危险的根源在于本国大权在握的个人和阶级的存在，因为这些个人和阶级愿为私己之利而牺牲地方政府的权利。

“此刻我相信，并希望公正对待他们，墨尔本的商人们会欣然舍弃我们的平民政府以购取继续垄断进口的权利。我还相信畜牧业各阶层也欣然以同样的条件造成农业的失利。”

这些就是他对其敌手们的指控，是在议院开会时敌手提议给就要离任的总督两万英镑拨款时提出的指控。这里要附带提一句的是：因为达令不能亲自领款，此款只好转给达令夫人。这些指控在如此早时表明希金博森支持其移居入籍国家所达到的程度。此国的未来开始唤起他的梦想，正如国家自治之权激发他的感情一样。这在政治上使他脱身于他称作的“富有的下层社会”，此社会指的是流动阶层的人群，这个国家的首批开发者，这些人对国家的依恋仅仅是一种出于自私的爱。他瞧不起这些人，他的这一蔑视之情在1869年发生的一件事中得以表明，这事就是有人建议在伦敦召开一个会议，专门讨论澳洲殖民地和英帝国之间的关系。这次会议毫无明确的官方意义，不是由当时英政府而是由某些去国者要员召集。这些要员很明显会对国务大臣产生影响。希金博森不禁质问：这些都是什么人？他们的权威在哪里？

“他们靠这个国家发了大财却放弃了自己对国家应尽的责任。这些人常住外国，然而竟敢要求他们离开又被他们背弃的国家的人民把国家权力交入他们之手，以对属于人民的所有基本事务行使立法权和统治权。这一切在我看来都是令人吃惊和感到不可思议之事。”

议会的回应是通过5项决议，批准民主自治原则。第一项决议否决了在伦敦召开会议之建议的“认可或承认”，因为这建议是在一个“自我组成又不负责任的殖民者团体”鼓励下提出的。

“墨尔本乃本国政府所在地，伦敦非也。”希金博森如是说。

我们看得出他在这些决议形式中所起的作用，这在当时殖民部引起颇大骚动。在一些高薪官员（温文尔雅又一贯嗜权的弗雷德里克·罗杰斯爵士便是其一）眼中，希金博森似乎就是一个唯英是仇、颠覆性强的煽动者。就连总督乔治·鲍恩爵士，纵然承认希金博森乃一人品最高尚，不无诸多令人钦佩美德之有身份之人，还是补充说“在狂风暴雨之时，他那些美德越发使他成为一位危险的蛊惑民心的政客兼平民演说家”。

而在实际上，希金博森正好是这种政客和演说家的反面，他几乎不具演说才能，也无意搅乱民众。他的一切正规言论，均为一位头脑冷静、严守宪法决议条款的律师深思熟虑之产物。他深信维多利亚人民已经获得此决议确保的某些特权，然而这些特权有被削减的危险。他并不主张维多利亚完全独立，对其他政客未经英政府批准乐于吞并相邻殖民区的想法深感忧虑。政客们诸如此类的种种行为在他看来都是完全不负责任，是对政治上尚未成熟的人民的唆使。政客们的这些行为，只有在举国自愿“接受完全独立之责”并同意从母国脱离之时，才会是正当的。因为他本人不指望这一完全独立，所以他对总督的二元职能表示满意，即满意于总督只能部分地代表“帝国利益”，在此程度上他不反对皇家指令。可是在纯粹地方事务上，总督只能代表女王不能代表英国政府，他就以这种身份对他手下部长们的建议必须遵从。当皇家指令到了超越宪法决议条款之地步，希金博森据理力争，则认为这些指令均为非法。

事实上，现代官方及其权威文献并不支持他的这一立场。法官伊瓦特④先生说：“希金博森既错误又正确：他错在断言皇家下达给总督的各项指令是非法的；但在澳洲各殖民区政府应充分保持现状问题上，他提醒人们注意指令的格外独裁特点和忽视殖民区政府之罪责，这一作为又明显是正确的。”

因此，在希金博森整个一生中，他职位的力量，不是存在于他对宪法决议观点的正确上，而在于他对决议中这些特权重要性的紧抓不放。他生活在政治上基本都是青少年的社会，但他本人却是政治上的成年人。因为在通常情况下，与他共同战斗的人，即当时那些激进派政治人物，并未意识到民主政治的本质——既有宪法决议给予的自由，也有其强加的责任和限制。有利于自己时他们就炫耀其尊严与独立，可是在有机会驳倒对手时却会失去独立与尊严。比如，在 1878 年，格雷厄姆·贝里爵士⑤（人称热情狂放的东伦敦小民主）与议会上院发生冲突之时，便心生“英明”一计：去英国说服殖民部剪去上院之翼（不再让此院发挥作用）！

到此时，希金博森已退出议会，败给当地一名叫本特的菜农。然而，如此这般的行动激起了他的政治义愤，因为这些行动是典型的“殖民主义”行径，而这些行径是他一贯反对的。他自己不能够甘心呼吸这种殖民主义空气，害怕它给国家造成的破坏后果。政客们对国际事务不负责任，外交上倾向鲁莽；他们负责内政，却在行动上倾向胆怯。社会上存在一种危险，这就是正在成长的年轻人将会接受一种自卑处境，一种影响他们公民人生的处境，把他们限制在基本上只能自由苦寻财富的活动中，同时造成他们内心的堕落。在他身边，他可无处不见他这一代及其上代人身上由政治不独立造成的悲惨后果。那些做投机生意的人和富得流油的地产投机商们，在图拉克⑥，均不失为名士与强人，可谓是一代名流；然而在伦敦，他们倒成了卑躬屈膝的小人物，如希金博森所说，在威斯敏斯特⑦宫廷旅店居住区，他们个个趋炎附势，阿谀奉承。或者说，他们为了成就自己人生最得意时刻，只好得到允许在伦敦酒馆预定宴饮的餐桌旁和6名英国贵族成员坐在一起。

他自己虽没地方表明反差或与上述人物的对照，他的确有截然相反的举止和喜好。日常生活中他作风民主，平易近人，为人低调，不引人注目。在布赖顿公汽上他可以和太婆们闲聊谈天；在街道上他可以停下脚步，牵着役马给一个驾车人帮一把。但是到了他代表人民发言时，他马上就会呈现出他所任公职的自尊和严正；在他谈及或对谈殖民部时，他的表现尤其如此，因为他不承认该部的权威。他谈及或对谈的人物有殖民部首席官员"名叫罗杰斯的一位人物"，还有其前任首席官员利弗登勋爵。关于这位勋爵，希金博森曾说：

"利弗登勋爵如今成了新贵族。他以前任殖民部副大臣时，姓名是弗农·史密斯，名前冠以先生称谓，人们也都相信此姓此名此称谓令他忍受很大痛苦。我记得，弗农·史密斯先生最强烈愿望据说就是改变他父系的姓。我相信凡是目睹或耳闻过弗农·史密斯先生的人都会毫不奇怪地知道利弗登勋爵对人类关注的任何问题的观点。"

他为人，谦逊快活；他为官，言正色厉。他的这种两面人生在他脱身政界置身法界之时同样明显，引人关注。他履行法院程序一丝不苟，看到证人站在法庭将手插进衣兜他立马严加责备，对自己重要的公职他坚决主张人们要给予尊重。尽管他拒绝接受骑士称号，但是因为议长在一次官方宴会上要居于他这位首席法官之先，他旋即愤然离席。然而在内心深处他是一位民主主义者，对于社会公平正义抱着希望，正如他对一位英国来访者所坦言的那样，劳工们越来越团结一致令他欣喜若狂，并对劳工的未来充满信心。1890年爆发了海员大罢工，行业本部理事会提出开会要求，遭到了雇主联合会拒绝。此时的希金博森，断然一反官位之传统孤高，写道：

“首席法官特向行业本部理事会主席致意，并恳请将信封中支票上50英镑总额放入罢工资金账号。在团结起来的各行业暂时等候按其合理要求和雇主们一起开会期间，首席法官将为同一目的继续递交每周10英镑捐款。”

希金博森有哪些品德和素质才使得我们感到他实际上是位伟人？他的声誉肯定有自己的业绩作支撑。应当时殖民大臣亨利·霍兰爵士之邀，他经深思熟虑写就一份报告，通过这份报告他为使皇家指令现代化立下了汗马功劳，从此使总督成了一个象征性人物，不再是英政府行政官员。比威斯敏斯特法令⑧问世还早70年之时，他就对英帝国自由公民地位作出了明确规定。他经过多年努力建立了维多利亚法制，并为巩固这一法制做了扎实工作，因此受到议会的公开道谢。

但是在有些行动中，他的开创作用并未得到发挥。对于他同时代的年轻人——迪金，希金斯，艾萨克斯，加兰，他有激励作用——然而他身上令人奋进的激情并未枯竭。它的话语依然活在当今的故纸堆中。他偶尔不禁循规蹈矩，过度拘泥形式，不过在通常情况下他对我们讲起话来，态度均很亲切，很难相信他属于如此一代政治人物（既有狭隘地方观念又有时代局限），这些人物的形象是身着男礼服大衣，似乎是从青铜制艺术品中复制出来的极其逼真的样子。希金博森浑身有一副贵族神态，连他的敌手们也承认这一点，但是他能把这种样子呈现得从容自然。他看似一个古雅典人，他的行为倒很民主，像普通人一样，毫不介意在市场上挤挤撞撞。可是当他起身代表人民之时，他即可从脚下故土取得豪气，获得自尊。

那些脑中装的多为政治和名人而非重大社会运动的史学家们，

至今对他持不友好态度。拉斯登⑨在《澳大利亚史》中说他是“理论上的民主主义者，沉湎于约翰·斯图亚特·穆勒⑩和1789年法国旧传统破除者⑪们的混合思想”。斯科特教授对他的重要性更是印象欠佳，在整整一部《澳大利亚简史》中只有两处提及他，其中一处只用半行文字“麦卡洛克的好斗的首席检察官”就把他打发。

可以肯定的是：未来一个世纪的史学家们对希金博森将会有不同看法。

注释

① 乔治·希金博森（1826—1892年）：他一生最重要的任职是1886—1892年间澳大利亚维多利亚殖民区首席法官。他的姓Higinbotham发音为［'higinbɔðəm］，按英汉译音表应译为希金博森，不同于Higginbotham［'higinbɔtəm］（应译为希金博特姆）。我国一些史学家和其他学者把前者也译为希金博特姆，严格说来是不正确的。

② 三一学院：英国牛津大学30多个学院之一。

③ 罗尔夫·博尔德伍德（1826—1915年）：澳大利亚小说家，原名托马斯·亚历山大·布朗，生于伦敦的一个海员家庭，五岁随父母移居澳大利亚，中学毕业后，去墨尔本附近农牧场务农。1869年后弃农从政并从事写作，使他后来能够名垂史册的著作是《武装行劫》（*Robbery Under Arms*）。

④ 法官伊瓦特（1894—1965年）：澳洲法律界与政界著名人物，曾任澳大利亚联邦最高法院法官、首席检察官、政府部长和副总理等要职。全名是Herbert Vere Evatt（赫伯特·维尔·伊瓦特）。

⑤ 格雷厄姆·贝里爵士（1822—1904年）：生于英国，澳大利亚维多利亚殖民区著名政治人物，曾几度出任殖民区副总理，为澳大利亚联邦的建立作过积极贡献。

⑥ 图拉克：墨尔本的富人居住区。

⑦ 威斯敏斯特：英国伦敦西部的贵族居住区，在泰晤士河北岸，区内有白金汉宫、议会大厦、首相官邸、政府各部和威斯敏斯特教堂等。

⑧ 威斯敏斯特法令：亦译威斯敏斯特条例，1931年颁布的一项法令，认可大英帝国内部自治领，如加拿大和澳大利亚，均具与英国平等地位，赋予所有自治领的立法机关不受英国控制的独立权，即成为独立的主权国。

⑨ 拉斯登（1819—1903年）：全名是George William Rusden（乔治·威廉·拉斯登），出生在英国，1835年移居澳大利亚，1881年返回英国，1883年出版《澳大利亚史》和《新西兰史》。

⑩ 约翰·斯图亚特·穆勒（1806—1873年）：英国哲学家、经济学家和逻辑学家。亦可译作约翰·斯图尔特·米尔。

⑪ 1789年法国旧传统破除者：指法国大革命的革命者。1789年开始的法国大革命推翻了封建制度，包括旧传统、旧习俗等，开始了资本主义制度。

10 植物学家：费迪南德·冯·缪勒[1]

费迪南德·冯·缪勒名气大大，头衔多多：他是德国男爵、医学博士和哲学博士，又是英国圣迈克尔和圣乔治高级勋爵士以及英国皇家学会会员，他还是澳洲维多利亚政府植物学家。他爱讲话，还多是长篇大论，内容充满他对植物的激情和有关全球智能造林等问题的务实和商业想法。在一次这样的讲话结尾，他用“这些只是我简要的而又有点儿杂乱的建议”部分表达了他的歉意。他说，要对他所谈的这些问题进行充分和系统描述，非写一整本书不可。这类书有许多，他日后一本也没写出，虽然他一天工作16个小时。

然而有时候会有这样的事情发生，这就是一个人会用单单一个短语显露自己的人生而非自己谈论的问题。“简要的而又有点儿杂乱的”这条短语也许就是缪勒这位有热情、有远见的科学家一生事业的写照。“简要的”原因是：人生本身就是短暂的，因此万事均须删繁就简；“杂乱的”是因为：人类十分繁多且思维敏捷，会构想出一个被植物和人类不断更新的世界，可爱的植物最主要的是有用处，为人类提供食品和医疗保健用品。

费迪南德·缪勒1825年出生，其父母均为丹麦人。但是，他在梅克伦堡州什韦林市②接受的是德国教育，这一教育对他的一生起了最重要的作用。他就读于基尔大学③并在21岁取得博士学位。他收集了石勒苏益格—荷尔斯泰因州的植物群，并在1846年参加了德国促进科学学会召开的会议，这已经表明了他的真正兴趣所在。他曾计划以医学为生，此时因健康原因，他把原计划抛得无影无踪。他父母和他一个姐妹死于结核病，于是他和幸存的其他几个姐妹决定去国外，移民到气候比较温暖的地方。

1847年，即欧洲革命年④的前一年，许多德国人都在往澳大利亚殖民地移民。缪勒纵然想过他这次是暂时移居国外，可是没过多久，他决定定居下来不再回国，原因就是在石勒苏益格—荷尔斯泰因州爆发了德国和丹麦之间的战争。他在阿德莱德一个德国人药剂师亨岑罗德处找到了工作。他设法抽出时间，到南澳大利亚四处探险，考察植物，所到之处包括弗林德斯山、托伦斯湖和墨累低矮丛林地带。他此行不仅增强了体质而且丰富了知识，没有浪费一丁点儿学识和阅历。他已经在把植物样品和记录送给基尤植物园⑤植物学家约瑟夫·胡克爵士。他曾和自己一个姐妹住在山区小屋务农闯了一段生活，接着又回城找了工作。他分别于1850年和1851年在南澳大利亚出现的两家德文报纸上发表了几篇文章，讨论墨累低矮丛林地带之植物问题。1852年他又发表文章主张重新寻找莱希哈尔特，一位生死不明的在澳洲的德国植物学家——他的前辈，他一直不放弃关心莱希哈尔特的命运。正如他信件所表明的，不屈不挠的莱希哈尔特始终最为关心的是发现植物而非为探险而探险。

缪勒离开阿德莱德到了墨尔本是在1852年。此举至少有两个原因：第一是因为维多利亚淘金热的爆发意味着机遇，约瑟夫·胡克爵士已经把他推荐给拉特罗布总督，因为总督已经为植物园选定了地址；第二是因为他对维多利亚植物满怀着科学家的强烈好奇心和极大兴趣。塔斯马尼亚植被延伸到大陆的什么地方？这地方以北还有什么样的植被？事实上，缪勒一贯是知道了一个地方的植被之后，马上就想知道紧接下去的一个地方又是什么样子（的植被）。所幸的是，澳大利亚，像胡克所称的那样，是“那个又好又大的岛”，也就是说，最终界限不会超出一个大岛。因此缪勒的整个目标就是完整地“考察和描述澳洲植物群”。

到了墨尔本的1852年，他即被拉特罗布任命为维多利亚政府植物学家，这是他在1896年逝世才第一次离开的职位，这40多年的一成不变也伴有一些改变，最主要的改变就是在1857—1873年间，他不仅是政府植物学家，还兼任植物园园长。但是，对于植物学家这一工作，他的态度一直非常严肃认真，工作需要他到哪里他就到哪里，尽管他不幸有个欧洲人的虚弱身体。他常常离开坐落在政府大厦和亚拉河之间他自己的小家，单枪匹马外出考察未知的维多利亚。他第一次外出是骑着一匹马牵着一匹驮马，行了1 500英里，终于发现了塔斯马尼亚植被在维多利亚的踪迹，一直往北延伸到格莱内尔格河⑥才停止。

1887年这位男爵写了如下一段话，用的仍然是他那根深蒂固的德语语法结构：“政府植物学家的多次考察之旅，早在1853年肇始于维多利亚。从此时此地开始，才有了从菲利普港至奥文斯河之地域植物分类考察；从此时此地开始，才有人首次登上布法罗山；从此时此地开始，人们到达布勒山最高峰之举才首次确认了澳大利亚植物群中有真正的高山植物；从此时此地开始，人们才穿越吉普斯兰地区，此穿越导致了沿海回程，沿途多为无路可走和无人居住的广阔地带。同样是因为这诸多之旅，维多利亚境内引人注目的多品种桉树才为人确知，其造林和保健意义才得以预见。须知每次旅行的成功，都是在自然资源不足和野蛮人的敌对情况下取得的，而且这些野蛮人依然处于其最凶狠恶毒的状态。”

就这样，政府植物学家回首往事，把自身作题材恭敬又真诚地写了出来：他也许会写得很好。史学家拉比利耶尔要把缪勒之外出考察称作在维多利亚作出真实发现的终极之旅。他留给后人的几乎是无事可做了。至于他提到的多品种桉树，缪勒在1852年就赞同墨尔本药品制造商博西斯托试产桉树油的多次实验，为的是其退烧作用或“保健意义”，与此同时他还向世界各地发送桉树种子。他创办了一个个种植园或大农场，特别是在诸如罗曼坎帕格纳的多个沼泽和有瘴气的地区，这些种植园改变了当地的品质，自此使这些地方成了宜居的健康地区。

他继续单枪匹马外出考察，穿越雪山也不怕炎夏，寻找着包括瓶木在内的防旱树种，斯诺伊河区域大多“植被属于热带”令他惊异，“气候大抵温和土壤总体上富有潜力”令他感动不已，仅维多利亚这单个殖民区植物群之多，就相当于不列颠的两倍。他在墨尔本家中的时间分别用于科学规划、植物园发展和对植物标本馆的始终如一的辛苦经营。在他心目中，这几项任务，正像将被看明的一样，至少没有太大不同。年复一年他为植物标本馆培训工作人员，同时在家不停地工作。他巧于安排工作，不仅期望探险队中的马匹献身植物考察，像他自己那样艰苦努力，而且还要求作他助手的每一个人都要每日工作16个小时。除坚持不断进行分类工作和向国外发送标本之外，他还亲自动手和他在各国的科学家同行保持着广泛通信联系。多年如一日处置这位政府植物学家的收发邮件本身就成了一大任务。在张着大嘴的毯制邮包周围收集到的种种传言足令扛着此包的年轻助手深觉难堪。至于收邮，专门在柯林斯大街立起一个大邮筒，将之放入。

在他去世之时及其以后，缪勒的许多文件、论文和信件被付之一炬实乃一种灾难。仅仅他那些信件，就足以令人不无钦佩和兴味地记着他的风格。信开头，多为“亲爱的某某夫人，您的信令我非常欣慰”，还有“亲爱的某某先生，我想提及一句我真不希望打扰”（之类的话，而且这话接下去就是提出关于得到某些应时种子的要求）。信正文，通常冗长然而准确，不时会有他一辈子都坚持使用的自创字眼——“educt，ephemerous，richdome”，（意思分别为“论断，极短，丰园”之类，尤其第3字的确是他自创，在大多词典中均无此字眼——译者注），而且与他的论题相关的话一点儿也不会省略。信结尾，几乎总是出现套语“对您充满敬意的”。

所幸的是，他有一大批收到的信件存留了下来：这就是同为植物学家的胡克父子的来信，以及与这父子关系密切的另一位英国著名植物学家乔治·本瑟姆的来信。即令无个人回忆和职业记录得以保存，单从这3位人物的来信本身，就差不多可以使缪勒作为植物学家的人生得到再现。

事情并非一帆风顺。由于他献身的是非常艰巨的任务，据说他两次预期的婚姻都是因为工作被推掉了。这是他选择简化生活、轻装投入工作的唯一办法。为扫除行动障碍，不少事他都做了出来，比如他从不购表也不买镜，还剩下许多问题不去解决。第一个问题早在与胡克-本瑟姆的通信中就已变得相当明显。他要不要拿出确定的描述澳大利亚植被的著作《澳洲植物考》在英国由权威出版社出版？他分明是在为此作准备，但是不满足于自己早年关于维多利亚植物的有限知识，因此他只想作更多的野外考察。比如，早在1855年他和格雷戈里一道进行了艰苦的西北探险，缪勒是最努力、最能吃苦的一个。胡克希望他探险归来后去次英国，把自己在澳大利亚的收集与昔日英、法博物学家们的收集作对比。胡克说，缪勒野外考察的结果非常充实又非常新鲜，可是又补充说他最好加入林奈协会⑦，“像你这样在工作，你明显不知道要推出一部令人满意的植物学著作要花多少时间和心血”，还说“现在要出版一部澳大利亚植物方面的书，没有一个人能接近你的资格，你不但最具资格，而且除你之外，再没有任何人可以胜任这一工作”。这足以让人充满希望了。

不久，发生了一件很不顺的事情。由于一些未说明的原因，缪勒同格雷戈里一同探险归来后，并没有去英国。这也许是因为，他已经发觉在干旱的北方只有少量的植物，这也是他在一定程度上预想到的。还可能是因为政府不会批准他去度假，因为他原想用“两个冬天和一个夏天”在欧洲继续他正在进行的采集工作。不管怎么说，他并没离开墨尔本，他持有的身份依然是年薪为 1 000 英镑的植物园园长，显而易见，他视《澳洲植物考》的撰写为他今后多年方可完成的一大任务。他准备承担这项工作，但是只能担任次要角色。这一需长期方可完成的任务交给了英国德高望重的植物学家乔治·本瑟姆（此人名气大，技艺高，但是很自然他颇缺乏实地经验）。此巨著将分多卷出版，缪勒署名出现在书名页，但是作为助手，排名非常靠后。

在对此规定点头之前和之后，缪勒还是亲自发表了几条反对意见。为什么本瑟姆本人不去致力于非洲或印度的植物研究？这些不都是他同样陌生的国家吗？有一次，胡克对缪勒的这种态度责备说：“本瑟姆先生是一位非常敏感的有身份之人，他自费从事植物研究……”此话至少使人联想到本瑟姆先生之敏感主要起因于个人目的。比如说，欧洲大陆和英国正把荣誉称号一个接一个地堆在缪勒的身上：1868 年前他被封为贵族；不久，成为符腾堡世袭男爵；还有了来自四面八方的荣誉学位；1859 年成为英国皇家学会会员；现在又是英国圣迈克尔与圣乔治三等爵士。这样一个人，在《澳洲植物考》的书名页上，以次要身份，又如何命名？一本英国出版物，似乎是不认德国贵族标志的。本瑟姆因此写道：

“我希望你不必过分讲究这个‘冯’字……觉察到殖民部并没有给你这一称号，也不要求在此使用之后，我们又被告知他们省掉了不是英国称号的‘冯’是经过了考虑的，因为给了你英国圣迈克尔与圣乔治爵士称号。就我自己而言，我认为该类事情一点儿也不重要。”

虽然持着欣然以英国恩人自居的姿态，本瑟姆还是赢得了缪勒的尊重，他多年如一日给了本瑟姆他所说的“很可以被称作来自我本人的一日未减的合作”。然而他也知道，与他正在进行的关于维多利亚本土植物的深入细致工作相比，《澳洲植物考》充其量也只是一部不完善的概要之作（较为年轻的胡克，也及早给他提醒了这一点）。

缪勒的第二个失望来自国内。作为植物园园长，他认为自己有责任在社区出于实用目的传播科学知识。1865年他作的题为《谷物锈病》的讲座中曾建议“在我们新兴的大学中应有一位农用化学教授。派人请来一位懂李比希⑧化学的人，让此人不仅给大学讲课，而且还可自由地给农业社区讲学”。他感到植物园另一个类似实用功能应该是为园艺家们提供生计。可是在他任园长不到10年之后便开始响起公众对他的强烈抗议声。记者把植物园描述为科学荒野，满园都是“奇怪的植物和陌生的拉丁文名称”，这些记者还得到了许多包括安东尼·特罗洛普⑨在内的众多有名气来访者的赞同。缪勒于1871年作了题为《植物园与诸产业相关的多重目的》予以应战，并说他的明确目的本来就是从全球各地尽多收集精选植物以使人们易于辨认：

“目的就是要激起人们对现存各种植被及其派生出的种种重要物质的普遍研究和充分利用的正当兴趣。其他目的均是第二位的。否则，这植物园就不再是一种真正的科学机构了。”

他满怀希望地认为，这个科学园地应该大大扩展，扩展到河对岸，使两个拥挤的郊区里奇蒙和科林伍德重新焕发生机。

他将失去对植物园的掌握。虽然远在伦敦的胡克曾暗示他只有结合使用圆通和妥协手法方可平安度过他人生的这场暴风雨，但是他做不到，因为他既不擅长圆通也不善于妥协。到1873年，他不再是植物园园长，变得和1857年前的情况一样，只任政府植物学家，这一任职变化令他感到困惑，尽管他的贡献举世公认，他已是国际知名植物学家。虽然他的薪俸依旧，但是令他懊丧和屈辱的是，他发现自他的继任者悉尼来的W.R.吉尔福伊尔先生执掌植物园以来，植物园的生活困难补贴比他在任时大有增加。很长时间以来人们都在抱怨墨尔本植物园之美与悉尼植物园相比，显然是差多了。如今按照吉尔福伊尔的逐步发展计划，墨尔本植物园在被创办成一派温馨的田园风光，如某人所云，此园正被人用钞票铺就——今昔对比真是截然不同。

听到这些避不开的议论实在令这位男爵感到痛心。从此他再未踏进植物园半步，尽管他的植物标本馆与植物园相邻。他几乎还禁止自己所有的助手进入植物园。由于他悟不到公众对他严格得近乎死板的"科学园"不满是一种真情存在，他从来没放弃过任命吉尔福伊尔乃纯粹的任人唯亲和贪污腐败这一己看法。至于他的植物标本馆，植物学家们众口一词地说它拥挤，不适，窒息，不合格，与他这位大植物学家的身份不相配。然而，这位男爵对之却能聚精会神。时至1887年，他撰文说他的植物标本馆"现在足可与任何地方现存少数真正优秀植物标本馆平分秋色，其整体安排自成体系，均由本馆创办者近半个世纪的研究成果所造成"。

大约在同一天，他为被自己看作关于维多利亚植物的一本极不重要的小书写序时说道：

"这本不起眼儿的小书作者，为阐释澳大利亚植物也荣耀地贡献自己一份力量，已经作出了牺牲生活中几乎其他一切的努力(此书是在作者单位被中断后特别不利的情况下写成的)。"

牺牲了生活中几乎其他一切？这完全是事实。

他仍然过着差强人意而又多事的日子，尽管他不掩盖自己的种种怨愤。他家就在标本馆附近，在家做事时他喜欢脚步沉重地走来走去，脚穿法国木履，身着宽松之衣，颈围一条特大又不是白色的围巾，此围巾通常让他的形体显得有所增大，这种穿着还是他昔日留下的一种习惯，此习惯养成于他有理由认为自己纤弱之时。作为对人有好感的一种表示，若天气似乎颇有凉意，他总是强求一位来访者借给他这样的围巾。因为，尽管他繁忙，他总是把接待客人和接受咨询作为自己社交活动的一部分。他是大官一个——在维多利亚，总督总是来了又去，他便成了总督一人之下万人之上的2号公民。他出席一个又一个盛大音乐会，总是免不了围着那条围巾，且常常把自己的标记藏在围巾之下。这位既是音乐人又是植物学家的男爵的音容笑貌还出现在亨利·汉德尔·理查森的长篇小说《最后的归宿》的重要一章中："他身材短小而体格健壮，被太阳晒得黝黑，头发和胡子也是黑的。他看起人来，一副金丝大眼镜后两眼喜色照人。他虽是殖民地老资格居民，但是他一张口说的还是他自己的不纯正语言，带着浓重的外国口音……他不能立刻找到他想用的字眼，说起话来总是停顿，总是费神搜索才可找到适当措辞。"

这位男爵的每次演讲，均不失为大事一桩。他每次主持活动，场面会变得相当灾难，他的开场白热情过度，会占去主讲人的全部时间（他为探险家斯坦利担任主持人的那一次就是著名一例）。所有慈善捐赠者的名单上都少不了他的名字。有一次被一个朋友问及此举之实际必要性时，他回答得又简明又真诚："我不得不捐，这是必须的。我是贵族，作为贵族或科学家，一生为科学花掉自己的两万英镑积蓄，这是毫无疑问的。"

他的纯植物学研究是为专家们而进行的，他有时对公众作演讲却是以公民身份而进行。他的演讲不限于有关科学展品的报告，报告中充满他对可以提供树油的土生树种（如白千层属树、桉树、山龙眼树）的热情。他的演讲还包括更为普遍的题材：哲学学会的开办（1860年），莱希哈尔特可能有的命运（1865年），农村诸产业的发展（1880年）。他都一次又一次地表达了他对澳大利亚植被的满腔热情。要是没有这些生命力强的树种，没有这些耐旱灌木，人们要设法消灭不仅在澳洲大陆的而且在全球的一个个无雨地带，不是一点儿可能也没有吗？

“甚至突尼斯、阿尔及利亚和摩洛哥这些国家荒无人烟山区之崎岖多岩陡坡地带也许可以林木遍地，圣地[10]的再度肥沃多产也许得以确保，纳塔尔和拉普拉塔[11]等地也许会得到木材和燃料供应。”

嘲笑他如此广泛的兴趣并不难。但是，我们最好提醒自己：他的不倦思想至少已被人们部分接受并结出了成果。他的名字已被人们无私又科学地普遍写进澳大利亚植物志。作为一位务实派植物学家，他虔诚地相信植物的益处，他处处留下了自己的印记。为了治理南部沿海沙丘，他引进滨草，作为乳制品区域的固沙草（名为雀稗）。这种草生命力强，生长繁茂，对农牧民大大有益。他还建议，且此建议不无成果，“在被庇护的峡谷地带”，千家万户可以广种中国茶、金鸡纳树（皮）、旃那树、栓皮槠，甚至可能种咖啡；还可致力于“自然提取精油”。意识到澳大利亚费利克斯（福地）[12]的产金期业已过去，他力主进行必要灌溉，坚持不懈地发展食品供给。他特别鼓励人们在那些乡间小镇光秃秃的地貌上栽种特种松[13]——这只是他实践的并向整个澳大利亚鼓吹的造林术的一个片断。

如果说他所有的梦想尚未全部实现，他的各种嘱咐还未得到稳步听从的话，并不是因为缪勒的热情和勤奋中缺少了什么，他写的《维多利亚当地植物》一书扉页上印着的一句话“胜利与伟绩只能来自时间与真理——亨德尔”就是对此情的解释与回答。他目光凝聚的地方是一块新天地，一个类似正在形成的新伊甸园的世界。

注释

① 费迪南德·冯·缪勒（1825—1896 年）：出生于德国，故一

生使用德文姓名，“冯”是德语词von的译音，意为“贵族”，常用在贵族姓前。在澳大利亚出版的百科类书中，他的姓也有拼写成Mueller的，全名是Baron Sir Ferdinand Jakob Heinrich von Mueller。

② 梅克伦堡州什韦林市：在德国东北部。原文中的berg应为burg。

③ 基尔大学：位于基尔的一所知名大学。基尔是德国北部一州首府，重要港市和海军基地。

④ 欧洲革命年：即Revolutions of 1848，在1848年欧洲各国反对君主专制的一系列革命。

⑤ 基尤植物园：伦敦里士满区基尤（亦可译丘）的皇家植物园，乔治三世之母在约瑟夫·班克斯爵士的资助下兴建，该园现为重要的植物研究机构。

⑥ 格莱内尔格河：全长约450千米，主要流域在维多利亚州，在近南澳大利亚州边境处入海。

⑦ 林奈协会：英国一家出版博物期刊的协会或学会。林奈（Linnaeus，1707—1778年）是瑞典博物学家，创立双名法，最早阐明动植物种、属定义的原则，为近代分类学奠定了基础，重要著作有《自然系统》《植物属志》等。林奈协会原文Linnean Society中的第一个词为形容词，意为“林奈的”。

⑧ 李比希（1803—1873年）：德国化学家，提出植物的矿质营养学说，倡导使用无机肥料。

⑨ 安东尼·特罗洛普（1815—1882年）：英国著名小说家。

⑩ 圣地：泛指巴勒斯坦、以色列和阿拉伯半岛等地，即基督教和伊斯兰教教徒们尊崇的地方。

⑪ 纳塔尔和拉普拉塔：分别指巴西东北部港市和阿根廷东部港市。在南非也有一个纳塔尔，是南非一旧省名。

⑫ 澳大利亚费利克斯（福地）：澳大利亚殖民地时期维多利亚殖民区的旧名。

⑬ 特种松：原文pinus insignis为拉丁文，其中pinus意为“松

属”，类似英文词 pine，insignis 既可作形容词又可作副词，义为“著名的（地），不平凡的（地），突出的（地）”，故将 pinus insignis 译作“特种松”，即一种不平凡的松属植物。

11 牧场主：罗伯特·克里斯蒂森[①]

1863年在萨顿河边的一个夜晚，正在未知山区四处旅行的一个年轻人，带着自己的几匹驮马，看见一堆营火，不禁感到惊奇，于是朝营火骑马前去，才得知这营火是探险家兰兹巴勒点燃的，他当时正在去北方探险的途中。这个年轻人此时正在为创建牧场寻找土地。他考察过沿海地区，发现那地方不适合养羊：因为牧草极少，而且这极少的草遇到天旱，营养会几乎全消。将近20年前，莱希哈尔特在远征埃新顿港途中穿越过伯德金河地区，尽管他对沿河土地充满热情，但是在看待这些土地的时候，他几乎不具备牧场主的眼光。河边一块块热带沃土郁郁葱葱，但是适合放牧的开阔地，差不多是一块也找不到。这个年轻人开始寻思：再往前去的内陆那些尚未被人占领的滨藜地带会不会有水呢？

兰兹巴勒对他说："1862年3月22日，在我带领寻找伯克和威尔斯的远征[②]途中，我曾在一棵树上标有↑记号，你若能看到这棵树，你就会找到一条溪，溪边有我写下的字样托尔希尔溪，溪中有不少水坑，坑大得可以浮起大不列颠号船。”

这个年轻人名叫罗伯特·克里斯蒂森，他的想象力一下子被激起了。探险新地域是他一贯的梦想。他差不多是立刻就提出了申请，要当一名侦察员参加寻找伯克和威尔斯的远征。他单独进行过前往沃里戈河源之旅并一举成功。他阅读过兰兹巴勒关于寻找失踪探险家们的记述，因此对兰兹巴勒产生了全心全意的钦佩之情，钦佩这位丛林汉讲求实际，钦佩他是一位务实的探险家，不爱空想，一点做作的样子也没有。他们一整个晚上，借助营火亮光，都在研读旅行图，次日一早，年轻的克里斯蒂森就骑马上路，踏上寻找兰兹巴勒谈及的黄金国征程。

从现在的汤斯维尔所处位置出发，往西翻越大分水岭③，即可到达众水发源之地，分别流向大陆的四面八方。到了这里，即使最不具想象力的人也不会不感到兴奋和震撼。以此为滥觞的几条小溪最终注入迪亚曼蒂纳河和其他几条所谓的河流，这些河或流入达令河，或到了洪水季节漫向内陆多沙地带，使几乎无雨的这些地方惊人地长出牧草。再往前几英里，这些河转向北流，流经百合滩地和长着澳大利亚画眉草的多片地方，最后汇入灰蓝的海湾④水域。它们也可能反向东流，顺陡坡急速泻向太平洋，然后流速变缓，慢慢穿过槭树、松科树、香桃木和油棕树等长得不太高的树种覆盖的地方，直到消失在堡礁水域⑤。这个众河发源之地在人们的心目中就像一座高高的城堡，人们登堡可以很容易地鸟瞰整个澳大利亚。

然而，克里斯蒂森前行的方向是西，是绵延近千英里荒无人烟的米切尔草台地。唯一横断这台地绵延的是一个矿产带，即一块宽50英里长两三百英里的金属区域，像高高的楔子从黑土地上挺起。在离休恩登这个城市规划区今日所在位置不远的地方，他找到了兰兹巴勒标上记号的那棵树，于是决定在此树附近创建自己的牧场家园。可是，他只有几匹驮马和一些微不足道的储蓄，他怎么样才能在新占的这块土地上谋生呢？

1860 年土地法令已经规定“任何人均可申请为期一年的占地执照以经营一个面积为一百平方英里的牧场”，附加条件是在办照后的 9 个月内“领照人必须申办一份为期 14 年的租约，条件是要完成四分之一牧场设定容纳能力，这能力是指每平方英里的牧场土地上应养 100 只羊或 20 头牛”。克里斯蒂森不失时机地骑马赶往沿海以落实自己的所有权，然后着手解决置办牲口问题。如若他不能在规定期限内完成法令各项条款的要求，他新近获取的用地即被没收。兰兹巴勒关于这些无人居住丘原的描述已经鼓舞了许多人，这些人业已做好准备，随时都会来这些丘原定居。幸运的是，他这时偶遇了一个名叫亚当的人，正赶着一小群羊寻找地方，同时还为自己创业寻找伙伴。两人马上达成协议：克里斯蒂森提供土地，亚当提供牲畜。就这样，以当时典型的方式建起了拉默穆尔，在昆士兰北部的大牧场之一；也是这样，肥沃放牧区域的一块新土地，也开始了人类的定居。

开始时，把握不大和匮乏等情况一定是不可避免的。即使手有资金，要从沿海得到食品供给也是一桩难事。同样难办的事就是为牛羊找到市场。要在这地方定居的人必须下定决心调整自己，要差不多像土著一样适应这个地方，以地为生。溪水中有鱼；靠猎狗可找到野味；马齿苋属植物可以做色拉；若在装袋时用筛子进行仔细常规防虫害检查的话，在谷仓里也许会积存少量面粉。偶然也会售出牲口，所得款项必须全部省下来以购置建筑工具和供交通运输使用的联畜与车辆，此地的营运资本只有靠慢慢积累这一办法才可得到。

克里斯蒂森像大多数来定居的其他人一样，遇到了与土著打交道的难题。可是他有足够的想象力，看待土著时能换位思考，设身处地。他的羊遭土著射杀时，他不乏博爱或仁慈，抛却惯常的残忍报复之策。他想他是入侵者，占据了被土著世代用作野营地的水坑，难道他不该向土著作出解释和主动表态示和吗？困难是他没办法和土著交流，他一走近他们，他们就四散跑开。到一天被逼得怒不可遏，克里斯蒂森就只好骑马撞向一个土著壮小伙，撞倒后把小伙绑住带回自己的家关押起来，用幽默和友好善待之，直到小伙子的恐惧烟消云散。接下来他们相互学习，慢慢学会了对方的一点语言。最后，这个被抓的土著年轻人满载礼物被送回他的部落，还带去来自他这位白人的友好信息：

“你和我像两个同吃同住的兄弟坐在一起，羊群归我，土地归你。”

这种相当天真的表态获得了成功。土著小伙巴尼不仅自己回来了，而且还带来了他的部落。这意味着，今后民族添了一种力量源泉，劳力市场多了一支意外后备军，对于防止打家劫舍的流寇们，筑起了一道新防线。

但是，对于这样两个办牧场合作伙伴，要获得很快成功的前景并不光明。克里斯蒂森只好寄希望于未来；而亚当的艰难困苦多得他力不胜负。他感到没有基本财产可以补偿他命中注定要失去的健康，因为食物匮乏，过度劳作，海湾地区流行热病，直到最后羊群增多，极多的羊蹄把地表踩硬。克里斯蒂森想方设法付给亚当在合作中应得的那份钱，让他离开了自己，然后他把他在昆士兰南部的众兄弟请到了这里，用自己的满腔热情鼓舞着他们。

关于畜牧区大多数拓荒者创业的种种描述都是大同小异：畜群逐渐增多；周围出现了邻居并相互间作出剪羊毛的一次次安排；有枪眼的原木屋还补建了院子和外屋，水坑边的流民营呈现出一派耐久和永恒的模样。拉默穆尔的情况也是如此。克里斯蒂森多年前走过三百英里到海边踏出的小道，如今每走几英里就可以见到引人注目的几棵树，成了一条马车路——“克里斯蒂森小道”。一股移民细流也开始漫过昆士兰北部台地，流向更远的地区。

这股移民细流大大得助于沿海山区黄金的发现。早在19世纪

60年代末在凯普河源就发现了小宗黄金，可是更重要的发展是在此之后：1871年出现了雷文斯伍德淘金热，1872年出现了查特斯堡淘金热，1873年出现的，是帕尔默淘金热。规模不大的城市规划区接二连三被建并在筹建一个牛肉市场。这种举措对克服困季之困和抵消羊毛降价影响作用颇大。克里斯蒂森在此区域弄到一块新地名曰卡梅伦草地，为自己养羊，又开始为拉默穆尔弄来牛群。他像约翰·麦克阿瑟70年前对羊进行研究一样，如今对不同品种牛的长处开始大力研究：他早就注意到德文牛和无角红牛在兼有肥土低地和多石山丘的混合地带会健康成长，形成兴旺景象；因为这些牛的优质牛蹄和旺盛生命力会使它们跑到短角牛跑不到的地方吃草。然而最佳品种当推赫里福德牛，因为这种牛生命力强，胸部、后腿及臀部均非常发达。他的主要目的就是发现在自己特有的地块上能长得最壮的品种，并通过精心挑选巩固最优品种牛的放养：

"协助大自然并与它携手工作，我们定会有成绩；可是，违反了大自然规律，我们只能白费力气。"

拉默穆尔正在成为昆士兰北部闻名的大牧场之一：它不仅是个移民区前哨阵地而且是文明前哨阵地。对于越过平原，驱向他的牧场的生人来说，拉默穆尔呈现出一种生活中心的繁荣景象。昔日的原木小屋如今用作了货栈：已被一所带大阳台的牢固房屋取而代之，此房的用料全系当地坚实的木材。货栈周围都是些生活必备的建筑：肉库，石头建乳品店，马鞍室，铁匠铺，木匠屋和鞍工作坊。再远一点儿的一大片地方散散乱乱地尽是男人住所和土著的一座座小屋，再往后不大明显的地方充满了数目多多的牛场和散放马匹的单厩间。短短10年间一个繁忙的生活中心已被建成，像许多类似的家园一样，这个中心与外面的世界也不隔绝。克里斯蒂森这位智商趣味高洁之人，一定拥有自己的藏书。他女儿说过："爸爸每次进餐室，都是先把自己的乡下书房扫视，眼光掠过书架顶层，这是一种本能而且带着喜爱之情的扫视，不作此扫视的时候少之又少。书架上可见的书籍资料有弗格森的《外科学》，《圣经》，莎士比亚著作，贝尔的《生活》和麦考利的《散文集》，古尔本的《个人宗教》，《匹克威克外传》，有关弥尔顿和普雷斯科特诸书，多本天文学书籍，一本《拿破仑传》，骚塞的《纳尔逊传》，探险家们莱希哈尔特、斯特尔特、米切尔、埃尔、兰兹巴勒、默金利（以及后来的沃伯顿）的一本本日记，还有多期《牲畜与牧场》和《牲畜饲养者》等杂志。”空闲的时候，他还写下有关当地的笔记和他本人饲养牲畜的经验。

一座牧场的发展过程中，必然产生封地氛围，创始者自然变成族长。短短几年的发展，牧场变化明显，致使他和其他人能够用久长的历史眼光俯视这些变化。一种朦胧的效忠之情应运而生，部分忠于牧场这个地方，部分忠于创始者本人。已经舍不得离开自己工作的这些早期受雇者都成了老门客，个个都为牧场感到自豪且随时准备捍卫牧场荣誉，尽管他们地位不同，特权各异，从掌管男人住所的监工到只能站在厨房外面如饥似渴吃饭、和狗同眠的土著。在畜牧业黄金时期，因为顺从的罪犯劳力传统依然持续，这种封建氛围比较容易形成。土著已经在这里的多个水坑边扎下根来，因为自古以来水坑就是他们的野营地。白人们现在也倾向于在此扎根，因为他们在这里的家中过得舒适，并且与自己独特牧场紧紧连在了一起，就像爱国者舍不得离开自己的国家似的。牧场主被尊为一号人物，占据着大益于牧场牌子，具有盾徽尊严的高位。

克里斯蒂森具有非凡的相貌、敢作为的闯劲和豪爽的性情，绝对是担当地方首领大任的合适人物。他有触发他人想象力的能力，让牧场劳工充满信心，相信牧场的建设并非一项个人任务，而是他们所有人有幸分担才能完成的共同职责。在土著眼中，他是敬畏和喜爱的对象。曾被他撞倒，用链条拴在阳台柱子上，后来又学会了几句他的陌生语言的土著小伙巴尼，成了他的忠实家奴，在为他效劳的岁月中一步步到了老年。

克里斯蒂森过去老爱说："我坚信巴尼愿为我或为任何属于我的人卖命。"

北部昆士兰拓荒者们富足、扩展的日子不断到来。金矿业在查特斯堡和沿海其他地方呈现着一派繁荣，热带糖料作物地带的财富正在开发。总理马克尔雷思筹集的贷款大批投入昆士兰。有远见、有朝气、有力量的马克尔雷思，典型体现了当时遍布全澳的资本主义创业的崭新精神。他关于迅速开发本地的计划富有创见。他计划修一条依靠无偿拨地从查尔维尔⑥到海湾的铁路以发展昆士兰西部畜牧地区；他强力通过议会促成与英国印度公司签订一项实现布里斯班和伦敦之间的邮船每月必有一次一流服务的协议，据此协议，邮船必在昆士兰北部各主要港口停靠；他已准备斥资修建数个海港和多条道路并资助几家肉类公司。马克尔雷思的开发兴致，乐天人生观以及采取果敢且富有创造性行动的能力，均具有某种感染力。甚至在一位像弗朗西斯·亚当斯那样的爱冷嘲的观察家看来，他与当时缺乏魄力的政客们相比，似乎也很不相同。与当时英国不从国教派激进人物、性格冷冰又墨守法规的格里菲思相比，马克尔雷思无疑成了最鲜明的对照。

由于扩展新精神的影响，克里斯蒂森将思路转向在昆士兰北部创办牛肉冷冻业问题，以给牧场主们的牲畜提供一种永久市场。自1861年托马斯·莫特在达令港建起世界第一个冷冻厂以来，他就一直关注这一问题。可是，当时进行的往英国船运牛肉的实验以失败告终。氨压缩冷藏机械在陆上成功了，但解决不了海上漫长航行的种种困难。首架冷冻机的发明者哈里森在多次实验中赔去了他全部积蓄。然而仍有另外的人在设法改进，试用新冷冻过程：先压缩空气，再用水冷却之，最后在牛肉室内放大之。到了1880年，使用了这一过程进行冷冻的一批船运牛羊肉完好地运抵伦敦。

这一成功为澳大利亚的牧场主们，特别是那些远离城市的牧场主，开辟了崭新的前景。在供大于求的时候，他们常常被迫把自己的头等阉牛送往费用甚高的压缩厂，因为现存的这类牛肉罐头业也在遭受破产，破产原因就是这时的美国出品商们业已找到用冷冻把产品送往欧洲的办法。目前的澳洲牧场主们为了自己所能饲养的所有牲畜有销路，正在构想一种稳定又用之不竭的市场。但是这条路上依然是困难重重。谁愿出资呢？竟能把钱花到一种尚处于实验阶段的产业？能把产业建设成本降低到足可赚钱的水平吗？船运公司愿意冒险安装必要机械吗？

克里斯蒂森对该产业最终成功深信不疑，准备牺牲自己的当前事务以把该产业重建提上工作日程。1880 年他外访英国期间，竭尽心力为其创业吸引资本：他会见多位船主，写信给媒体宣传北昆士兰的畜牧资源，争取马克尔雷思支持。他这些努力的结果是成立了澳洲公司，由伦敦的一位前市长任董事长克里斯蒂森同意担任公司驻昆士兰经理，任期 3 年。公司宗旨是保藏和进口冷冻食品。克里斯蒂森回国后谋求到他在畜牧业同行们的合作，并找到了最终建造冷冻厂的厂址，这就是鲍恩附近的普尔岛。

唉！新企业命途多舛。在普尔岛的实验从一开始，就有一种厄运在侵扰，在其后徘徊。对于在热带气候中建成冷冻厂的可能性，伦敦的董事们变得疑虑重重，他们迟迟不把机械运来，后来运来了，陪着来的却是一位全然无能的工程师。事情老是推迟且不断节外生枝，做好的安排改了又改。安排运送首批交运货物的几条船突然改道，走了别的航路，本该冷冻的牛肉不得不被熬化成了油脂。最后到了事事都进入工作状态，决定性的灾难临头了。昆士兰北部史无前例的最强龙卷风之一向普尔岛袭来，在大海上卷起惊涛骇浪，摧毁港口防波堤和冷冻厂，把澳洲大陆的鲍恩港击得粉碎。

这样的灾难对于克里斯蒂森是个严重打击，因为他投入自己风险事业的不只是资金；可是他知道他的冒险为别人成功建厂奠了基，便安于退居拉默穆尔牧场了。事实上，在沿海港市已经有几个冷冻厂正在为他人所建造。现在他得把心思用到自己的两个牧场、越来越多的家人和改良自家牲畜的老问题上了。眼下的一场旱灾，开始给畜牧区域造成苦难，并把持久供水问题突显出来。因为缺乏地面水，克里斯蒂森就常常考虑，或部分时间在考虑那些长满草又无人居住的大片大片土地问题：大分水岭西坡在季风季降下的一场场大雨的水都到了哪里？这么多雨水是否渗过多孔岩石层又四散开来，形成了地下贮水层？假若平原地区不透水的土层被穿透，这些雨水会不会喷上来，使多草的荒原能够养活大批牲畜？他开始在有指望的地点打了一口口牲畜饮水井，虽然没有找到可达地面的自流井水，可是借助水泵他解决了供水问题。后来，通过引进更适于该地区的机械，地下水在数不清的地点得到广泛开发利用。由于这种水的经久使用，昆士兰西部面貌便为之大变。虽说此举并未根除昔日那种对旱灾的恐惧，但它使人们对灾难的恐惧度大大降低了。

这时候，社会上第一场窃窃私语之风开始吹起，风传什么一场盟邦间战争之火不久就会燃遍整个澳洲，昆士兰牧场地区的人们尤感痛苦。在淘金热期间来到此地的人们的理想国梦想至今还没实现，他们只好被迫尽力适应已经形成的社会结构，有的在小块租用地上定居，另外的人流入城镇或汇成一股无产者洪流。不安和不满遍布各地，出现了一条宽大的社会鸿沟，一边是成功的牧场主和商人们，另一边就是工人和购了官地的一般移民大众。靠土地为生的人既穷困又看不到前程，因为冷藏的海外市场至今未对农人开放。那个乌托邦之梦在寻金人们的内心深处仍迟迟不愿离去，而且还把这种梦传给了他们的子孙。这一代年轻人喜爱读爱德华·贝拉米⑦和亨利·乔治⑧等人的著作，而且随时准备响应此时的先知人物——已在布里斯班崭露头角的威廉·莱恩⑨的激情呼吁：他号召人们以一种新型手足情谊团结在一起，为创建一个有正义和平等之基的联邦国家而共同努力。

在19世纪八九十年代的昆士兰，莱恩的影响之大是难以夸大的。作为一位广受欢迎的新闻记者，他创办了一种激进周刊《布默兰》（或意译为《飞去来器》——译者注），以其刊物的轻松生动、妙趣横生并乐于接纳新思想等特色吸引着受众（其原则与风格类似于悉尼的《公报》杂志）。它以民主民族主义为办刊方针。莱恩说："我们为的是这个澳大利亚，是慢慢接近存在边沿的国籍，是正在撕去灾难命运之幕的进步人民。"如是的表态符合时代精神。人们同时还有一种感觉，觉得这个新国家的建立离不开大的经济变革。通过亨利·乔治的多次来访，单一税思想得以传扬，渗进来了颇受欢迎的马克思主义。莱恩，凭其个人魅力和先知般的天才，把社会上最聪明的人才吸引了过来，并用其满腔热情感染了他们，让他们觉得新时代的曙光已近在眼前。就连既冷漠又审慎的政客塞缪尔·格里菲思也被他感动得为他亲自撰文，坚持认为财富来自用于原始产品的劳动，资本的积累不过是侵吞了绝大部分剩余价值，因此博得了马克思的最忠实信徒的满意。

然而这种激进新闻工作并未使莱恩知足，他身处的清教主义环境使他离开了他办得成功的《布默兰》，更为直接地忙于对公众的鼓动。此时的工联主义，以澳大利亚工人阶级崭新希望的姿态刚刚兴起。莱恩成了它的支持者，而且在一定意义上成了它表达力特强的艺术大师。通过他的鼓动，人们为保护自身生活水准而团结一致所产生的推动力形成了一次改革运动。日常斗争的粗鄙行为得以改变，被提升到高尚理想主义水平：就连那些对乐于合作的政体信心不大的人，也因其对莱恩的忠诚，均有所提升，超越了自己。比利·莱恩⑩这个名字，像一支美妙的乐曲，响彻在昆士兰西部丛林工们和剪羊毛工们的不同住地。

相反，这个名字对于克里斯蒂森和他的牧场主同行们来说，却不可小视，是一种既邪恶又恐怖的声响，且常常不绝于耳。在他们的意识中，各自的大牧场成了小小的独立王国，几乎都是他们白手起家建成的。在其生存斗争中，支撑他们的是坚强意志和自力更生等品质。也正是这些品质使他们排斥被他们看作外来干涉的任何因素，以保持对其独立王国的治理。他们可以带着同情，甚至钟爱之情，看重为他们效劳的熟练工和已被驯化的土著，而不看重剪羊毛人和丛林工这支流动的无产者人群！这种新起的工联主义竟然无视人对其上司和国家的固有忠诚！

内陆各个地区在认识上大相径庭的两个集团之间的斗争，时断时续地进行了几个年头。这是一场内战，虽未发生流血事件，但在情感上的对立一直激烈。组织起来的工联主义者阵营，遭到军方和警方武力阵营的反对。幸运的是双方从未陷入全面冲突。暴力行为时有发生，但是诸如此类的行为主要是个人所为——棚屋被烧，草地纵火，篱笆被捣毁——犯了这些罪的人受到惩罚性判决，所有罢工受托人时常陷入法网。牧场主们发现，每当冲突发生，当权者总是全心全意地站在他们一边。甚至曾那么令人不安地撰文主张财产分配新法的格里菲思，以总理姿态表明他毕竟只是为圣诞节这一期刊物一次供稿而已。

拉默穆尔，作为牧场，离斗争中心尚有一小段距离，这一斗争至（19世纪）90年代初显然以牧场主阶级胜利而告终。随着莱恩及其众门徒远去巴拉圭，大变革激情即离工联主义而去。笼罩整个昆士兰的，是威尔斯所称“长期多次激烈大争执过后令人啼笑皆非的沉默”。这种形势剩给克里斯蒂森的，是按照其梦想思路发展牧场的良机。他走访英国著名的一个个种畜场，并带回了纯种牲畜。他又扩建了自己的家园，直到家园呈现出一种大庄园景象。社交时的彬彬有礼，款待有趣的客人，以及对旅游的种种回忆，样样都使他的牧场生活给人带来愉悦。拉默穆尔和西肯辛顿（他妻子安了家的地方）的多家客厅之间的距离不知怎的拉近了。马夫们和牧人们，带着种马、公牛，甚至用于猎取袋鼠的猎鹿犬，也从海外纷纷来到这里。赛马大会，野餐活动，地方畜展，在这里一次又一次举行。克里斯蒂森的赫里福德牛群已经闻名全国。到世纪末，足引他自豪的是他已拥有500匹产自英国和阿拉伯的最优品种马；

他的种畜也是全澳第一；他还拥有总数为 40 000 头的牲口，其中有 7 000 头“肥畜”每年可被选出来屠杀以供市场出售。

1898—1902 年整整持续了 4 年的一场大旱，在内地是史无前例的，不禁令他产生全部变卖家产返回欧洲之念。他带着勇气与旱灾搏斗，艰难处理着牛羊日减的难题，直到丰年或风调雨顺再来之时；但是他现在毕竟是一位年迈之人，青春早已离他而去。他早年的不少朋友已离开人世，尚在人间的其他朋友早已退居沿海城镇在安享晚年。他已把澳洲当作了自己的祖国并眷恋着这个国家，这种澳洲情怀是他在英国的妻子和家人竭力反对的，因为家人已把英国当原籍了，无不呼唤他回到英国。他表示愿意出售拉默穆尔牧场，同时提出的条件是购买者一定要“善待我家土著”，并规定不到土著在原地继续为家的权利得到确保之后，其他任何条件都一律免谈。

就这样，一段典型的人生拓荒经历结束了，然而，只是把他作为一类人的典型代表，对于克里斯蒂森的个人素质也许有失公平。他之外的一些大牧场主，一直改不掉早年打拼经历中养成的种种旧习，必须对每一“镑钱都要严加控制”，对所有工钱和开支都要逐步减少到最低限度。据说泰森这位大牧场主在沿海乘船旅行时，常常自带食品袋，宁愿一个人在甲板上吃自己的袋装食品，而不愿花钱在船餐厅用餐（尽管他可能是他那一代大牧场主中最有钱者），因为旅费不含餐费。这种吝啬，在克里斯蒂森身上一点儿也没有。创建一个家园，在他看来，就意味着创造一种文明生活方式。他进行育种实验，他寻找自流井水源，他一次又一次对肉类冷冻业的创办，其目的均不是单纯为了自己的私利。他的构想肯定有其创新的一面。他关心更多的是自己对国家的贡献，而非索取。

他和大多数早期牧场主们一样，因自己的劳作而得到了很好的回报。然而，探险家们的情况却大不一样。莱希哈尔特，用其首次远征探险，打开了人们的视野，看到了在北部从事畜牧业的可能，但是，他最终得到的却是沙漠中的荒冢一堆无人晓。兰兹巴勒，因其指导才使克里斯蒂森把一片肥田沃野找到，而后建成了拉默穆尔，最后却孤零零地死在了莫尔顿湾海水边的一间小小镀锡铁皮屋中，他的全部财产只是政府允许他耕作的几英亩沙地。给牧场主们干活的大批赶牲畜人，赶着别人的牛羊，披荆斩棘，开创了内地牲畜前行的一条条路线；然而，他们得到的，仅仅是茫茫荒野中自己的小块埋骨之地。这些赶牲畜人，谁也没指望过自己的艰苦创业会有任何红利。后来他回到英国，在其舒适的家（地处林肯郡的伯沃尔公园）中，不时回首往事。当想到“缔造”了澳洲这个国家的牧地借用人或大牧场主们之时，他认为治理他们的一套社会主义搞法无疑是一种迫害，但他对此却能够怀着宽容心态予以看待，因此欣然命笔，提出了“昆士兰，我们的家：还是存在还是不存在[11]？”这一问题。

注释

① 罗伯特·克里斯蒂森（1837—1915年）：澳大利亚（昆士兰州）大牧场主，名见澳大利亚传记类辞典。

② 寻找伯克和威尔斯的远征：首次完成了从南至北穿越澳大利亚探险的两位探险家伯克（1821—1861年）和威尔斯（1834—1861年）在返回途中于1861年失踪。为了寻找他们，由探险家威廉·兰兹巴勒（1825—1886年）带领的探险队于1862年开始了两次远征。

③ 大分水岭：澳洲东部山系，从维多利亚州东部延伸至昆士兰州北部，原文 the Dividing Range 等同于 Great Dividing Range 或 Great Divide。

④ 海湾：原文 the Gulf，实指 Gulf of Carpentaria（卡奔塔利亚湾）。

⑤ 堡礁水域：原文 The Barrier waters 中的 Barrier 指 Great Barrier

Reef（大堡礁，世界上最大的珊瑚礁，在澳大利亚东北部沿海附近海域，南北长达2 000千米）。

⑥ 查尔维尔：昆士兰州一著名城镇，在布里斯班以西稍微偏北方向777千米处，有铁路连接布里斯班，并有国际机场，1981年人口约3 500人。

⑦ 爱德华·贝拉米（1850—1898年）：美国小说家，因写批评美国资本主义的乌托邦式小说而闻名。

⑧ 亨利·乔治（1839—1897年）：美国经济学家，主要著作有《进步与贫穷》和《土地问题》。

⑨ 威廉·莱恩（1861—1917年）：澳大利亚记者、社会改革家和乌托邦理想主义者。

⑩ 比利·莱恩：即威廉·莱恩或比尔·莱恩。比尔（Bill）是威廉的昵称，比利（Billy）是比比尔更亲昵的称呼。

⑪ 还是存在还是不存在：此译基于梁实秋译莎剧《哈姆雷特》第三幕第一景之译文："死后还是存在，还是不存在——这是问题。"原文是：To be，or not to be：that is the question。（译文见中国广播电视出版社1995年3月初版梁实秋译《莎士比亚全集》第八集第352页。）

12 主编：约·费·阿奇博尔德

1880 年元月，一种叫做《公报》杂志的小刊物在悉尼问世，对于这件事，当时几乎无人想到它会是一个重要事件。它有 8 个版面，印行粗糙，插图糟糕，从任何意义上说，都缺乏权威性。虽然其风格活泼可爱，但又令人费解，且其宗旨不明。其中 2 版全是关于绞杀旺特巴德杰里（战地）①这一带几个丛林土匪的报道，以对执行绞刑刽子手的一段采访为开场白。其余 6 版给人的感觉都是仓促凑合而成的东西。几乎无任何迹象可以表明该期刊物有政治目的乃至基本思想。然而受众却发现，该刊情调中有种出人意料和令人振奋的东西：它一反当前新闻报道的乏味与俗套，带给人们一种耳目一新之变，因此第 1 期便被人急切买完。不少诸如此类的刊物也都是广受欢迎的。假若两位创办人约翰·海恩斯和约·费·阿奇博尔德有一位不曾是天才编辑的话，《公报》在其昙花一现的发行火爆之后，也许会像别的刊物一样有停刊的可能。尽管阿奇博尔德身上有种人们看不清弄不明的情况，可是他本人想创办什么他实际上是一清二楚的。对政治他缺乏明确兴趣，他并不按照政治路线动脑筋，可是他心中却满是爱国激情，他的梦是创办一种国民性报刊。他怀着一种深情，一心想让自己的澳洲同胞觉悟到自己的国家，觉悟到国家的多彩生活和鲜明个性。他急切看到致使城镇社会生活失去活力和智慧的老是模仿的思维习惯为内地精神所取代，这种精神他感到就是那里坚韧而又愤世嫉俗的独立意识。

这一内地精神，基本上也是他拥有的精神。阿奇博尔德虽然体格虚弱，性情不安，但是他对于人生却有着坚定又乐观的态度。悉尼进口富商们的种种社会虚荣与野心，激起他对之持蔑视与嘲笑的态度。他是出生在吉朗②的混血儿，父母分别为爱尔兰人和英格兰人。他当过印刷业学徒，在新闻界作过多种工作，最后到过昆士兰，在一次商业冒险中赚得一些钱。他受到的教育是随意性的，缺乏计划，但是学到颇多知识，缺少选择，可谓是杂七杂八的。他知道自己的国家，他知道人民感兴趣的是什么，他也知道人民实际上如何生活，如何说话和怎样思想。他曾构想过一种报刊，所载短文基本上为普通人所撰稿，由行家加工润饰，语言必须大众化，具有口语的生动与特色，并通过反世俗陈规的新闻工作者的风趣笔法以增加报刊锋芒。

这种办刊办法，一开始在主体上必然有破坏性。当时的悉尼，颇有一种沾沾自喜和维多利亚王朝中期文化之风，因此需要一些戏弄，需要这种戏弄施以健康影响。

阿奇博尔德称："城镇社会是个为伪善言辞所苦的社会。伪善言辞无处不在且起着主宰作用。所谓伪善言辞，指的是尚未改造好的无德之人之令人愤怒、令人恐惧的种种滥调。这里的公众在社会和政治两方面均缺乏健康心态，无不卑劣顺从一种势利和依附心境。随着维多利亚和昆士兰先后从国土分裂出去，人们精神上最能体现澳大利亚的东西已不复存在。悉尼社会的进步变得步履维艰，只能傻傻地一味模仿伦敦的思想、习惯和举止。政治和产业方面的情况也是如此。在整个澳洲的一个个法院、新闻界和议会，无不笼罩着一种令人感到极度不幸的残忍。这种残忍的根源只有一个，它就是‘束缚社会发展的统治集团’。悉尼的现存情况导致了反抗，而《公报》正是表达这种反抗的喉舌。它将主张：法律多些仁慈，议会多些自由，新闻媒体多些独立和健康东西。”

但是，在宣传这种主张之前，《公报》必须找到一种类型和风格，呈现出一种明显样式。它还得从非文艺人群空间吸引出艺术家和作家来，以给它带来作品的实质内容和实际东西。阿奇博尔德本人不是作家，他的天才在于发现别人的才能，给别人提建议出主意，在别人作品中添加尖利形容词，以加强他人语句的刺痛力。他热衷的文学形式是短篇，他喜欢简短有力的批评，一种“结尾像鞭子一声暴响”一样的批评，也像是游击队对由索然无味和方言土语组成的联军的突袭。之所以必须提倡这种文风，是因为客观情况和他手头可支配的“军力”造成的。他将不遗余力阅读零星来自大陆各处写得不够好的投稿，然后删减、润色。就是对那一篇篇演出通知和讨论羊体寄生虫的普通论文，他也要加些风趣的语言以增强表现力，就像给食物撒胡椒面儿似的。《公报》就是这样一步步开始形成自己简明又极具特色的风格。

它的首批定期投稿者之一名叫 W. T. 特雷尔，一个为人宽厚又性情愉快的苏格兰高地人，他带来的是贸易保护和土地国有化这些政治思想，为《公报》注入了实质内容。但是，此人充满道德激情，这种情绪也许很可能给正在苦苦经营中的这个刊物带来灭顶之灾。有一次，特雷尔到一个广受欢迎的度假胜地克朗塔弗作短途旅行，他遇到了一群少男少女，也就是当时离经叛道的年轻人及其女友们，在纵情玩乐，把一家舞厅当作了他们狂欢作乐的中心，因为至今为止还没有可供他们使用以发泄其充沛精力和狂欢之情的冲浪海滨。他深为这些少男少女的行为感到震惊。他把自己在舞厅的见闻写下，称之为“邪恶的纵情狂欢”，全文充满愤怒的言辞，在整个悉尼引起轰动。大众对此报刊的攻击性文章很不习惯，经营舞厅的酒店老板因此努力强求《公报》收回其指责内容。这一努力失败之后，老板最终只好以诽谤罪将《公报》告上法庭。判决的结果是：陪审团只是轻蔑地给了他一笔损害赔偿金，但是此案的费用对于阿奇博尔德和海恩斯来说是重不胜负。正当整顿刊物之时，他二人被捕入狱了。此案引起巨大关注，然而《公报》得到了公众同情。在一定意义上说，《公报》知名度鹊起。当阿奇博尔德在其单人牢房编辑短文之时，一位名叫乔治·迪布斯的政界人物却手执募捐帽四处奔走，不久就从支持批评自由人士那里凑齐了克朗塔弗案欠下的所有费用。

足以令人深感奇怪的是，特雷尔文章的后果之一，竟是《公报》落入了文章作者之手。手握财产扣押权的此刊印刷商坚持特雷尔一定要接任主编之职。特雷尔做到的，除接任主编之外还有别的事情。他首先确保了支配《公报》的资金，接着还以支付低薪雇用了海恩斯和阿奇博尔德，并自愿给二位重新获得《公报》股份之权利。

时至（19世纪）80年代中期，《公报》已具牢固站立之自信与能力。相对而言，它拥有了一批数目不大然而稳定又能依赖的受众。它对公众事务的评论生动活泼，因此成了很多人的精神需求；它那红色的封面，在专业人士的会所里和剪羊毛人的棚屋里，同样都是司空见惯。它牢靠的地位可以使它扩展发展空间，尤其是向画页的拓展。于是乎，前途看好的国外艺术家被吸引了过来：霍普金斯从美国来了，伦敦的菲尔·梅也来了。《公报》的自由给了这些人发展自我的机会，把他们的才能挖了出来。对于合乎社会规范的行为，《公报》从不设限，或者说，对于他们所作大胆而又情操高尚的嘲弄行为，也不施加政治压力。嘲弄无需止于触及皮毛，完全可以深入骨髓。因此一种可喜的局面出现了：《公报》的这些艺术家，常常因其嘲弄溜须拍马言行的某项严肃作品，使得整个大陆都大笑起来。漫画是一种相对简单的艺术，它会很快产生吸引力，而且不需要对受众要求太多。就这样，在他种艺术发觉难以生根的地方，它却能繁荣起来。转眼间，黑白双色画派在澳洲发展起来，使得《公报》名声传遍世界。

可是，此刊画页超出了阿奇博尔德的知识和能力范围。他所能做到的，只是发现有眼光、有运用语言潜能的人士，通过这些人士的总体观察，把这个国家一周内在工作和娱乐两方面进行的一系列活动集中起来。在他内心深处经常思考的，是办一种基本上为读者大众所供稿的刊物。他鼓励麦农谈谈有关锈病的想法，业余博物学者写写自己对鸟类和动物的观察，赶牛人可以聊聊自己的牛车和拉车牲口。这样做出来的，就是一种最有活力又广受欢迎的期刊。丛林乡野地带的生活激发人们观察人，观察动物，观察自然现象，“土著文化”版面成了《公报》的特色，这一特色犹如一种永不熄灭的营火，丛林汉们可以围火而坐，交流他们的人生经历。渐渐地，他们学会了用简明和风趣的写法为《公报》供稿。对于富有才气话语和出人意料幽默妙言鉴赏之迅速，欣赏之慷慨，没有任何主编会在阿奇博尔德之右。尽管他很忙，他总是赶忙亲自草就回信，送出了数不清的令人心悦的赞扬话语。他鼓励大陆各处的人对他们最感兴趣的身边事物表达出自己的看法。

D. H. 劳伦斯对于《公报》的成果进行了事后概括，他说：“写作片断的内容涉及许多方面，计有：赶牛人，有史以来最大车载量，一个人一天犁地的最大面积，马疥疮处方，双胞胎，萝卜种种，值得尊敬的牧师们之意外遭遇，等等。”

话说回来，处在阿奇博尔德那个地位和时代，必须从短篇开始，他必须根据手边的材料进行自己的打造。

这种新闻写作的结果，产生了差不多是其副产品的文学，即对本国生活充满想象力的最初反应。自温特沃思和巴伦·菲尔德时代以来，总是有一定数量作品出现在澳大利亚，其中也有触及卓越的，可是作品的口气总是一成不变，那就是外人的腔调。文学，在早期短文作者眼中，无非就是在书斋和咖啡馆中写成的。他们对这种异国他乡的“殖民地生活”取超然姿态：写到这种生活，他们总是想入非非，自感高贵，用的俨然是艾迪生（阿狄森）③笔法，面对的是和他们一样自感优越的读者。不少时候，他们的作品带有一种令人不快的虚假老练与深刻；更多时候，他们把自己想成“精通文学”之人，然而其作品却充满刻板的自重或自尊。他们骨子里是一批迂腐人士，几乎不具创新冲力：甚至身心内本有某种激情的德尼希，更喜欢处理的主题不是他身边的原生态世界，而是业已被同化了的东西。至于小说家们，由于一直弄不清读者需求，其作品便失去了任何亲密感和坦率的东西。亨利·金斯利④和马库斯·克拉克⑤两个人的作品描述的情景好像都远离了读者。而博尔特沃德⑥虽有天资，有时足使他和他所写生活和人民打成一片，但是每当他处此情景时，他总是像受到猛震似地停下脚步，就好像他陷入了一种有失有身份之人体面的行为。

这种自我意识，阿奇博尔德带上来的作家们是没有的。他们的读者就是他们身边的人民群众，他们怎么想就怎么写，这种跟着感觉走的作品不可避免地就有一种天真率直，轻松自然，甚至在形式粗糙之时也是如此。关于农牧场或选购地生活的一个个小花絮，离不开一天劳动中某种插曲的一首首民谣体诗歌，还有一则则幽默故事，这些故事都是普通人围着营火反复闲聊而形成的，所有这些作品都有上述风格。这种风格的文学才是真正为大众所喜闻乐见的文学，与它所取代的做作的作品相比，有更重要的价值。这些价值之所以重要，因为它们真实并为人们在日常生活中所接受，而不是那些传统价值或诱惑人们作为小说读者也许会接纳的东西。任何多愁善感或假悲切的东西，要统统取缔：作品中的真情实感必须含在对事实的展示之中。

阿奇博尔德爱说："给我事实，若事实安排合理，其价值自会被人感知。"

这种文学在其发展过程中，自然也存在诸多局限。所有表述必须篇短，压缩且为片段：这就减去了性格发展和风格多样化空间。阿奇博尔德的编辑方法刻板得几乎是一成不变，凡是经他编辑的作品，其绝大多数似乎都留下了痕迹，好像是一位不知名陶工的拇指印。刊物的文学格调已为他所定：壮实又具男子气，幽默处要有恐怖效果，对于主题的总体处理要有冷嘲之风。造物是位严酷之母，其古怪脾气只能用忍受面对。对旱灾，人们总是忍耐；对洪水，总是要避开；对虫害，总是要斗争起来。作品注意力主要固定在丛林人形象上，这种人勇敢无畏，"不拘礼节"，在灾害面前乐观愉快，好咧嘴一笑。在阿奇博尔德指导之下的众作家给出的澳大利亚，不是宁静如画而是形容枯槁、面目凶狠的一块大陆，此大陆养育了人民，又不知怎的唤起了人民当中一种合乎人性的效忠之情。

上述的这一观点得到了文学作品多数读者的认同。这些读者发现，《公报》作品中有一种新鲜感，这种感觉不仅来自关于大自然慎重讲究实际的观点，而且源自对待人生的民主态度，即穷人（无业游民）和富人（大牧场主或牧地借用人）同样值得描写的认识。看待大多事件，实际上不是通过富人之眼，而是用穷人们的观点。这就其本身而言，便给了《公报》作品一种原创特点，因为英文中的民主作品很少见，在当时更是少见。当时的多数英国小说看待人生的立场采取的，均为稳稳立身于有闲中产阶级观察家所在优越位置。一旦劳动人民进入文学作品，他们被写得不是滑稽可笑就是可怜巴巴。中产阶级作家笔下取自人民群众的人物是一群怪怪的生灵，他们没有内地生活经历，被写成了性格平平、毫无变化、毫无立体感的人物。下面的一类作家又是何等地不同！他们就是表现流放犯生活的普赖斯·沃旺⑦，描写剪羊毛工的亨利·劳森，以及刻画特爱说话的赶牛人的约瑟夫·弗菲。这些作家认识到人乃人类成员而非一个阶级。他们的作品，尽管有地方色彩，但在实质上比同时代的英国作家作品更具普遍意义，因为后者的读者多为普通城郊居民。活着的这类澳洲作家作品，使同时代英国作家作品完全相形见绌，时过近半个世纪的今天，这类作品依然不失其新鲜感。

然而，《公报》杂志最受欢迎最吸引人的文学形式，也许当推民谣体诗歌了。自早时候以来，被传唱被背诵的粗鄙民谣或民歌（常常仿照爱尔兰移民们的民歌）已经得到广泛流传，留下来的这些民歌依然是当时社会历史的一种线索。这些歌谣表达的观点，不是来自罗和德尼希这类英国文学模式的追随者，而是来自各阶级人物：自由选地农，大牧场主，还有迷上丛林土匪之浪漫人生的一批澳洲土生白人小伙们。这些阶级或阶层的形成，均为澳洲发生的种种变化所影响。在佩特森和其他一些作家们笔下，阿奇博尔德发觉这些民谣开始呈现形式与活力。

在佩特森身上，有种自学成才诗歌作者素质和对人物性格的敏感。其作品《来自雪河的人》主人公成了一位民族人物，他的相貌清楚得就好像是用凿子在大理石上雕刻出来的。与佩特森同时代的其他人把松散的歌谣形式用作传播政治思想的媒介。举例来说，正是在《公报》杂志上才发表了劳森的《街上的面孔》一诗，这首诗在全国青年人身上起到了类似定音鼓的作用。

阿奇博尔德的非凡品格是多方面的：他自信他能及时抓住并利用有要言要说的人；他有耐心引导他们把话说出来；他鼓励他们时又不失慷慨。在文学方面，他不立拘泥形式的各种标准，他的文化背景属于最不具根基的一类，判断起优劣是非时，他只靠本能，靠自己的直觉和丰富的生活阅历。只有在一场漫长的争论之后，他发现的人才之一 A. G. 斯蒂芬斯才终于使他信服评论性的红页⑧将给《公报》带来助益。于是，他不久就欣然同意把红页交给斯蒂芬斯全权处理。他为斯蒂芬斯发现卓越人才的能力感到骄傲，也为他把自由放手给他发现的人才感到自豪，他说过：“A. G. 斯蒂芬斯所言也许会有判断错误，但这丝毫掩盖不住它的趣味性。他确实有过人之处。”

到了晚年，他有一次对斯蒂芬斯说：“不管怎么说，老朋友，当年我完全对你放手，不失为我的明智之举。”

他生性天真顽皮，容易激动，且机智多变，他因此抓得住并利用轻易到他身边的任何奉献。在他身上，人们从来看不出大主编的架子。他可以在高压下干活，但是他更喜欢闹着玩式的工作，年纪大了之后他尤其如此。他喜欢懒散地坐在俱乐部聚会室里，点燃一支香烟，两眼在镜片后闪了又闪；谈起政客、新贵或暴发户来，满口俏皮诙谐话语，可谓是妙语连珠。《公报》之所以能立于不败之地，他把成功归功于更沉稳人士——有商业天才的麦克劳德，还有幽默、冷静且吃苦耐劳精神惊人的詹姆斯·埃德蒙。他爱说的一句话是：“埃德蒙有华人的胆力。”他自己丝毫不具备这种镇定，他性情急躁，不安得坐不到一场剧演完。他喜欢把自己想成法国人，在年纪很小之时他曾把自己的洗礼名约翰·费尔瑟姆（费尔特姆）改成“朱尔·弗拉恩斯韦”，这部分表现出他天生的浪漫情怀：因为在他看来，法国代表的是轻松愉快、与时俱进和不可估量，主要是林荫大道上的风情趣味，而需要的话，还可加上路障或街垒。

然而他这个人，一直以来都是个天生的新闻工作者，一个有推动力的人，他靠这种力能捕捉和利用自己身边生活中的平凡小事，把这些别人不注意的事变得引人注目，并强调它们在现实中的重要性。新闻对于他似乎有一种魔力，即使在最可悲的环境中也可以把他迷住。有一次，他因精神病住进了一家慈善机构，一个探视他的朋友讲到他谈话时偷偷用指甲裁下报刊短文的情形：他双眼四处乱瞅，神态鬼鬼祟祟很是恐惧，以确保管理人员不在身边。

“我忍不住啊！”他道歉起来可怜巴巴。“这是习惯啊！我抵不住有趣短篇的诱惑。这里的人认为我只会破坏，因此很让我吃了一段苦头。”

“片段！”他命中注定就是要收集片段和鼓励他人写出片段，当然这些片段指的是精彩或优秀的短篇。到了晚年，他办了一种杂志，名曰《孤军作战》，以作他多年前创办的《公报》的补充，结果未获成功。周刊中看上去活力四射的东西，一旦用一种更为持久的形态确定下来，就只有浮华招摇的样子了。对待生活持厚脸皮打趣态度，嗤之以鼻的嘲讽笔法，以街谈巷议评价一切的刺激作用，都是有限度的，应适可而止。一个新时代的曙光已在眼前，人们需要的应该是一种新的世界观：尽管《孤军作战》旨在有益世人，也想提供一个出口，让严肃持久的批判性创造性作品来到世人面前，但是可惜的是，它摆脱不了家庭式的说说笑笑和方言土语等弱点。阿奇博尔德在此刊发表的回忆性文章也风格琐碎，缺乏价值，很快就了无声息了。时至1914年，他今生决计要做的特定工作已经完成，他也及时认识到了这一点，于是就把他在《公报》的股份决然卖掉。

他的遗嘱表明了他的爱国情怀以及他把自己祖国和他如此多情深爱的国家连在一起的愿望。按他遗嘱法律文件规定，他要设一项大奖，每年奖给画出澳洲名人最优画像的画家。遗嘱还规定要由一位法国雕塑家负责完成一个喷水池之建造以纪念法国和澳大利亚在第一次世界大战中的联合。奇怪的是，遗嘱文件中没有关于文学的规定。这也许是因为，作为一位极不喜欢单调乏味和学究气旧习之人，阿奇博尔德感到：若文学因其风趣妙语得以传世，它的存在就会更不成问题。

注释

① 旺特巴德杰里（战地）：新南威尔士州城市规划区或小镇之一，在悉尼西南方向约438千米处，19世纪30年代初开始有人定居。

此地名系土著语发音，意为 fighting place（战地）。

② 吉朗：亦译“杰隆”或“季隆”，澳大利亚维多利亚州著名海港，离墨尔本不远，是风景优美的宜居港市。

③ 艾迪生（阿狄森）（1672—1719 年）：英国散文作家、剧作家、诗人，英国期刊文学创始人之一。

④ 亨利·金斯利（1830—1876 年）：出生在英国的澳大利亚作家，其兄查尔斯·金斯利亦为澳大利亚作家。亨利·金斯利以局外人的眼光来观察和描绘澳大利亚，并有意让笔下人物保持着英国人的清高，对澳之环境和土生土长者持蔑视态度。

⑤ 马库斯·克拉克（1846—1881 年）：澳大利亚小说家，《无期徒刑》是其最著名长篇小说。

⑥ 博尔特沃德（1826—1915 年）：著作颇丰的澳大利亚小说家，文学价值最高的小说是《武装行劫》。他的全名是 Rolf Boldrewood（罗尔夫·博尔特沃德）。

⑦ 普赖斯·沃旺：威廉·阿斯特利（William Astley，澳大利亚作家和记者）（1854—1911 年）的笔名。

⑧ 红页：《公报》杂志的特色栏目，印在封里，因用比粉红更深的颜色而得名，主要刊载文学评论和书评，有时也有诗作。红页创办于 1896 年，其前身是 1894 年创办的《新书》栏目。

13 工联主义者：威·格·斯彭斯

直到19世纪后半段，工联主义在澳大利亚才得以发展。在此之前很久，就已经有了一些工人团体，但是这些团体都有一种特性，它的重要意义主要体现在当地。比如在1837年的悉尼，被雇来装配出海船舰的水手们和劳工们，一致要求在其时下工资等级（每天3先令）上提高1先令，若此要求得不到满足，他们就拒绝与船主们保持联系。据船主们称，这一要求是一个“有计划、有组织的团体提出的，虽然这个团体的种种打算还未充分显现，但是其目标要是实现的话，无疑在物质上将会阻碍我们殖民地海事的发展与进步”。与此同时组织起来的，还有其他一些小团体。在1840年，一个名为“澳大利亚排字工人协会”的团体要求改善其成员有关状况。同年，悉尼成衣匠们和墨尔本的木匠和木工人群中都发生了罢工。后来的1848年，南澳大利亚伯拉伯拉的矿工们和一些赶车人一道进行了一场工资纷争；霍巴特的成衣匠们也举行了罢工，因为他们的老板们雇用了他们协会之外的人员。到了1850年，在墨尔本成立了巧石匠协会。

然而这些运动是散乱的，纯属非产业界人士孤立存在的社团活动。当时的情况不利于人们任何一种广泛联合，即使在特殊技艺行业也不例外。此外，还有主仆法的存在，根据这一法令，凡密谋提高工资或用其他方法改善劳工待遇的行动都是犯罪，要受到监禁处罚。主仆法这一名称本身就流露出封建意识，此法就是从封建意识构想出来的。淘金热前的澳大利亚，就是一个雇用劳工的人被强调地尊为主人的国家。可是，即使在更多开明思想盛行的英国，工人们要坚持自己为行业目的而联合的权利，也要进行艰苦斗争。1824年开始实施的法令（法国革命后废止了业已通过的种种镇压性法律）给了他们这一权利。但是，只要一见工人们有任何真实组团行动开始显现，那些被忘记被废止的法律就会被援用来反对他们。最能表明这一点的，莫过于闻名遐迩的托尔普德尔蒙难者案①。农业劳工中工联主义的发展壮大引起了拥有土地的利益集团一阵恐慌，但是在当时舆论激奋的情况下，要撤销准许工人拥有结社权利的诸项新法令已经没有可能。梅尔本勋爵或者他的顾问们却逆潮流而动，找出一项在诺尔发生水兵哗变时通过的关于秘密宣誓管理的旧法令，根据该法在1834年对多尔切斯特②的6位劳工进行处置，判他们7年徒刑，流放到澳大利亚。

然而，托尔普德尔蒙难者来到这个国家之后，并没有什么证据表明他们有播种工联主义种子的行为。因此，他们服刑期未满就得到赦免，返回英国。我们的工联行为与那同一村庄姓汉普登的其他人也没有关系，用J. L. 和巴巴拉·哈蒙德两人的话说，“他们在植物湾③岸边睡大觉。”法律的严厉产生了效力。在英国，在产业领域受挫的工人们，转而诉诸政治斗争，成了宪章运动的主力和生力军。在澳大利亚，一个个小团体控制经济状况的种种努力，很容易受到主仆法的抑制：在（19世纪）40年代，依据此法的多次诉讼都获得了成功。可是不久，就迎来了一场革命，通过非人类意志手段使社会结构发生改变，这一手段就是黄金的发现。

黄金的发现所引起的劳资关系或主仆关系变化之大，无论如何夸张都不会过分。单靠法律的自由化是不能如此有效决定经济之力的。在金矿这里，普通劳动者不但可以得到生活的自由和独立，而且容易赚钱和得到发财之机。这样的情况，至少对于那些抛下原有工作，涌进巴拉腊特和图伦河④边无数野营地的牧羊人、石匠和熟练印刷工人群来说，似乎就是如此。畜群被丢下无人放牧，建筑工地上干活的人突然走光，停靠在悉尼和菲利普港码头的所有船舰被弃水边无人照管。坚持原有工作的人，几乎没有谁可以分享这一突如其来的繁荣或兴旺，淘金者第一次发现自己的劳动是一种很有价值的商品，差不多可以支配自身价格的商品。牧场主们因此感到绝望。随着牛肉和羊毛价格飞涨，他们正在失去其保有的廉价劳动力。他们开始了实际行动，向政府提交请愿书，请求政府发布戒严令，绝对禁止人们的掘金行动。在他们看来，好像整个国家是一场大乱临头，作为他们权力之基的制度好像就要毁灭了。

在一定意义上，形势的确如此。经过各种冒险精神从世界各地涌进，经过自由平等思想变得普遍宽松，经过尤里卡事件中淘金人和军方的冲突，要想返回主仆法时代就再无可能了。但是慢慢地，经济形势开始了自身调整，再次变得对雇主阶级有利。沙金渐趋枯竭，采矿必须借助机械在深层进行，至（19 世纪）60 年代末几乎无人再可以留下来只靠使用镐和锹独立营生。

整体生活水平开始下降，巨大的新来人群遍及全国寻找工作，其中包括大批华人，1861 年维多利亚人口普查显示，华人占成年男子的 11%。正是惧怕被迫降至华人之经济水准，才使得金矿工人开始产生组织起来的想法。尽管华人缺乏任何工资标准和自身组织保护自己，但是他们依然不受约束地涌进澳洲，这似乎成了对金矿工人们的一种实实在在的威胁。

最早看出工联主义潜在价值和发展前途的人之一是克雷齐克⑤

的一位年轻矿工威廉·格思里·斯彭斯。他出生后一直住在矿区，很小时候就在贝克里山冈听过彼得·莱勒⑥演讲，目睹英国士兵们集合起来袭击尤里卡栅栏。成年后在不同行业干过活，决心打拼，但主要经历还是在矿区。他亲自尝过在狭窄矿道中流汗苦干的滋味，那里空气难闻，污浊得连蜡烛都点不着。为了改善工作条件，矿工们曾作过几次努力组织在一起。在各个人口集中地区已经成立了几个小的工会。时至1874年还在本迪戈召开了一次工作会议，人们在会上决心团结起来并在维多利亚混合矿工联盟称号下进行行动。可是该组织只是草草组成，且缺乏内聚力原则。其成员一遇其各自不满，诸如机器故障或通风不良得到满足，往往会背弃原有信仰或产生变节行为。在维多利亚，通过1877年出台的矿山与机械管理与检查法，才真正消除了新近深层采矿的各种最严重弊端。

直至1878年开始着手解决工资问题之时，斯彭斯才作为一位积极组织者置身工会运动，其后20年的工联历史和他本人的历史也就紧紧连在了一起。他精力充沛，乐观风趣，富有才干，具有做领导人的许多先决条件，尤其有资格领导那种需要日常勇气和智谋的运动。他一开始就认识到，工薪人群的种种不公正待遇单纯靠本地活动无论如何是得不到解决的。早在1869年的新南威尔士的多处煤田就有过工会组织，但是一旦发生冲突，雇主们就会比较容易地从外地招进“自由”劳力。斯彭斯的雄心是把所有矿工联合起来组成一个团体，包括金、银、铜和煤等矿区的工人，成立一个殖民区区际理事会，以处理重大问题并在需要时安排财力支持，同时让每个地区实行自治。对于那些接受过狭隘教育、眼光只限制在自己小圈子内、思想保守的工人们，斯彭斯进行了艰苦斗争，几年之后他可以看到这一斗争取得了某种令人满意的成果。混合矿工联盟在包括塔斯马尼亚和新西兰在内的每个殖民区都成立了自己的分支，从事各种矿业的所有人都联合起来了，起码是暂时如此。

在斗争过程中，斯彭斯自己的前程得到了确立。他以一种积极矿工身份置身工联斗争，可是转眼间他发现自己的名字进了黑名单，所有矿区都把他拒之门外。在那些日子里，对参与工会活动的人都实行了严酷抵制。斯彭斯把此形势视作必然之事（后来他说“此事的确给了我更大自由，让我作了令资本主义苦恼更多的人”），和几个伙伴在一家支矿干了一段时间之后，他便安下心来，决心扮演起真正鼓动者角色。比利·斯彭斯！（关于）这个名字，在矿工们和丛林汉们心中，有种民主又鼓舞人的东西。

时至1886年，他把注意力转到了畜牧业。此时之前，所有把剪羊毛工和丛林工们组织起来的努力均归于失败，因为这些人是一种流浪者阶级，一年中通常只有部分时间才受雇于大牧场，有时候为了从土地补充收入就经营小农场或在其老子的小农场干活，有时候他们又成了失业的矿工。他们在大牧场的工作条件糟糕透顶。尽管在地产业兴隆期间劳力不足，但是牧场主在西部的一些地区一贯保持着其原有支配权：牧场主虽然也许只是某家银行的代理人，可是牧场却弥漫着一种封建制气氛。这里有舒适的庄园及办公室，商店和一个又一个花园，看起来就像是政府所在地。在庄园之外颇远处是羊毛打包房和剪羊毛工住的棚屋，这屋子用石头建造又不卫生，绕墙是一排排架子床，中间常见一个泥巴水坑，是周期性降雨落进下陷的地板而形成的。整个地方笼罩在1846年制定的主仆法阴影之下。要得到一栏牲畜，剪羊毛工必首先签一纸固定协议，所得报酬充其量也就只是一百头羊，若工作不能令雇主满意，工资等级就会更低。决定工作满意度的只能是牧场主或者牧场主代表。雇工的所有必需品只能在牧场商店购买，这里的价格时常远远高于最近城镇中的通行价格。协议中的许多条款都令剪羊毛工很不愉快。其中一条就是：剪毛时只要有一点干得不好，所得报酬只能是“次等价”，甚至有些已被通过定为满意的活计，也被付给“次等价”。谁要是在下次剪羊毛前绕工棚传播其名以制造事端，就容易遭受处罚。

斯彭斯在巴拉腊特开始了自己的组织工作。牧场主们突然降低工资标准，这引起了那些定期去剪羊毛的矿工们的义愤，因此随时准备采取联合行动。他们必然会求助于斯彭斯，因他在混合矿工联盟的工作中表现出那么充满精力和积极主动。他们开会成立了剪羊毛工工会，并正式通过了有关宗旨和规则，此举又得以传播。在伯克和沃加沃加又成立了多个类似工会，一年后这些工会联合成混合剪羊毛工工会，包括了来自新南威尔士、维多利亚和南澳大利亚的成员，与此同时昆士兰的剪羊毛工们成立了自己强大的工会，批准了一项剪羊毛新协定，并立即开始了实施协定的斗争。

在其后的几年间，工联主义信条似野火般燃遍内地，点燃此火的是充满宗教激情的社会改革斗士们。在信仰虔诚者中他们宣扬兄弟之谊信条，同时惩处工贼和信仰不同者。他们很快创发了一种劝服技巧，而且此技巧效果非凡。他们对非工联主义者展开了游击战，个个骑马直接奔向牧场界外的一座棚屋，非工会成员们正在那里干活，而且还搭建了一处帐篷。到了夜间，他们就成了使者，从此处出击去完成其担任的思想转化任务。这种行动在多数情况下无非就是一种劝说他人的事情。这些人指的就是来自农业地区对工联主义一无所知者：这种劝说有时也用威胁和暴力兼有的施压办法。当时的工联活动组织者们对“只要目的合理，达到目的的任何手段均合理”之说都坚信不疑。他们相信，拒绝加入工会就是对工人阶级事业的背叛。他们一手拿橄榄枝（或叶）一手拿大头棒，或者也许最好可以说不管什么武器，工会证书是最有效的武器。斯彭斯本人和蔼可亲，爱与人和平相处，又坚信办事机敏圆通之益。而且，作为运动主席、财务总管和总策划，他不能够主张任何一种暴力。他计划和所有地区的大牧场主们实现和解，因此他邮寄传单和一本又一本工会规则给他们，并努力安排一次会谈。至于这些人中的最难对付者，他的感觉是，只是一个找出正当理由和适当时机的问题。然而他还暗自相信“水疗”法有时不免有用。因此他能够带着笑声给人讲述某些人的故事：让这些人在小溪再次入水后，竟然成了工联主义的坚信者。

总体上讲，混合剪羊毛工工会的早期成功颇引人注目。剪羊毛工们从工钱低的流浪人群和临时工变成了一个具有技术和组织力自豪自尊的有影响整体。他们现在可以通过和牧场主们重新签订协议确保改善工资待遇和工作条件并保有他们不受拘束的民族精神，因此对城市的工联主义起到了助推作用。这基本是个小小的技术行业事件，与那些行业会所理事会的联系并不紧密，尽管在 1884 年组成了悉尼海事理事会，并把与船运相关的不同工会连在了一起。而从 1879 年起就有人在做召开殖民区区际代表大会的努力，企图为工人运动制定出一项总方针。然而城市的形势并不利于工联主义的全国性发展。由于关税制度不同造成了各殖民区的差异：新南威尔士实行自由贸易制，而维多利亚却实行贸易保护主义，这导致了不同行业在各地有不同发展，同时也产生了不同生活水平。举例说，制靴业在墨尔本是重要产业，但是在悉尼几乎就不存在。就连这些孤立的小行业也因效忠某一特殊技艺的旧传统而四分五裂。有技术者不愿意为同一目的和技术差者联合是一个客观存在——“身价 10 便士的杰克”瞧不起“只值 9 便士的乔”（技术好一点儿的看不起技术差一点儿的）。有全国性特征和虽含糊却又全面的“所有工人皆兄弟”思想的内陆新工联主义，对于消除上述种种小分歧，起的作用的确是大大的。

但是，等待这一新工联主义的，有一种严重障碍。这一障碍产生在顺利之时，此时有一种人们随处可感的乐观扩展精神，对于工人们可以在各地组成团体的想法完全可以轻松对待或等闲视之。繁荣景象成压倒优势：贷款资金涌入广阔的农村地区：企业集团，乃至各家银行都在争做土地投机生意，它们的天时相对看好。一家大牧场的任何工作开支之增加都可通过在牧场多养些羊群加以解决。但是总体说来，牧场主们从未接受过他们一定要被迫雇用参加工会的劳工这一思想。对于拥有羊群的个体户施压，并让他们承受压力是不难的：说真的，这些人中的某些人也是赞同工联主义的。然而，那众多的大牧场就不同了：它们为不同的大公司所拥有，这些公司的利益不仅仅限于土地，因此它们不愿意接受它们所称的"工联主义者们的专断权"，尤其在天时恶化之时。时至1890年，它们组成了公司间的强大联盟，因此其后几年间爆发了澳大利亚有史以来最艰苦的产业之战。

这种产业之战，像大多数战事一样，开始时是小规模的。在牧场主联盟指导下，达令丘原的所有大牧场一致宣告它们今后只雇用非工联主义者。昆士兰澳大利亚劳工联合会便采取了针锋相对的行动：该会人士专门选定一家大牧场，若牧场主方不同意雇用工联主义者，他们就不允许牧场之羊毛在布里斯班装船外销。工人们首战告捷，但这次胜利不大，效果也未持久。牧场主联盟因出师失败，有点动摇并对未来缺乏信心，便开始联合其他组织，组成了一个全国性雇主联合会，并获得了强大财力支持。就这样，在年底爆发的海员大罢工中，工人们与雇主们都各自结成了组织，选择的争议点很重要——高级船员工会加入行业会所的权利问题。

产业澳大利亚的绝大部分都陷入了劳资间的斗争，并且在一开始就进行得残酷无情。高级船员们坚持良久一直要求和船主们一块儿开会。其要求遭拒之后，他们只好采取最后一招，加入工联主义者强大的主要团体：这一情况表明雇主们充分享有的结社权，他们也一定要拥有，不得剥夺。他们获得了部分公众的支持，包括维多利亚首席法官希金博森。在其他工联主义者战友中间对他们的同情是全心全意的：混合矿工联盟决定罢工；新南威尔士的剪羊毛工们，与其雇主们正在争吵，也进行了罢工；码头工人们一致同意凡是非工联主义劳工剪下的羊毛均不办理。由于对那些仍在做工的工会会员们实行了罚款，指挥官员们很快就掌握了大批资金的处置权，包括来自英国的数笔款项，因为在英国，澳大利亚工联主义者给伦敦码头工人的强有力支持，仍被战友们牢记在心。在与海边行业紧密相连的整整两个月的斗争中，罢工者们提出了租船并把这些船只配备工联主义者们进行操作等建议，但是都以均无结果而告终。由于还未出现一种可以处理这类任务的全国性机构，悉尼和墨尔本的那些地方委员会就只关心和忙于眼下的筹款事务。

显得最戏剧化的罢工斗争方式发生在西部地区，因为在这里剪羊毛工们和丛林工们已在各营地集结起来，组织得几乎和军事化一样。差不多人人都配有战马，其中有些人还配有来福枪，也就是在工作难找的淡季他们用作射猎袋鼠的枪支，他们被以前和牧场主们进行的多次冲突中形成的军团精神或团队意识维系在一起。胆小者或易受惊的人，一看到这些像游击队的一帮帮又瘦又爱打趣的丛林汉骑着马在农村地区四处乱窜，心中立即升起对革命的恐惧感，也就不足为奇了！有关远在西边发生的事情耸人听闻的报告不断向城市传来：从沿海派出的一车车非工联主义者受到罢工者们的任何一次袭击，各种报纸就会不遗余力加以利用，把袭击报道得淋漓尽致；在印度的不少老先生或有身份之人纷纷写信来回忆他们在哗变中的亲身经历。尤其是那些军事长官们的行为，就好像形势已经到了危急关头。墨尔本的汤姆·普赖斯上校已处于备战状态，以防星期日下午在一个公园举行的公民大会可能会出现意外，他警告手下官兵切勿朝天举枪，务必“朝低处开火和把枪陈列一旁”；布里斯班的里卡多少校，在向被组织起来向西部待发的远征军演讲时，用拉丁语式的做作语言说：“先生们，勇向前，捍卫你们的家庭与家园。”这看起来就好像只需一个火星就会突然促成一场大火般苦难的阶级战争。

形势变得对罢工者不利。不管雇主们是否故意选择过时机，形势已经开始有利于他们。他们的繁荣期突然来到：街上尽是失业人群，出现了劳资冲突中可被他们利用的一支消沉的临时工大军，罢工渐渐归于崩溃。航海业高级船员们请求被船主们接受为一个独立的团体，支持他们的一个个工会不得不承认其全面失败。

不过，在昆士兰，几个月后因更多使用暴力，斗争形势突然加剧，因为这时为成功而沾沾自喜的牧场主联盟试图强迫实施削减工资协定并一味坚持"合同自由"。西部地区再次出现了游击队搭起的星罗棋布的帐篷，这种行动是由各个工会组织和准备的。在这些集结一起的工人和从南方召来的破坏罢工者们之间的冲突相当猛烈。整个气氛就像一场内战。宣誓就职的特警们来了，一支军事独立小分队被派到克莱蒙特⑦。但是在整体上，西部各地区的舆论是支持工人的。在一个小镇，店主们和商人们自动认捐给工人们买武器，这些认捐者也许有自己的物质利益考虑，因为光顾他们商店的人主要是丛林工人而不是那些大牧场的人，把他们主要依靠的人的工资减下去，就会影响他们自己的生意。然而，在发挥作用的还有其他因素，比如在广大农村地区盛行的民主精神便是其一，这一精神的形成部分归因于威廉·莱恩的著作和演讲。莱恩这位激情满怀的记者之影响遍及整个内地：他的人格和文章有着一种魅力，足使人们受吸引。他停办《布默兰》（或意译为《飞去来器》——译者注）这一刊物之后，又办起了《工人》，一种公开宣称以忠于创建一个乐于合作的联邦国家为宗旨的报纸。

莱恩告诉工人们："你们不只是罢工者，你们是在旧澳大利亚废墟上建起新澳大利亚的先驱。"

但是很自然，这一斗争不是以纯粹的理想主义而进行。一方展示力量即可促使对方发起暴力事件。黑腿（或罢工破坏者）们的受护车队遭到袭击，工人们也会因此成为自愿或不自愿的俘虏被带回营地。放火烧工棚或烧牧草的事也偶有发生。在一处出现军事示威，然后在另一处马上就有工联主义者们的集合行动，然后就有人骑上好马在安静小镇悠闲地沿街巡行，一直行到平原边缘人们看不到的地方。这景象令当地所有人觉得有趣，也许警察和报社记者的感觉不是这样。当时的政府在一开始就把工人们在营地集合的行动看作对自身的威胁，故决心充分运用权力相当大的法律予以镇压。1886 年出台的昆士兰工会法完全以 1871 年出台的英国法令为基础，虽然确定了有关集体交涉和谈判的种种权利，但是要与刑法修正条例联系在一起使用，根据此条例，可以对人施加严惩，设置纠察、恐吓、干扰或者监视与围攻。

法律在有地位运用它的任何掌权者手中都是一种驯服工具，因此在整个国家凡是卓越的工联主义者都因“阴谋活动”罪名而被捕，他们常常是身戴镣铐，从很远的地方被带到拘禁地，流放制的污斑似乎再次被涂上公众生活。在人口集中地区之一的巴卡尔丁，罢工委员会的成员们在被私下审判定为 3 年监禁之后又被命令找保人。当时的政府几乎没作过任何掩盖其偏爱的尝试：以直接站在牧场主们一边的姿态介入争端。比如在巴卡尔丁，警务司法官仅仅因为报告说在营地那里的工联主义者们是守法的就被撤了职。取代他的特派治安官接到的电报指令是：“不要磨蹭，要使用精力，即使引发流血也不可泄气。”

这一法律的滥用并未得到司法系统最高层成员们的赞同。在维多利亚，正像我们已经看到的，首席法官希金博森早在海员大罢工时就已捐出一笔罢工资金，并宣称他将继续他每周都要捐资的行动，直到工人们和雇主们一块开会的正当要求得到满足。在昆士兰，首席法官查尔斯·利利在处理一件上诉案期间强烈反对工会法，称之为一个骗局和一个圈套。

他说：“在整个行业联合史上，自始至终，法律总是被用作帮助主人而非仆人的工具。”

可是他这种客观心境和态度并未影响到多数下级官员，他们依然做着政府的积极代理人，正常上班。有几次，他们甚至在行动上与牧场主联盟狼狈为奸。

斯彭斯有言：“每个地方法官和警官都明白：他们的提升全赖于找个借口把工联主义者们弄入监狱的作为。”

为了表明官方态度，他还援引一位治安法官因被人看见与工联主义者有牵连就被除名一事作为例证。

（19世纪）90年代初这些大冲突的后果就是导致了工联主义转向，改走了另外一条路径。造成其失败的原因有多种。原因之一，也许是决定性原因，就是其斗争被迫发生在因产业经济不景气造成了全国大批失业人群的储备之时。产业状况不佳：成群结队的穷人充斥各个城市，随时准备抓住任何一种工作机会。再则，工联主义者们不像雇主们那样具有全国规模的组织，也不像雇主们那样要处理的复杂问题较少，因此可以集中采取行动。但是，对于工人们来说，其失败的最明显原因是政权机器反对他们的方式。因此，他们开始思考如何夺取政权的问题。

工联主义发展的一个时期就这样结束了。它最勇敢的一些先锋人物已经身陷囹圄；另外的人因心怀不平而怨恨难消，便沉迷于威廉·莱恩的在巴拉圭建造新澳大利亚之梦。运动的猛力已经减弱，这种猛力是它情感力量的一部分，也是把它推向全国的推动力，又是引导大批工人以兄弟情谊精神团结起来的力量。在那些早期年头里的工联主义曾焕发出一种创造激情。它影响了不少人，尽管这些人与它特有的目标没有任何联系。因它顽强坚持"伙伴情谊"，它便创下了一种传统，并使这种传统在民族性格上留下了明显的印记。

斯彭斯不属于那批被工联主义者们为积极获得政权立即推入议会的人。他把自己的组织才能贡献给在全国建起多个劳工同盟，这些同盟对于奠定候选人选举和政策制定之基不可或缺。只有到工联主义者们开始送自己的代表进入议会之时，他们才认识到他们的政治和经济思想是多么模糊。以四海之内工人皆兄弟的信仰团结在一起的工人们，一遇自由贸易或保护主义诸如此类的问题时便开始分裂。一种"缺乏学说"的社会主义，可能以新教（徒）的方式，由每个人根据自己的精神启示⑧进行解释。议会中已经出现种种背叛情况，首先一例也许就是矿工领袖约瑟夫·库克了。与此同时，虽然国内工作条件已经改善，但是工资标准在下降，“合同自由”正在被牧场主们和大雇主们强行实施。工联主义那些年的唯一收获在于通过几次全国性代表大会的召开而逐渐得到自身的巩固，为了这一巩固斯彭斯曾不懈工作，并坚信正是缺乏一种集中指导才导致了其现场失败。

1897 年，他作为科巴尔⑨代表进入新南威尔士议会，这一任职直到 1901 年他被选入首届下议院才停止。但是作为政治人物，他的成功并不引人注目。有一种人，其重要性只靠自身参与的事件来决定：斯彭斯就是这种人之一。在绝对意义上他无权要求人承认他伟大，然而他却给前来为他画像的汤姆·罗伯茨⑩留下了深刻印象。

罗伯茨事后说：“与普通人相比，他有一个额头更高的脑袋：一位劳工人，因而也是一位爱读书的人……他认为他那个时代最伟大的思想家是赫伯特·斯宾塞⑪。”

一位劳工人，因而也是一位爱读书的人！这就是一种特征，一种把他和罗伯茨在当时所画的其他杰出人物区别开来的特征——而非和他自己的同事相区别的标志。

他不像莱恩那样身上有一种先知者火焰般的热情；另一方面，他也毫不具备休斯和霍尔曼⑫两位人物的政治手腕。但是，在使工联主义成为全国一大力量的运动中，他比任何其他人都功不可没，一个重要时期也随着他的去世而告终。

注 释

① 托尔普德尔蒙难者案：来自英国多塞特郡托尔普德尔村的 6 位农工，因计划组织工会而于 1834 年以主持非法宣誓之罪名被判处 7

年流放澳大利亚殖民地的刑罚。这一严厉裁决引发了大规模抗议，两年后 6 名农工获得赦免，得以离开澳大利亚返回英国。

② 多尔切斯特：英国多塞特郡首府。

③ 植物湾：在悉尼南面不远处的小海湾，是英国航海家库克船长首次登上澳大利亚大陆的地方，亦译为“植物学湾”或“博特尼湾”。

④ 图伦河：麦夸里河的支流，长约 110 千米。

⑤ 克雷齐克：澳大利亚维多利亚州名镇，人杰地灵，位于墨尔本西北方向 126 千米处。

⑥ 彼得·莱勒（1827—1889 年）：尤里卡金矿矿工起义领袖。

⑦ 克莱蒙特：亦可音译为“克勒芒特”，昆士兰州小镇，在布里斯班西北方向 1 113 千米处。史上多次发现黄金等富矿并遭洪灾，周围农业亦很富足发达。

⑧ 精神启示：亦称自我开启或灵光，即基督教徒们认为上帝在人的灵魂中产生的指引力量。如新教徒的伦理观念中认为人只有通过勤劳和节俭才能获得成功，就是一种精神启示。

⑨ 科巴尔：新南威尔士州一城镇，位于悉尼西北方向约 700 千米处，根据土著语音译，意为“红土地”，曾因金矿和铜矿闻名，农牧业亦颇繁荣。1981 年人口为 3 500 多人。

⑩ 汤姆·罗伯茨（1856—1931 年）：全名为托马斯·威廉（汤姆）·罗伯茨，出生在英国，13 岁时到澳大利亚后先后在墨尔本和伦敦学画，最后成为有影响力的画家，并创立了有名的澳大利亚画派，在澳大利亚所有美术馆都展有他的画作。

⑪ 赫伯特·斯宾塞（1820—1903 年）：英国哲学家和社会学家，认为哲学是各学科原理的综合，将物竞天择理论应用于人类社会，从而创建了社会达尔文主义，并创造了“适者生存”（survival of the fittest）这一名言，著有《综合哲学》《生物学原理》和《社会学研究》等，他的思想在世界上有广泛影响。

⑫ 休斯和霍尔曼：分别指澳洲政坛上几起几落颇有政治手腕和

斗争经验的两位有名人物威廉·莫里斯·休斯（1862—1952年）和威廉·阿瑟·霍尔曼（1871—1934年）。前者曾任澳大利亚联邦总理达8年之久（1915—1923年），在第一次世界大战中和战后的澳大利亚政治生活中起了很大作用，在巴黎和会上为澳大利亚国家利益据理力争。后者在政界先后担任不同要职，如新南威尔士州总理、澳大利亚下议院议员等。

14 高级教士：莫兰大主教

爱尔兰奥索里大主教帕特里克·弗朗西斯·莫兰于1884年被调至悉尼教区之时，他发现此教区弥漫着一种教派积怨随处可感的气氛。这种气氛有其惯常的起因：关于宗教教育正在进行着一场大争论；几年前出台的帕克斯公共教育条例规定对教会学校不再实行公费资助，此条例的思想基础是：从今以后，新南威尔士教育必须是“世俗的、义务的和免费的”，尽管对第一条和第三条理解存在着巨大差别。关于第一条“世俗的”不能只从字面理解，因为宗教团体仍可得到允许对其教徒们在校期间作出教育安排。“免费的”这第三条的意思是：对于每个学生只可征收小笔费用，即每家应交费每周不得超过1先令。可是，原来负责管理教会学校的教育委员会必须撤销，关于小学教育的全部任务则转交公共教育部之手负责完成，此部在一位主管部长直接控制之下。

这一变化在罗马天主教徒们之中激起强烈反对。对于以前的制度，他们是不满的，他们对制度一次又一次攻击，实际上成了制度被废除的部分原因。旧有的1866年出台的中小学条例（现已被取代）曾规定建立非宗教性公立学校，但又规定根据指定条件资助教会学校，条件之一就是教会学校的教师级别、教科书和必须遵守的纪律一定要和公立学校是一样的。这一条例没有令非信教者们满意，因为他们争辩说教会学校不应得到公款资助；可是，批评这一条例“最尖锐”的人仍是罗马天主教徒们。

沃恩大主教大发雷霆道：“1866年条例是不可改变地要毁要完的，我一贯认为它就是一种不幸的妥协条例，我将为它被废除之日热情欢呼。”

如此毫不妥协的态度令帕克斯感到困惑，因为他在任何情况下都是完全支持妥协的。他一直反对教育非宗教论者：他因为自己成长的英国背景，而坚信有点宗教未必不是一件好事，只要不是把宗教太当一回事就可以。每当教育问题提上议会（1875年曾有迪布斯提出宗教与教育分离论动议），他总是祈求宽容和接受现状。为什么要像这样提出注定要搅乱公众感情的问题呢？为什么不放弃惊扰，好好顺其自然呢？对于像大主教沃恩这种人的好斗心态，他实在不能理解，沃恩公然宣称：“符合逻辑的观点只有两种：要么罗马，要么唯理论；要么罗马天主教，要么就什么宗教也不要。”

当大主教开始大反公立学校，对于容忍非宗教教育国家的未来大放厥词，抛出可怕预言之时，帕克斯则被激怒到无以复加。这一切都意味着什么？除了为教会学校要财政补助，这个人还想要什么？他对罗马深存心底的不信任逐步浮上心头，并开始溢于言表，竟说什么“贪心通过对孩子教育以满足超越父母权威的神父心态”，他因此决定站在宗教与教育分离论者们一边。这一决定的结果，就是1880年公共教育条例的出台。

总体上说，这一条例得到了新教教派的欣然接受，即使废除拨款之类使其遭受了损失。可是罗马天主教徒们对此条例的感受全是怨恨和痛心。他们抗议说它是压迫和不公：因为他们的原则要求是使其教会学校继续存在，然而为了维持公立学校他们却同样要交税。对于在学习期间可以对其教徒进行宗教教育的种种安排，他们则轻蔑地予以拒绝——他们认为，在一个学校的整体氛围中一个不是绝对存在的宗教，则是毫无意义的。新教育制度的精神实质是非宗教性的，“在非宗教性制度占统治地位的地方，一个孩子学到的，更多的可能是名词的派生之类而非基督及其权威或戒律”。

在一个对于大胆断言主张罗马天主教思想还未变得习惯的社会（自一位天主教神父在悉尼被麦夸里驱逐出境至今几乎还未逾60年），提出罗马天主教的任何要求都会激起反感。帕克斯曾提出一个又一个反问：为什么一定要把社会上的天主教儿童和其他儿童分开？多年后他们必须混合在一起，相互联系，负起日常生活之责：难道他们不应该作为公民学会团结，比其他任何考虑都要优先地去促进他们自己国家的整体利益吗？但是，此时的社会环境仍充斥着有欠理性的奇谈怪论。比如，就有奥兰治会（奥伦治会）①正在煽风点火，试图煽起绯衣妇②正在沉睡的仇恨之火。还有沃恩大主教，竟把新制学校比作旧制学校的酷刑架，“因为新校是人类发明的最有效工具，可以把天主教信仰非常缓慢又几乎是神不知鬼不觉地挤出天主教人群的灵魂”。时至1891年底，一位议员和罗马天主教徒迈克尔·菲茨帕特里克逝世，仅仅因为他曾坚决支持公立学校制度，据说竟被拒绝给予基督教葬礼仪式，结果引起一场公众轰动。

这就是莫兰大主教1884年到达悉尼，接替死去的沃恩到其新教区就任时所碰到的气氛。在新教区这样一个地方，到处是一片纷纷扰扰的民主喧嚣，在街上，在媒体，均不断进行着争论，吵吵嚷嚷，甚嚣尘上。这地方给他的感觉很可能是既新颖又难为情，因为他度过的大半生都习惯了一种更为隐蔽的环境。他1830年出生，很年轻时就去了罗马，在那里的爱尔兰学院接受教育，该学院的院长就是他的叔叔红衣主教卡伦。他还未到教士年龄就得到特许，被破格委任为神父。接下来的12年，在罗马的几所教会学院先后担任不同要职。他勤奋好学，许多时间都在大大小小的图书馆度过，研读爱尔兰和宗教早期历史。在罗马，他吸尽了精英空气——自信，稳健，笃信基督——甚至在他回到爱尔兰之后，他仍然过着一种几乎远离普通人生的生活，因为整整6年时间他从未离开过为叔叔卡伦红衣主教担任秘书的职位。在悉尼这里，他必须作出全新的调整，因为这里是个既自由又自在的社会，人们基本上不信仰罗马天主教，对于宗教要人也不必毕恭毕敬，而且还进行着一场有关教育的令人不愉快的争吵。

对于争吵这件事，新来的大主教在内心的深刻感觉和他的前任是一样的；但是在脾性上和接受的训练上，他和沃恩大相径庭。他与生俱来的爱尔兰好斗脾性已被他在罗马的长期生活磨去了棱角，变得温和，他的人生格调也在罗马得到了调节。即使在争论最激烈之时，他也懂得对话有益，谈判有助，而进行任何鲁莽攻击都无济于事。加之，他对教育有着实实在在的兴趣：他认为，这种争论并不仅仅是个确保正确的宗教训示作为学生们的基础训练问题。问题在于人们对教育的宗教方面关心太多，对教育的质量关心太少。为什么人们发现在这个国家非熟练劳工阵营中天主教徒的人数是如此之多，而在那些重要岗位上他们的人数又是如此之少？在警察队伍中，在苦工营，在大承包商的劳工队里，在开酒店开酒吧的人群，在码头，在出租车辆停车处，在遥远的内地筑坝工地或修栅栏现场，罗马天主教教徒的人数都是多得几乎数不胜数。

他写的首封教牧信③中说："实际上，凡是一到那些工时长、气候恶劣、劳动技术差、舒适条件少、报酬低的地方，你就会发现这些可怜的同胞们。"

为什么会这样？可以肯定地回答说，是因为缺乏一定的训练和明确的目的。他们父母把他们拉扯大为的就是干这些，再无更高要求。

这种情况无疑给帕克斯一次略含恶意的谈话增添了道理：他说及驻贝里马④监狱罗马天主教教士林奇神父曾向身为主管部长的他抱怨说英国国教牧师的薪水高于自己的薪水。帕克斯履任不久曾陪总督到此监狱视察。他给了神父一种百般辩解的回话，说什么他从未考察过这种问题，可又说什么他猜想上述薪水之差可能是因为英格兰圣公会牧师代表人数更多的团体造成的。林奇神父生气地说："也许是吧，可是只根据外面的数字作判断并不公平啊！我自己的人在这里所占比例可比他的人多得多啊！"

对于这位履新的大主教来说，他最先必做的工作似乎就在教育领域。对于财政资助情况，他与沃恩同样不能接受，然而公众对资助形势的兴趣在减弱，对此形势展开新攻势的时机尚未成熟。与此同时他能够做到的只能是在他的权力范围内对学校进行持续监管和改革以提高教育水准。他到达澳大利亚后只有几个月，社会威信就提高了。原因是这时他被其终生朋友利奥十三世召到罗马，并封他为这个最新教省的红衣主教，授予他枢机主教职位。这件大事引起全国高度关注，因为此前的澳大利亚从未得到过如此之高的荣誉。各种报纸广泛评论，并引起人们的某种好奇。比如，在各公开场合新封红衣主教穿戴什么？他该如何装扮？回国之后，他踏访各海港城市之时，所有的政府大厦和总督官邸都会向他敞开大门。因为与他首次登上新国土地之时相比，他这位人物已经是更加引人注目了。

于是，他自然而然利用其新地位去加强其宗教的权力与影响。为了建设他心目中多所孤儿院、医院、学校和神学院，一定要大宗大宗地去筹款，还包括悉尼大教堂自身的完建。这个被大火烧毁的建筑物，它的地基是塞里⑤神父负责建造的，建造的地方被认为是人们最早做弥撒的旧址。大火后建起来的几乎还算不上一个丑陋建筑物：墙壁低矮，尚未完成，顶上是堆放的镀锌铁皮以挡雨水。未过多久，大主教的一大批建筑项目就开工了。在曼利⑥建筑着圣帕特里克学院，“为的是为本地训练神职人员”，还计划在蓝山建造另一所神学院，最终目的是培养大批传教士以奔赴太平洋各岛屿与地区。还有其他各种机构的组织工作有待进行。如果教派仇恨能够得到遏制，诸如此类的所有工作则可彻底完成。

“澳大利亚的最大需要是保持和平和公民之间的和睦与善举。要开发其资源，完善其长处，需要所有人共同努力。争斗、分歧与不和导致的只能是澳大利亚的毁灭。”

在这位红衣主教影响下，宗教上的种种偏见与偏执实际上得到了缓和。因为在处理非宗教事务上，他能做到说话足够委婉，办事方法足够得体，管控了自己原本的好斗脾气。他频频接触自己宗教之外的人群，乃至结交朋友，对公众之事保持着热情。为庆祝高坛⑦落成并启用，于 1888 年在圣玛丽大教堂召开了宗教仪式大会，这标志着他的调和之策的一次胜利。由于他在宗教方面的贡献，澳大利亚成功举办了民族百周年庆典，参加庆典的有 6 个殖民区的总督们、法官们、内阁阁员们和多数职业的代表们。他的宗教声誉在社会各界得到提升。光临庆典的还有时髦人物卡林顿勋爵和辞藻华丽又娴于辞令的达利：前者对云集于庆典的主教们毕恭毕敬，后者在教士们和政府官员们之间担任着联络人。此情此景，与麦夸里时代相比，似乎已是大相径庭。第一位传教士被麦夸里视作受蔑视之人。麦夸里对巴瑟斯特勋爵控告说这最早来的传教士正在诱惑他手下的驻兵信奉罗马天主教教规。

莫兰大主教在政治上，和比他早的约翰·邓莫尔·兰一样，通过弹奏民族调，调动随时引起所有澳大利亚人共鸣的种种感情，可以把自己的声音传到他直接接触的自己的教徒圈子之外。他虽是爱尔兰人，但是他在罗马这个具有国际视野的环境中度过了自己很长时间的年华，使他熟知其他信仰与教派。而澳大利亚的天主教徒们，处在他们自己的神职人员单纯的爱尔兰爱国主义浸染之下常常感到很不耐烦。看起来似有讽刺意味的是：这些神职人员老是抱怨自己身边的“殖民主义”态度，然而又总在设法用自己对另一个国家的怀旧情绪和他们关于“老恋友”和三叶草（即爱尔兰国花）的深情怀念去感染其堂区居民们。诸如此类的行为的纯粹意味，就是用一种殖民主义取代另一种殖民主义。

在一天早晨的圣餐场合，受到这样一位宣传者骚扰之时，一位名叫奥沙利文的内阁阁员反驳道：“我对爱尔兰没有特殊责任，因为我是一个澳大利亚人。”

这种把自己的最大忠诚给予祖国的冲动在社会各阶层都在提升，并经过《公报》杂志的文章得到了加强，这些文章对橙宗（爱尔兰新教徒）和绿宗（罗马天主教徒）都进行了冷嘲热讽，把宗教分歧视为海外种族争执的遗物。人们感到，是忘掉博伊恩河战役⑧的时候了，罗马天主教并非只是一件爱尔兰事物这一事实应该加以强调。要做到这一点，在大众看来，需要的是一位在爱尔兰之外有广泛联系之人。能做到这一点的，没有任何人会比莫兰大主教更合适，因为他的国际联系明确又固定。比如，1905年他被召到罗马参加选举庇护（或比约）十世教皇的天主教教皇枢机会议。

他对澳大利亚的影响逐年加强，也可以反过来说，是澳大利亚影响了他。他接受的教育没有任何可能让他产生广泛的人类同情，也不可能亲密接触民主思想。有一次在圣帕特里克节⑨集会上，W.A. 霍尔曼善意嘲笑他，说什么要不是他有了澳大利亚生活阅历，他怎么也不会转而信仰爱尔兰所实行的地方自治，此话也许一点不假。他早年在宗教圈度过，在这样的圈子里爱尔兰土地问题或政府问题是不会令人烦心的，民族爱国主义的火焰在罗马修道院是不会燃亮的，红衣主教卡伦给他的出身背景只会使他因循守旧或思想保守。爱尔兰的等级制度与迈克尔·达维特或土地同盟⑩的激进者们几乎没有共同之处。可是，一到悉尼，莫兰大主教就立即投身社会，这个社会的主要生活就在政治方面，在这个社会中既不能够无视世俗问题，也不能避开当前问题。社会本能在他身心中已被唤醒。1890 年爆发了海员大罢工，他和其他任何人一样都深陷其中，他耐心研究罢工的各种问题，多次与罢工委员会一块儿开会，多数人都知道他的同情是在民众一边的。罢工人群沿学院大街往领地公园游行途中，在大教堂外停下脚步，为“我们的朋友红衣主教”发出三声欢呼。

他对罢工者们表现得为什么这么友好，自然是有正当理由的。在他来澳的第一年他就发现，他自己许多同胞的社会地位都在工人阶级之中。工人们在以前的工人运动中与任何宗教都搞不好关系，因为宗教总是充当他们工联主义的绊脚石。然而，除此之外，他本人的思想也在沿进步路线转向，这种转向是在他考虑到他移居入籍国家的种种问题之后发生的。这些问题包括：建立适当的陆军和海军，创办二次产业，鼓励民族精神。在这些问题上，他和《公报》杂志激进的年轻人没有什么大差别。虽然联邦国家几乎尚未明确成型，但是为此国家提出的建议已经为数不少。1896 年在巴拉腊特为此召开了一次会议，他应会议主席之邀在会上发表讲话。

他说：“在当前这场伟大的联邦运动中，和你们站在一起的是澳大利亚所有殖民区满怀深情的民众和真心爱国的澳大利亚子孙。这就是我们的现实，我愿为此现实以我某种卑微方式作证。”

后来，他同意自己被提名为参加 1897—1898 年会议的候选人。虽未当选，但他的这次被提名，正如官方人士事后证实的那样，使广大民众明白了这样的事实：联邦国家问题不但近在眼前，而且意义重大，并非仅仅是政客们的一时头脑发热。

他自然地有了一种政治意识和不少冲动，并非有意与他本人教派中比较富裕成员们的意识和冲动背道而驰。关于这一点，的确是证据多多。在利奥十三世关于社会主义的著名教皇通谕问题上，已显现冲突情况。在以悲痛心态看待工联主义高涨、（19 世纪）90 年代产业大动乱和工人阶级逐步夺取政权等事态的那些人看来，通谕成了一种武器。社会主义在工党看来，成了其自称的目的：这是不可否认的。即使该词还未深入政治争执，然而在劳工的一切宣传中它是早已有之。就是这样在虔诚人群中，大量的混乱争执被教皇通谕激发了出来。难道它是权威话语，又不受从罗马接受了观点的那些人良心的约束？人们还可以援引另一条通谕，说什么“只要不对任何人构成不公，任何自由、自治的社会均可为公众福利随意制定任何法律”。可是，红衣主教自己的显然得到其权威支持的喉舌，在关键时刻却开始使用通谕措辞，以达到从劳工阵营和工党那里吓跑罗马天主教选民之目的。

它或许令这位红衣主教身陷窘态，他立即公开面对之。前面说及的喉舌，他客观地说，已为宗教做了大好事，但是这一次却有严重过失。教皇的表态并不适于工党的和平合法改革，认为它适合之任何看法都是错误的。因而，从今以后，该圣化的喉舌每次论要都要经过细心监督。

他业已成为一位受敬重人物。尽管他缺乏雄辩口才（他的声音又令他大失所望），但是，他说出来的话却很有分量和影响。新闻界人士发觉他是“好的新闻素材”，总是把他保持在公众视野。在当时民族生活中，像他这样引人注目的名人实在不多。而且不管怎么说，对于那些不怀私己目的又不恶意扭曲他之言论者，他是一位平易近人的红衣主教。他也是普通人，通人性，能轻笑，一个玩笑可以使他全身都得到享受。

不过，他主要关注自己的宗教发展，也是自然的事。他广泛出行，献身于各地的大教堂，足迹遍及巴拉腊特、本迪戈、古尔本、巴瑟斯特、霍巴特、利斯莫尔、墨尔本和罗克汉普顿等城市。最早的传教士杰里迈亚·奥弗林神父当年播下的芥子或在这块沃土上留下的一种大有发展前途的小东西，已经获得了惊人的成长。莫兰大主教对宗教在澳大利亚的发展史亲自进行了追踪，查考了不同发展阶段，对于任何可能引起更深刻看法或开创传统的内容，他都予以强调。开始存在的是先驱奥弗林，一位令人费解又几乎是传奇性的人物，一个老流放犯所称具有“我听到的最甜最快爱尔兰谈吐”之人，可是在另外方面这个人却未成为得到上帝恩典的理想工具。他是爱尔兰人，但属于法国西多修道会，年轻时被派往西印度群岛传教，由于和修道院院长处不好关系，做了几年不能完全独立的工作之后，在遭受怀疑的情况下回到了罗马。正是这样一个人，听到了新南威尔士罪犯殖民地的召唤，那里缺乏神职人员。传信部[11]对他的神学知识作了考核，虽然他对神学学说有点生疏，但是被判定为足以适合做传教士工作，同时赦免了他可能招致的一切指责，将他录取为不受教规约束的神职人员，并获得了一小笔拨款以开启自己的事业。

虽然奥弗林行事迅猛，但是他一开始就不顺利。巴瑟斯特勋爵不允许他乘船去悉尼，其根据是他不识字，也许这纯粹是个借口。因为几乎不能把他的英文拼写水平差作为测试他文化水平的标准。他的母语是爱尔兰语，而且又多年被迫使用印第安语和英国法语相混合的方言作为他的日常用语。不管如何，官方禁令并未能阻止勇敢的奥弗林，他到了悉尼，出现在吃惊的麦夸里面前，向这位总督陈述己见，指出在殖民地罗马天主教教徒人数众多，包括自由的和服刑的，都被剥夺了其宗教的所有神圣权利和职责。虽然他遭到冷遇，他还是愉快地坚持工作，直到怀疑他有煽动性言行（说什么“我同样发现他对第48团官兵做着破坏活动”）的麦夸里命令他返回英国。然后他逃难到一个名叫威廉·戴维斯的罗马天主教的虔诚教徒家中，得以成功藏身，在一个疏于防备的时刻，他终被麦夸里的几条大警犬发现，才被送上开回英国的航船。

在威廉·戴维斯的屋里，剩下的圣餐食品还未来得及处理，奥弗林就被急速偷偷弄到了船上。这一历史事实引起了戏剧性传说。说什么在这个屋里，足有两年时间，全悉尼的罗马天主教徒们都来进行祷告，剩下来的圣餐食品后来也被人吃了，但是，究竟被塞里神父吃了，还是被从来访的一艘法国军舰上来的一位教士吃了，无人说得清楚。不管怎么说，像波尔丁主教所云，“那神圣的圣餐颗粒，人们发现时还是新鲜的，可以说没有任何腐败迹象”。因此，罗马天主教便开始了它的澳大利亚之旅，并产生了一种硕果累累的传统，多年来，这一传统也成了遍布全国的小教堂中人们作了无数次讲道的起因。除此活动之外，还有为数不少的遗物。保存那圣餐食品的柏木柜子的一部分被人做成了一个小小的圣体盒陈放在皮姆布尔的慈光会修女的祈祷室里。柜子的另一部分被加工成帷幔，用于地处曼利的圣帕特里克学院的圣坛。仁爱会修女们保存着圣餐盒的丝绸盖。阿德莱德主教座堂中主教的宝座是用戴维斯家中的柏木梁制成的。

在一个充满虔诚和想入非非的环境中，奥弗林这位人物的形象已经变得高大，高得犹如一棵活生生的大树。然而，究竟把他视作是殉难者还是圣者，却有困难。毫无疑问，麦夸里对待他的态度实在残酷，曾为其一味轻信（轻信是对他行为最仁慈的称法）感到内疚，因为他对当局的报告说奥弗林曾企图使他手下的驻兵改信罗马天主教，通过对驻兵许诺用自己的某种法术给他们治病的做法达到目的。然而，奥弗林自身有一种不稳定性格，又缺乏磨炼和训练，还有一点冒险家的味道。这些缺点在他早年生涯中已有表现，他被抓走时不经意间把圣餐食品毫无防备地留在房间，后来又从未明提这件事。

在澳洲也许存在着一种更古老的传统的资料。红衣主教到澳洲很早的时候，他的想象力就开始了围绕德·奎罗斯[12]的航海而转悠，老在思考着这位西班牙航海探险家发现的是他认为的南方的一块大陆（即澳大利亚），而很难相信德·奎罗斯抛锚过的海港是新赫布里底群岛的佐勒托：德·奎罗斯描述的情形与佐勒托大不相同。描述中有广阔的深水海域，两条河在那里入海，其中一条足有瓜达尔基维尔河[13]一样大，沿海有群山，河口有大岛。这一切一点也不像佐勒托，而是非常像澳大利亚海边的的柯蒂斯港[14]。为什么托雷斯（托里斯）离开其首领之后，一定要穿越以他命名的海峡而直航马尼拉呢？这分明是他从柯蒂斯港出发的航路，而绝不是从新赫布里底群岛。就算对于德·奎罗斯航海日志中记下的纬度，也不必看得太认真，因为那时的航海家为了迷惑其他国家的对手们故意把自己发现的地方给出错误位置，也是常有之事。

在莫兰大主教出访罗马期间，对上述之事认真思索，查阅了不少图书馆中可以找到的一切文献。最终使他确信其构想是完全无误的，可能就是在格拉德斯通[15]发现深埋沙中的一门老黄铜大炮。把大炮弄干净之后，炮上的“圣巴巴拉，1596”这行铭文便清晰可辨，这足以清楚证明，大炮来自当时沉没的一艘西班牙航船。除了德·奎罗斯之外，还会有谁到过那些水域？他开始倾心于自己的理论，并随时准备通过口头或笔头满怀激情地捍卫之。1899 年 10 月在格拉德斯通海边一个选定的地点，主教们和其他知名教士们汇聚一堂，聆听他布道，这种布道具有坚定的信念，一个人完全视为理所当然的信念。

他说：“差不多 300 年前在这里，进行过澳大利亚国土上第一次弥撒。西班牙部队就在这里聚集：西班牙王旗迎风招展，重炮轰鸣，舰队教士们庄严汇聚，齐声祈求上帝赐福给整个澳洲——这一福祉业已结出累累硕果，这硕果在此大地儿女们身上各方面都会看得清楚，如在其美德，在其智慧，在其奉献精神等方面都无不如此。”

他之后的史学家们做了巨大努力和苦心研究，长篇大论、连篇累牍地写出著作，都证明他的理论毫无价值，都表明德·奎罗斯不可能踏足澳大利亚沿海土地。然而，甚至连历史也会给痴心妄想留有余地。人们不无疑心地认为，他们中的一些人受到英国人和世俗人士观点的影响，对于西班牙人在这里首次着陆这一说法是不愿意持肯定看法的。他们不想让关于这种首次弥撒的构想成真，而莫兰大主教的愿望正好与此相反，他随时准备竭尽脑力，运用巨大智慧为其构想提供根据，正如他亲口所言：

“世间最宝贵最美好者，莫过于受到真理启迪之人被陶冶出的才智。”

注释

① 奥兰治会（奥伦治会）：原文 Orange Lodge 或 Orange Order，是爱尔兰的一个社团，尤指北爱尔兰的新教政治团体。

② 绯衣妇：新教徒用以指责罗马教会的贬称，可能指罗马教会，或非基督教的罗马，出自基督教《圣经》的《新约·启示录》。

③ 教牧信：原文 pastoral 或 pastoral letter，亦可译作“牧函”或“教会信”，是主教写给所有牧师或其教区所有成员的一封正式或公开信件。

④ 贝里马：新南威尔士州一城镇，在悉尼西南方向 137 千米处，早在 19 世纪就建有法院和监狱。

⑤ 塞里（1790—1864 年）：出生在爱尔兰的罗马天主教神父，为在悉尼修建圣玛丽（教区）大教堂（1821 年）他曾慷慨捐资。全名是约翰·约瑟夫·塞里（John Joseph Therry）。

⑥ 曼利：悉尼近郊一处海滨旅游胜地，到悉尼中心城区也只 10 多千米。

⑦ 高坛：教堂内圣坛周围供牧师等神职人员和唱诗班使用的地方，此处常以台阶或屏风与中殿隔开。

⑧ 博伊恩河战役：博伊恩河在爱尔兰。英王詹姆斯二世和威廉三世的支持者们于 1690 年在此河畔进行一次决战，以前者失败而告终。支持威廉三世的爱尔兰新教徒在此战之后的每年 7 月 12 日都要庆祝其胜利的周年纪念日。战场上还立有 150 英尺高的纪念碑。

⑨ 圣帕特里克节：爱尔兰人节日，在每年的 3 月 17 日，圣帕特

里克是爱尔兰的守护神。

⑩ 土地同盟：1879年为争取佃农权利建立的爱尔兰组织，采取的措施包括联合抵制任何人接管逐出佃户的农场；1881年的土地法案满足了该同盟的诸多要求。

⑪ 传信部：归属于罗马天主教，1622年由教皇格列高利十五世创建，主要负责对外传教事业，亦译为“传道总会”，由红衣主教组成，全称Congregation（或College）of the Propaganda，简称Propaganda或the Propaganda。

⑫ 德·奎罗斯：航海家，出生在葡萄牙，在西班牙的航船上任职，据说于1606年到达过澳大利亚。

⑬ 瓜达尔基维尔河：流入大西洋的西班牙南部河流，全长675千米。

⑭ 柯蒂斯港：在昆士兰州东海岸，靠近南回归线和南回归群岛，离柯蒂斯岛很近。

⑮ 格拉德斯通：昆士兰州中部东海岸城市，澳大利亚重要海港，赴大堡礁旅游中心，靠近柯蒂斯港。

15 地质学家：埃奇沃思·戴维

1893 年，埃奇沃思·戴维教授写过这样的话："在像这样一个新国度里，地质思想，像其他分支思想一样，不但一定要新，而且必须要强；虽然这思想源于那些历史较长的国家，源于那里人们更成熟的知识，但是它一定要自由流动，还必须在自己冲成的条条水道中流淌。"

这句话是埃奇沃思·戴维这个人的典型体现，是标志他个性的大胆与沉稳相结合的典型体现，也是构成他人生模式明显差别的典型体现：这差别不在别处而在他行为冒险和日常教学之间。他性情传统，然而又是一位天生的科学家，这就是说，他是一个既容易幻想将来又容易幻想过去的人，又是一个相信思想一定要"自由流动，还必须在自己冲成的条条水道中流淌"的人。他对科学的一贯要求是必须让科学为其利益追求知识，不必考虑直接的现实利益。这并不是说他仅仅满足于书房和实验室构成的生活环境。生活中有多少不测事件，他就有多少个人冲动，正是这些事件与冲动构成了他的人生，一种行动和构想完美结合的人生。

1882年，他以助理地质勘测员的身份来到新南威尔士，这位威尔士年轻人，当时身体虚弱，对于自己一生主要要干什么，几乎还没有什么确定的想法。他度过了一个颇像梦境一样的青年时代，涉猎文学和哲学，到家乡附近地带的多处有趣地方参观朝拜。可是，吸引他的却是到一个新国度干实际工作的念头，因为他从来都没把地质学想为是对死东西和时过境迁东西的研究；况且，露天生活也是他身体健康的必需。

幸运的是，他真的得到了他最充分的需求。他获得的差不多算是第一件严肃工作，就是调查亨特河畔的多处大煤田。这项工作意味着他要长年累月地风餐露宿，过一种丛林人的普通生活，学会独立营生，也要学会总体上适应他所移居的国家。可是，他经历的日子也许并未变得较之前痛苦，因为他刚刚结婚，年轻的妻子硬是要坚持与他同行，照顾他的需要。

在白人定居澳洲很早之时，在纽卡斯尔就开始了采煤，在纽卡斯尔西北不远处的梅特兰地区好几个地方也在采煤。可是，这些煤田的发现均属偶然，这和不少新国家的情况完全一样。既然开拓阶段现已过去，对各煤田进行科学勘探以了解煤田范围自然成为必须要做的。戴维完成了沿海岩壁的多处岩石层考察工作之后，对于该地区在昔时的存在状况开始有所了解。在他看来，他清楚的一点是：所有的煤层原来都相互连接，由于地表运动，推动煤层上移，也许升高数千英尺，于是地面上形成了圆丘。经过极长地质年代的风化，磨损了丘顶和相互连接的煤层，然而这些煤层的痕迹一定会在丘底发现。要确定这些痕迹的位置并把它们图示出来，只有对周围地带进行仔细调查。

这种调查工作用去了他日后多年的大部分时间，也是因为他这一工作才使得他得以为国家发现多个巨大财源。然而，他一心所想的从来都不是已成矿产部主要关注的经济地质学。

在最初的激奋随着实际工作渐渐流去之时，他又回到昔日的原本信仰，即科学就是为其利益而追求知识，就是像他曾说过的，为照亮巨大未知环境中越来越多的领域而建起一座又一座灯塔。物质利益可以获自科学家们这种充满激情的活动：那也好，因为这些物质利益成了无意中可贵的副产品。可是，如若科学只把物质利益作为自身全部目的，那它只能走入死胡同，如同出卖了自己神圣的动力一样。

1891年当有人给他提供一种大学任职，他有了用自己对无私公正工作的激情鼓舞学生的机会之时，他因此深感欣慰，便是自然之事了。在对梅特兰地区矿工们讲话时，他发现他有吸引听众之能力，这使他有了信心。他需要的这类学生很快就不断来到他的讲堂——人们自然会想起格里菲思·泰勒①、F. R. 布朗和莫森等人。戴维灌输给学生的是一种观察的习惯，一种在野外连续工作的习惯。他总爱说："要是人们能学会更多地观察而非如此之多地去搞理论，那该多好哇！"他满足于自己静静地研究化石和岩石层以获得有益于实际的知识，这种知识可以在以下的诸多方面开花结果或得到发展：一是澳大利亚的地质学建设；二是满是沙洲的大海，这些沙洲曾覆盖过大海的中心位置；三是金伯利地区的火山爆发，爆出的洪流曾奔向东和南两个方向；四是火山爆发后的冰川期，这样又往后经过若干地质代后才到上新世②。

戴维能够推广地质知识又不让这种教育需求影响他创造性工作的纯粹性，这不能不说是他的一种令人高兴的本领。澳人的幻想容易为地质学理论所激起。或早或晚从事矿业的人是如此之多，这如此之多的人又不得不对与他们日常工作相联系的诸多圆丘和地质背斜进行理论说明。也许可以说，这种地质学观点和其他任何学科观点一样，有助于扩展人类思维。澳大利亚的人类历史固然短，然而它的地质历史却长得惊人。

意外的是，埃奇沃思·戴维的下一项工作竟使他离开澳大利亚一段时间。1896年，伦敦（英国）皇家学会为珊瑚研究委员会出资，旨在派出一个远征考察队赴一个珊瑚岛挖洞以确保对礁脉结构的进一步了解。这个考察队选择埃利斯群的富纳富提③为开挖地址，其主要目的是要挖成一个长长的珊瑚岩芯，由于挖到105英尺深时再往下挖不透了，所以这次开挖未获成功。翌年，已成委员的戴维忽然想出组织第二个远征考察队的主意，并开始了筹资活动。因为他已有的声誉，资金很快就到手了，这资金部分来自皇家学会，主要来自悉尼市公民和新南威尔士政府。戴维获得了大学当局批准，离校去负责考察队工作。

在这么遥远的一个地点，工作起来通常是很不顺心的，许多困难都要面对：机械零件随时都会坏掉，需要临时更新；在工地干活的当地人根本不懂自己在干什么，因此常常需要给他们打气。可是，在诸如此类的情况下，戴维总是保持着最佳心态，最终的结果应该是最重要的。一连几年，关于环状珊瑚岛构成各种理论始终存有争议。珊瑚有机体，正如人们熟知的那样，在一定深度是无法活动的。然而，大洋中部的深水区竟然升起许多礁石。对此如何解释呢？达尔文的解释是陆地下沉理论：他认为每个这样的礁石就是被埋没岛屿的纪念物，珊瑚开始在岛周围浅水中活动、生长，直到堆积起来形成大块，最后逐渐下沉。埃奇沃思·戴维考察工作的结果，为达尔文的这一理论提供了支持。经过千辛万苦或许多不幸遭遇，考察队终于获得了成功：挖到一千多英尺的深度，把挖成的多个完整岩芯送到伦敦，在那里经过检查，在最深处发现了浅水有机体。

戴维在富纳富提的研究工作为他赢得了国际名声和许多荣誉，包括英国皇家学会会员资格。他对珊瑚礁的调查比以前的任何一次同类调查都更彻底，超过了当年达尔文本人的期望：那时的达尔文曾诚心希望某位富得流油的百万富翁能够在太平洋和印度洋诸环状珊瑚岛开挖，把在500~600英尺深度切削成的多个岩芯带回家。

埃奇沃思·戴维这样的成绩虽然大得惊人，但是与他的主要人生路径相比，不免有所偏离。于是他又返回更为严肃的日常教学和野外测量工作。他在亨特河地区的工作尚未完成，他对冰川期的兴趣仍是始终不渝。他把自己的空余时间几乎全部用于对悉尼附近地带的多次考察之旅。他尤其关注科西阿斯科高原，对那里昔日冰川作用证据的发现，以及对远古时代描述的完善，这种持续不断的测量活动给他的教学带来新意，令学生感觉耳目一新。

他过去教过的一位学生说："教授讲课中总有他刚观察到的新东西，它使得我们和他同样机敏和兴趣盎然。"

他对去南极探险的主意如此着迷，也许就是因为他对冰川期的种种理论一直是全神贯注。1906 年，在墨西哥城召开的国际科学代表大会上，他宣读的论文引起了巨大反响，激起了关于富饶煤系④形成之前南半球国家冰川结构的大量评论。翌年底前夕，开始了海军上尉沙克尔顿⑤将赴南极的传闻：乘的小船名曰"宁录（或好猎手）号"，目的是要驶向南磁极。戴维欣然接受了探险队一同前往的邀请，他一如既往，精力饱满地开始了筹款。联邦政府提出给他拨款 5 000 英镑。在正式讨论此事之时，反对党领袖据报道曾说："若戴维教授说他想要这笔钱，那就不必再讨论下去了。"

这足以说明，他为从事无私工作所建立的声誉，在众人乃至政治人物们心中，留下的印象是如此深刻！

就这样便开始了他人生事业蔚为奇观的部分，即使把他更为持久的成就排除在外，这一部分也成了他人生引人注目的焦点。如是说也许是把它强调过度了。以人类的任何观点看，他在南极留下的纪录都有一种迷人之处。他乘"宁录号"离岸之时，已人到中年，业已半百，头发斑白，精瘦结实，但显体弱，他生活习惯于以一种温和的方式因陋就简，但不习惯旷日持久的困苦艰难，况且他又一贯晕船。若说他能勇敢顶得住南极恶劣气候之严酷，不是因为他的体质因素，而是因为他的品质因素。首先，他生性就有一种亲和力或友善。他能够像沙克尔顿所说“吸引鸟儿从树枝飞脱”。他的耐性和勇气似可防多变人生中接触的任何不快刺激。在他身上，甚至还有更多人品中的正能量。他强烈的求知欲，他对科学难题的全神贯注，可以使他忘却自己身上的各种不舒服。还有他的意志和毅力，则像一种经久耐用的工具，几乎可以在不经意间发挥作用，像钢一样坚强，像钢那样可靠。

他领着一小队人首先爬到埃里伯斯山的火山口。这座威严的高达 13 000 英尺的大山，高耸屹立，离罗斯岛西边不远，也是在 1841 年，成了罗斯那次难忘航行激动人心的终点。在邻近这座大山的地方，虽然有过几次探险，但是从来没人到过这座山。对埃奇沃思·戴维来说，这烟气腾腾的火山口，似乎就是一种对个人的挑战，要征服它就是一种危险的冒险。可是，经过 5 天吃力攀爬，不怕寒霜刺骨，也不怕将人弄得几乎茫然的暴风雪，他带领的登山队，最终到达火山口边缘。这是一个显著成就，但主要的是一种有价值的训练，在接下来更加艰苦的工作中会发挥作用。

这个成就，从科学观点看，是这一冒险行动之最重要部分：这支由埃奇沃思·戴维、莫森和麦凯组成的小小探险队，要做的是对沿海进行总体地质考察，特别要进行地磁观察方可决定磁极的倾角与方位。探险队按沙克尔顿的教导，沿岸边的海冰行进，最远要到达德里加尔斯基冰川。从冰川那里，若情况有利，就越过高原驶向内地，以图抵达磁极本身。这样做，就意味着数月的艰苦旅行，意味着对戴维领导能力的一次严峻考验。他的幸运在于他有莫森和麦凯二人做伴，这两个人和他同样都忠于非个人目的，而且都对他无限信任。

探险队取得了圆满成功。3 个人都不得不争分夺秒加紧工作，因为磁极被弄明竟在比他们预期更远的内地，而且他们还知道在来接他们的“宁录号”船靠近基地海岸之时，他们若赶不回在德里加尔斯基冰川的基地，他们就会身陷危险。然而庆幸的是，磁极方位已经探明，返程也做到了准时或基本准时。他们精疲力竭，饿得半死，正盘算着他们到达过冬之所的可能性，计划着在实现此可能之前，他们要沿岸挣扎，持续步行之时，来自“宁录号”船的一声枪响，打破了他们身边长久的沉寂，驱散了他们对以灾难告终的恐惧。

沙克尔顿曾鼓励埃奇沃思·戴维延长他在南极的时间，但是后者因为未向大学当局请假就离校这么久而感到某种内疚。然而返校后他才发现他没必要觉得不安。他是一位受众人爱戴的英雄，主要是因为他的光临，沙克尔顿探险队的功勋才得到巨大关注，也是因为他，一个腼腆、谦卑的教授，一个极地探险家的明显素质几乎不被人看到的人，其个性才抓住了澳洲大众的心，令他们幻想连连。他的大学因磁极发出的光芒而熠熠生辉。对于戴维从教室缺席之举持宽容之心，自然不乏正当理由。

再往后到了第一次世界大战的最后两年，他又从学校缺席了一段时间，这段时间离服务科学更远了一点。1915 年底媒体公布联邦政府提出要组建和装备一支地质学家和坑道工兵特种部队到大战前线服役。这一决定的提出很有可能是受到了戴维本人的鼓励。他对大战的反应和普通公民同样强烈，只是他心中“无论怎样，四海科学家皆兄弟也”之感情使他的反应有所缓和罢了，而德国对于这一点的认可比大多数国家都更清楚。由于他反复表述了这类情感，不免使得一些人对他爱国心的真实和可靠性开始问难，他也因此吸引了本地巫医们的注意，而巫医们闻出了反对国家的煽动性气味。1914 年召开科学代表大会时来了一些德国科学家，他对这些科学家是否特别友好？他是不是说过战争正好是展示科学友好纽带之力的大好时机？于是，一件丢脸的事情发生了：那就是新南威尔士州政府竟然指使自己的警察对这些小报告展开调查。

可是，等到他带领地质学家和坑道工兵组成的这支新部队开赴欧洲之时，就连那些巫医们也一定是满意的。他人生的这部分不需要任何评论。在欧洲，他勇敢面对危险和艰难，表现出他面对南极暴风雪时同样的精神。毫无疑问，他已证明自己不愧是一位优秀军人。然而那些稍欠卓越的人士所选择的阵地大概是筑掩体和挖雷坑，或者是去判明德国碉堡所用混凝土是用沙制成的，而这种沙是采自斯凯尔特河⑥越过荷兰边境非法运来的。

埃奇沃思·戴维的人生要事，是他50年如一日以清醒的头脑和勤奋的精神去探测澳大利亚的重要地质特征。他人生的主要工作都记录在他的绘图里和他挤时间写出的众多书籍和文章中，使他跻身于开拓者之林。

开始时他就说过："在像这样一个新国度里，地质思想，像其他分支思想一样，不但一定要新，而且必须要强。"

他似乎没有很想调查其他分支思想之感，他不属于用独特眼光看身边世界又生性爱创造的那类人。尽管他有一种科研型头脑，但是他的思维方法和感情方式均为传统型，在他专注的学科之外的大多事情上，他接受的都是时下流行的看法和意见。年轻时的他虽然喜欢诗歌，可是后来又像其他教授们一样，养成了从沃德豪斯⑦的一篇篇小说中寻求新鲜和消遣的习惯。

他留在澳大利亚的痕迹具有重大意义，令人起敬。他身后留下的绘图和研究，并非他给我们遗产的全部。还有他的学生工作，为了这一工作他倾注了自己客观追求知识的全部激情。他的影响和成就也许打开了大众的思路，使之认识到在国家经济发展中科学能够产生的非凡作用。在他最早进行讲座之时，法勒就受到鼓舞从事小麦实验，冷藏术也正在变为可能，还有巴斯德⑧的同事和外甥卢瓦（尔）医生已被新南威尔士政府从法国请来，正在创办地处罗德岛的他那重要的研究机构。

注释

①　格里菲思·泰勒（1880—1963年）：澳大利亚著名地质学家、地理学家和作家，先后在悉尼大学、芝加哥大学和多伦多大学任教授。他和F.R.布朗、莫森等人一同赴南极探险和考察并取得丰硕成果。

②　上新世：距今地质年龄在200万~500万年之间。包括冰川期在内的成冰纪（Cryogenian）距今约为650万~850万年之间。全球地质年代分为宙、代、纪和世。如，上新世属于显生宙新生代新近纪（新第三纪）。

③　埃利斯群中的富纳富提：埃利斯群即后来的埃利斯群岛，其中“群”为地质学概念，群岛为地理学概念，此群岛在西太平洋，属于大洋洲，1976年后改称图瓦卢；富纳富提现为岛国图瓦卢的首都。

④　煤系：“系”是地质学概念，即年代地层单位的第三级，小于“界”，跟“系”相应的地质年代叫做纪。煤系就是在这种地质年代形成的煤层。

⑤　海军上尉沙克尔顿（1874—1922年）：出生在爱尔兰，英国皇家海军上尉，曾奉命多次赴南极探险，在最后一次探险途中因突发心脏病逝世。全名为Ernest Henry Shackleton。

⑥　斯凯尔特河：发源于法国北部，在法国叫埃斯考河（Escaut），经比利时，在荷兰注入北海，全长432千米，或译为“斯海尔德河”。

⑦　P.G.沃德豪斯（1881—1975年）：英国作家，1955年加入美国国籍，创作包括小说和剧本，尤以幽默短篇小说闻名，塑造了上层阶级人物及其仆人等人物形象。全名为佩勒姆·格伦维尔·沃德豪斯（Pelham Grenville Wodehouse）。

⑧　巴斯德：全名路易斯·巴斯德（Louis Pasteur）（1822—1895年），法国化学家和细菌学家，创造了加热消毒法并在免疫技术方面进行了开创性研究。

16 农业科学家：威廉·法勒

在有白人定居的第一个世纪，澳大利亚不仅不能生产出足够的小麦以供出口，而且必须常常进口粮食才能养活自己，这是真实的历史，一个令人不可思议的事实。早期移民迟迟发现不了澳洲土壤的潜能，传统思想和科学似乎也同样支持这些移民的守旧看法。世界的所有天然产粮地都在北纬地区，难道这就是铁定的事实？去过巴瑟斯特附近一片片开旷平原的查尔斯·达尔文，不是站在那里早就预言过那里的人永远不能种出麦子来吗？多种原因造成了我们的农村经济天平老不向农业倾斜的现实。早年的牧场主们掌握着政治和经济大权，一直为努力争取土地的农民们设置障碍，这还不是唯一的原因。就算有农民得到了一块好地，他也得不到有利发展之机，因为他的产品不得不依赖有限的国内市场。他的日子难以预料，他的农耕方法通常粗放且马马虎虎。训练有素的农艺师或粗通农活不只是“用锄轻触壤土”之理的人，在早期移民中的比例毕竟不大。急于使农村有人定居的各级政府，时常思考的就是：只要把外来人口丢在新地方，听任他们自便，就足够了。这种决策，在一定意义上说，是“奏效的”；新到的人向邻居打听一下，获得了一些一知半解的知识，就住了下来，与自己的租用地不离不弃，设法养家糊口。可是，这样第二次创业，通常成了一个既浪费又原始的事情。这种“小”农所过的生活是衣食不足、颇不安全的。他往往会成为一种类型，一种众人说笑话的题材：他是斯蒂尔·拉德①及其模仿者们之“爹”，也是多次旱灾和他自己懒散的可怜又可笑的牺牲品。只有到了现代这一步，能够将水果、肥羊肉和乳制品船运至海外出口，农业才能开始发展，有所繁荣，才能用繁殖和饲养优质毛绵羊所投入的智力去从事农业。

然而，小麦在海外的营销并不依赖于冷库的发现。出口决定于剩余产品的存在，像羊毛一样，从白人来此定居最早的时日，情况就是如此。现实是：这里没有剩余小麦。在内地东南部和西澳大利亚这一大片地方的年降雨量虽然只有10~15英寸，但是极适于小麦生长。被称作小麦地带的这片地方，根据不同专家和权威资料估算，足有2~6亿英亩。这里的降雨不仅有规律而且对小麦有益，降雨时间主要在4~10月之间（这里的秋天至春天——译者注），即小麦生长期；空气干燥，收割时节气候稳定。土壤在总体上也非常适宜于种植麦子。自1842年里德利在南澳大利亚斯特尔特鼓励下发明了剥离机以来，已经做出很大成绩，促进了成本低廉的生产。发明剥离机的目的，无非就是为了收获长在地上成熟了的粮食。R. B. 史密斯在1876年发明了开荒犁②，使得新辟土壤的耕作变得较之前容易。与此同时，为了适应澳大利亚农民的特殊需求，人们还制造出“联合农用机”（合中耕机和条播机为一体）和收割机。

在一个多世纪的时间里，我们自己种的粮食几乎不能自足，那么是什么造成了我们在小麦生产中如此这般落后？部分原因，自然归罪于内地运输之因素。在小麦地带各地区尚未全部通火车之时，在还没有引进载重汽车时代，人们认为用人力车和畜力车运粮食作物，只要是超过10多英里，就是无利可图之事。但是，主要原因实际上是人们普遍忽视农业才导致了小麦生产受损。人们重视的是形形色色的畜牧业。这些畜牧业，不管怎样，所有交付的，只是从海外借款到期后所应付的国家利息。人们能够预料的，也许就是他们会一直这么做下去。而农民呢，几乎得不到任何科学知识的帮助，基本上处于独自面对旱灾和作物病害难题的困境。

1889年，在小麦种植业发生了一件类似危机的事情。那一年春季异常潮湿，小麦扬花阶段，气候湿润温暖，成了滋生锈病的有利条件。至年底，锈病造成的损失，据估计总共已近300万英镑。因为在小麦地带的锈病一旦形成，它就很难根除，前景看上去绝非光明。维多利亚殖民区政府召开了一次小麦锈病工作会议，参会者除各区农业部门的官员外，还有其他对小麦种植有兴趣的人士：尽管会议本身没有取得重要成果，但是却引来了一位富有首创精神的农人闪亮出台，这不失为此会的一大作用。他在论文中说他已经“有4年时间都在实际关注着小麦锈病这一课题”，并在地处兰布里格的自家大农场进行着一次又一次实验，兰布里格离昆比恩不远。

这位农人就是威廉·法勒，他正是受到忽视的小麦产业急需之人：一个天生的实（试）验者，一个训练有素、具有科学头脑并对小麦兴趣盎然之人。来澳大利亚时他虽年纪轻轻但是健康欠佳，一心只想买一个羊牧场，同时还想获取某种“殖民地体验”，并在一个牧场主家当过家庭教师。后来又做生意，可是在一次投机买卖中他赔了钱，逼得他只好放弃养羊之念，转而从政，于是在1875年他通过了考试，成了一名持照勘测员。他的爱好和天赋一直在数学方面：在剑桥时，他在数学荣誉学位考试中拿过优胜者名次。到1885年他最终退休，在自己的大农场安顿下来后他便像孟德尔③曾做过的那样，开始了自己的实验，尽管直到晚年他才对孟德尔的工作有所了解。他如此安排退休生活，也许就是自然之事了。

可是，他对小麦锈病的兴趣被激起之时，似乎早在退休之前。他有一次说过，有关抗锈病的系统杂交主意最早是在1882年想起的。那一年，在和《澳大拉西亚人报》的论战过程中，该报顽固认为这样的杂交不可能成功。此时的法勒，仍然身为勘测员，对农业还不具备实际知识，他对此事的关注实际上仍停留在智力阶段，并非出自个人实践。但是，在他身上，和在所有科学家身上一样，有一种客观求真欲，这种欲望使得解决难题成其报偿。他寡言拘谨，乐于报纸争论胜于社会交往。但是，他偶然开弓进入了《澳大拉西亚人报》之争论，就不易有抽身这支回头箭了，他也因此为自己找到了一生事业最重要的工作。

1898年，他受新南威尔士农业部聘用，出任小麦科学实验师。他忠于职守，积极实干，一直任职到去世之日。从1890年开始到1896年，每年都召开小麦锈病工作会议，每次会议上法勒都是出众人物，宣读论文，参加讨论，无一例外。他就是以这样的方式，变得为那些当权人士所知，也为将成他同事者们所认识。至于他自己也是欣然受命，因为这一任命能助他扩展自己的实验范围，虽然工资不高他也不计较了。他任职后可以到各地区去，在巡游中观察各种小麦和土壤，弄明在某种特别的土壤上最适合何种小麦生长。在以前，研究小麦只限于个人业余爱好，现在他可以动用农业部的一切资源从事自己爱好的研究。

法勒早期的多次调查向他显示，抗锈病能力具有多变性，可通过人工培养而增强。他的第一个小麦品种博布斯（其杂交麦在他受任农业部那一年培养而成）四五年后就被农民们大规模种植。可是他心之所思并不仅仅限于锈病问题。任命他的条件中规定，他必须继续并扩展其前任科布博士进行过的多次实验，旨在发现小麦新品种，这些品种不仅能抗锈，而且要具有良好的易磨性，还要能适应各种气候，包括潮湿的沿海地区和内地干旱地带的气候。从总体上讲，澳大利亚小麦质量欠佳，旱灾、病害和粗放的农耕方式都对之产生了最糟糕影响。它特别缺乏面粉黏度，而磨面粉者又把这种黏度视作最被推崇的特点，因为这一特点与面粉的面包烘烤质量和韧性攸关。大约在法勒受命于农业部一年前，签自法国政府的一项协议规定面粉黏度的百分率不得低于9%——这与当时新南威尔士所产最好小麦相比，还高出1%。因此这对他又构成了一个棘手问题。

要培养成一种抗锈谷物，障碍之一就是磨面者们的陈旧观念。这些人比较喜欢加工当时普遍种植的品种——又软又白的麦子，这些麦子在磨坊中的习性为这些人所熟知。法勒一心想培养出的小麦品种，所出面粉具有硬而韧的特性，而保守的磨面人对这种特性持有明显的偏见。正是因为这些磨面人要改变抗锈性才成为小麦锈病会议的多种努力均归于失败的最重要原因。可是到了1896年，磨面人不得不进口小麦以满足地方消费需求，而进口来的小麦原来几乎全是含又硬又韧面粉的品种。磨面人只好调整自己的磨坊机械以适应这种小麦的特有结构，也只好调整自己的认识，承认此类型的小麦很有可能适合澳大利亚实际这一事实。

没过多久，法勒的实验为澳大利亚麦农打开了更加充满希望的前景。他的小麦新品种（博布斯、回交羊、澳联邦④）正被广泛播种且成果最令人满意。然而，他仍然是位拓荒者，所用工具通常都不够完善。比如说，重要的是他必须能够获得有关少量样品（一般不超过几盎司）的磨面质量的可靠信息，以获知他的小麦新品种经过两三个季节之后的整体收获。如何进行实际操作呢？他还没有帮他解决问题的那些微型磨，可是他的一位足够幸运的朋友搞到了几部滚轧机，就是那些可用于磨碾出少量全麦面粉的东西，又得到悉尼一位磨坊主的帮助，他们制成一盘小磨，可以很好地模仿大磨进行操作。这样磨出的面粉缺乏一流结构，也没有磨坊产品的最佳状态。但是，他们可以因此弄明几点有关面粉韧性、黏度、颜色，以及麦麸、细糠和面粉比例等的重要信息。

在野外工作中，法勒依照当时比较新颖的设计思路进行着实验。这些思路完全基于和动物世界相比拟的情况——若不大相似的雌雄动物双方相交配，生出的小动物的某些特点几乎全部来自一方，只有少数特点来自另一方，而大多数特点是居中的。双方差别越大，所生后代的变异就越多。这样若拿100为例，法勒说："从此数目中我们期待有一两个——就说一个吧——它能以很高的比率，可能像它们的双亲所具特质的高比率那样，继承了我们所寻求的肯定来自双亲的那些特质。"

接下来就是确定理想品种的问题。在这个问题上，法勒似乎运气颇佳。

1905年，他给剑桥教授比芬写信说："你在信中言及确定品种这个令人可怕的老问题。确定品种这个事，在过去的12年或14年中，没有给我带来任何麻烦。根据我对孟德尔遗传理论的了解，我似乎觉得，我那些年对于确定品种这件事所进行的思考导致我出于一切现实目的去采用孟德尔理论所表明的最佳分类原则……我可以肯定地说我并没有依据过孟德尔理论。"

法勒所做工作的科学性是专家们要研究的事情，可是他工作的实际成果却受到了每个人关注，首先是质量问题。法勒开始其实验时，澳大利亚的小麦，如前所述，明显缺乏面粉黏度，在新南威尔士收成的小麦，最佳黏度仅达8%，而今的小麦面粉黏度百分率，在干燥年份竟高达12.9%，极少会低于10%，这一进步再加上法勒完成的其他改进，已经对出口贸易产生有利影响。昔日与其他国家相比，我们的小麦在世界市场上的售价曾经是每夸脱要低2~3先令。而现在，我们国家和其他国家在小麦出口价上可以平起平坐了，而且还多次高出这些国家的出口价。法勒所做的这一工作事实上为自己国家的小麦价值增加了数百万英镑。

在提高生产率上，他的工作同样重要。由于澳联邦、堪培拉和其他品种的广泛播种，全国每英亩平均增产至少为两蒲式耳，这是最重要的增长。这一增长在许多情况下都代表着利润数量，已经吸引农人们去扩大自己的耕地面积。小麦地带的局限已被突破，得到扩展。这一形势最终会否成为好事还是一个问题。在较为干旱的地区，土地本应被保护不垦以防沙漠化，可是在实际上大概已遭破坏。这种廉价农耕的可能和机遇已经导致最肥沃的地区变得极其落后。这些地区的一个个农场不是被分小，而是通过集中在变大。每当农场进入市场，它就会被相邻的富有农场主们买去，耕作变得越来越粗放，造成人口流失，地方贸易下滑。可是，在一个拓荒范围不断扩展、土地政策为既得利益集团所掌控的国度，所有这些转变和异常现象均不可避免。

法勒的工作对国家的影响是多方面的。它刺激了科学农业，加强了政府部门和农民阶级对用现代方法处理土壤问题的关注，甚至还改变了农村风景的色彩，特别是维多利亚北部的色彩，那里以前是小麦旧品种的一片浅金色，如今已为澳联邦品种的深褐色所代替。它还使小麦非出口国澳大利亚的地位得到整体提升，一跃跻身于掌控世界市场的小麦出口四大国。

这个为人低调谦逊的法勒，对于自己作出的贡献很是心知肚明。但是，人们从未见过有关他专门自称有功的任何记载。他对人生的态度，似乎从未离开过客观求知精神，作为新一代农民的开拓者，他就是用这一精神，在自己的居住地兰布里格，对那些长在自己小麦叶子上和穗子上的土灰色和红棕色孢子进行了调查和仔细观察。

注释

① 斯蒂尔·拉德（1868—1935年）：澳大利亚小说家阿瑟·霍伊·戴维斯（Arthur Hoey Davis）的笔名，他生于昆士兰，不到12岁

就开始独立谋生，在农牧场干过多种工作，后来在政府部门供职，弃职后创办了《斯蒂尔·拉德杂志》，长期致力于笔耕，因写自己熟悉的乡村生活而闻名，主要作品有《在选地上》（*On Our Selection*）、《我们的新选地》（*Our New Selection*）、《桑迪的选地》（*Sandy's Selection*）和《重返选地》（*Back to Our Selection*）等。这些作品主要描绘早期定居者所遇到的土地贫瘠、食品匮乏和气候恶劣等种种困难，同时也写出了定居者的幽默开朗性格和百折不挠的毅力和勇气，他笔下的人物多用夸张手法写成，有时近乎漫画化，引人发笑。

② 开荒犁：澳大利亚英语词，在刚清除树木和灌木的地面上使用的一种犁，可在树根和树墩上升降而过进行犁地的农具，发明在澳洲内地拓荒时代。

③ 孟德尔（1822—1884年）：全名为格雷戈尔·约翰·孟德尔（Gregor Johann Mendel），奥地利遗传学家，孟德尔学派创始人，原为天主教神父，他从研究豌豆开始，然后发现遗传基因原理，总结出分离定律和独立分配定律，提供遗传学的数学基础。

④ 澳联邦：在法勒研究出“澳联邦”这一小麦新品种时已近1901年澳大利亚联邦（The Commonwealth of Australia）成立的时间，“联邦”思想（Federation）已是人心所向。

17 作家：亨利·劳森

“劳森是位艺术家——这一认识，即便在他的澳洲读者中也未完全达成共识。这些读者特别深切欣赏的，是劳森小说中的本地题材和氛围，但是他艺术的深藏力量尚有待揭示。”这是埃米尔·赛伦斯教授的几句话，写在劳森作品法译本的序言中。

遗憾的是，25 年过去了，所写的这段话中的情况至今没有改变。在国人对劳森的评价中一直存在着某种有欠理直气壮和丢人现眼的东西。我们总是喜欢把他看作家庭生活中的白痴和直觉中的笨蛋，一种在国内也许被视作通人性甚至又讨人喜欢的笨蛋。可是他却不适合满足外界人们爱挑剔的眼光。尤其是他那些粗布衣裳和那些含糊不清的亲切话语！那些穿着和言辞使他在海外作家们面前该会多么出丑，因为这些作家都是当代成功人士，对于生活和文学中何为优美形式有如此本能的了解！

正是劳森的这种广受爱戴，才在实际中妨碍了人们对他天才的完全认可。在那些自命不凡的专家、学者们看来，他的魅力仅在于其作品的“地方”题材，而且这一特质又不知怎的降低了其作品的重要意义，都是理所当然之事。这好像是说小说作者不管写什么题材，到了某地某时就失去了“地方”色彩！或者说检验作家们的标准，似乎不是他们深刻透视生活的能力，而是他们尽可能广泛地轻轻掠过生活。

劳森的生活经历范围狭窄，这种狭窄一点不假，是他早年失聪和一种向他袭来似压城乌云的困顿造成了它。不过，劳森这种经历具有强烈的影响，这一影响之所以强烈，部分因为他天赋的真情，又部分因为他成长的环境。他从小长大的地方是一个已被废弃的金矿场——马吉①附近的派普克莱，像这样的矿场在19世纪60年代的新南威尔士到处都是，是人们司空见惯的景象。派普克莱这个地方，寥寥几个小房，破败不堪，分布在一条溪谷中，溪谷还遍布着金矿坑，周围是座座山岭，岭上的树木都被割去树皮，山间洼地上散落着生锈的马口铁器皿，羊群出没在器皿间啃吃牧草。这一切都证明这地方曾有过人类活动的热潮，而这一热潮现在势头已尽。这不是一个能够激发乐观世界观的地方，它给劳森最早的印象是破败与荒凉。他父亲曾作过矿工，但不成功：作为外来的斯堪的纳维亚人，弃船在墨尔本，跟着大批人群，蜂拥到巴拉腊特和本迪戈去淘金。淘金失败后的他，像如此众多又失望的移民们一样，正在为生存而挣扎。他父亲名叫彼得·劳森，出生在一个由教师和海员组成的家庭，他为人平静不爱吭声，只把自己装在心中，是他种族的典型。

劳森说：“父亲受了很好的母语教育，又能懂德语，可以欣赏德语诗歌，法语程度达到听得懂法国人讲话，英文写得好，文名颇佳。我不信帮起困难人来会有谁比他更亲切友好，也不信照顾起生病者来会有谁比他更和蔼可亲，这就是我父亲的为人。”

劳森的母亲路易莎·劳森出生在澳大利亚，是一位热情洋溢、闲不下来的女人，和她所嫁的男人从来都未完全和睦相处过。她生就不善持家，很不适合做彼得这样一个人的妻子：彼得是个手头拮据的移民，且寡言少语，喜欢晚上单独外出，又爱边抽烟斗边沉思。路易莎·劳森之天生爱好是文学和社交：她写诗，她主张女权，具有反叛思想，玛丽·沃尔斯通克拉夫特·雪莱②是她崇拜的对象。她想当开拓者，不是在土地上拓荒而是要做妇女解放运动的先锋。虽然她自己也是在丛林地带长大，过过仅能糊口的生活，但是要是她认为是一种为低劣乏味工作所淹没的生活，她就永远不会安于这种生活。后来她就离家到悉尼，创办了一种妇女报。

一个为毫无安全和无声冲突气氛所笼罩的不正常家庭，是不利于一个男孩成长的。幸好有适合男孩成长的精神食粮——书籍：狄更斯、马里亚特、布莱特·哈特等人的著作，乃至《堂吉诃德》，还有那些对他想象力产生更大影响的多个故事，比如他随时都要阅读的通过《澳大利亚杂志》连载的马库斯·克拉克所著的《无期徒刑》。在户外，他随处可睹派普克莱的难民生活及其奇奇怪怪的人物——丛林学校的爱尔兰籍教师，坐在金矿废弃矿石堆上思索的老矿工们，和设法在后院尘土上种上几株花的又憔悴又被晒得干枯的女人们，甚至还有各式各样的鬼魂，一片废金矿是不乏鬼魂的：不再住人的小平板房中有老罗伯逊的鬼魂，在幼树谷底有乔·斯沃洛的鬼魂，在被采尽的多个矿井旁轻快移动着很多中国人的鬼魂。这地方是个小小的世界，有人居住的世界，还有几个这样的地方也住着人，其身形赫然耸现，大得犹如天际的座座高山。

劳森的天赋在于他有看清这个世界的深情和表达这一深情的纯熟和亲切。他笔下的派普克莱，不总是一个缺乏想象力的世界。他一家有过不少搬迁和改变，一会儿搬到加尔贡，另一个无人再住的金矿场；一会儿又搬到长有树木的山地之一，选了一块地耕种。那里的土壤灰白，长不出什么果实，也许会一直处于非农耕状态。可是，这些变动只是在一小块地方上发生，这地方上人们的类型几乎没有任何变化。这是个穷地方，这里的人们总是在努力拼搏以给店主还债，他们一直处于失败的环境。劳森的父亲有一段时间，因为签成了几份建筑合同才维持了一家的生活。劳森跟着他老子干活，学会了刷油漆，给风雨板房刷墙，后来他到了悉尼，刷油漆这手艺成了他营生的唯一法宝。

吸引他前往的悉尼和他已经离开的乡下，他都觉得单调乏味，没什么两样。是时他17岁，因为耳聋他变得怕羞、孤僻又神经过敏。他9岁失聪，对他来说这种耳聋来得实在突然，而且又没办法把它治好，他作为作家这自然是一种障碍，使他失去了像正常人一样充分参与身边生活的能力，令他听不见酒吧和作坊里人们那种生动有趣的对话，而这样的对话也许会丰富他的小说创作。可是，很过了一段时间之后他才有暇用于创作。他住的是三流出租房，睡觉时床边一张镀锡铁皮上放着一台小闹钟，为的是能准时赶上工人上下班的火车，晚上还要上夜校，醉心于拉丁文和历史，就是这样他投进了自己几年艰难的青春岁月，他的工作难得稳定，即使找到了也是临时工。

劳森说："我四处打工，在不同的私人店家和厂家干过活，还为房屋做点油漆。到了冬天，当一连几天找不到活干，我就在寒冷入骨的凌晨4点起床，颤抖着出门，到市中心《前锋报》社，挤在一群形容枯槁的人中，擦着火柴，在贴在户外的一张张发潮报纸上找寻'招工'广告栏；有时长途跋涉，和绝望的找工作人群走在一起；有时穿着打补丁衣裤或破衣，在街上逛来逛去，感到像做贼和罪犯似的。所有这一切是什么滋味，我是深知的。"

这就是被劳森用作创作素材的他本人的城乡经历。他成长的时代是一个令他不满和幻灭的时代。约翰·邓莫尔·兰时代民主主义者们希望通过获地自由和成人选举权创造的理想国如今安在？它几乎没有了踪影，因为那些历史较长国家的情形正在这个国家重现。在乡下，存在着大牧场主和小选地农两个阶级间的穷富悬殊：前者有精心选取的租用地已富得流油，而后者只能靠贫瘠的山地拼命挣扎以求活命。在城市，捷足先登者也已牢固成家立业，波茨角和克雷默恩的高楼大厦与伍卢穆卢和罗克斯③的贫民窟形成了鲜明对照。人们并未因为传统的迷雾而模糊了看见明显不平等的视线。他们对财富如何被创造一清二楚，难以被说服相信财富是诚实劳动和节俭的必然报偿。比如，《公报》杂志刊载文章所写的民众历史，就支持了他们的坚定信念，即这个国家的过去是靠不住的，在过去成功兴起的那些家族的社会权力要求是非法的。

人心思反已是普遍显而易见：可是反什么呢？是什么导致了贫困和生存危险，在当时人民群众中依然有着不少糊涂观念。在劳森最早一批作品中，如《街上的面孔》和《共和国之歌》里，可以看出此类人心，因为它们燃烧着人们想有某种“赤色革命”的情感烈焰，这一革命可以使整个国家地覆天翻，向好转变。自然而然，这样的诗歌引起立即反应：它们表达的是许多人心中一种纯属莫名的恼怒，而且还是一种充满激情与活力的表达。劳森因此成了公认的人民诗人和群众的声音。他的诗句，特别是对句，在全国上下，不分南北，都在被广泛引用，在营火边，在剪毛棚，只要是两三个丛林人在一起的地方，都有人在引用。这不禁令人感到，是普通丛林人都懂的东西，这就是兴起于人民本身的文学。

然而，诗歌还不是劳森最纯正的艺术表现手段。他写诗歌或韵文只是因为写诗是当时人的习惯，是表达政治和社会思想时最容易的交际手段，而且还可以自由发挥他才能的一个侧面。他的作品里除了活力之外还有新颖观点。他是个无产者，他的作品和“班卓”·佩特森以及其他人对丛林生活的描写不一样，而在冷嘲热讽地刺穿佩特森之流的轻松活泼乐观主义的气囊。劳森看到的不是“阳光普照的片片平原上壮丽景象在扩展”，而是“行劫歹人帮在满目荒凉的派普克莱洼地上小心翼翼走过”。可是，他的押韵诗文没有任何强烈诗味，除了字面意义之外，找不到任何可以激起读者联想的字眼和意象。若这些押韵诗文均为严肃之作，它们也往往只会是些华丽词句，只能把读者思路引向表层而非隐秘之处。有时候，它们只不过是些幽默故事，只是用松散的民谣体写成而已。劳森的真正天才是写散文，他有能力使用简短又毫不强调的素描，微妙而又幽默地再现他从童年起就已熟悉的世界，这一写作特质从一开始就显而易见。凡是读过他的首部短篇小说《他父亲的伙伴》④的人，没有一个会怀疑作者是用自己的眼光看生活之人，也是用天生艺术家的独特见解和技艺描绘亲眼所见之人。

他笔下的人物一贯是他熟悉的人群。这些人群包括派普克莱的当地人物，尤其是他父亲，他记忆中不爱说话的年轻男子，总是肩上有把斧头外出执行什么神秘任务的一个人；还包括城市车运店的青年人，诸如阿维·阿斯皮诺尔，常把闹钟放在床头，睡眠老不安宁。在透视这种人生时，劳森为他同时代读者打开了一个崭新窗口。他作品这里就是现实，就是他给自己人说话的明白无误的口音或特色，他的艺术虽谈不上坚实有力，却是又真又纯；劳森写作不需人教，许多作家都是在剥去公认习俗假皮的艰苦努力之后才找到了自己的风格，而劳森却大不相同，他一开始就顺其自然而获得了大步前进，他最早的一些素描作品，如《他父亲的伙伴》⑤和《赶牲畜人的妻子》就在他最佳作品之列。

渐渐地，他的生活范围有所扩大。1891 年，格雷斯利·卢金任《布默兰》周刊编辑之际，把劳森引进到了布里斯班。尽管此周刊没过多久就停了刊，可它把年轻作家劳森带到了一些有思想之人身边，他得以接触的人有 A. G. 斯蒂芬斯、格雷斯利·卢金和莱恩本人。刊物停办后不久，劳森开始了长达 6 个月的长途漫游，足迹遍及昆士兰西部和新南威尔士，这也是他在人口稀少的内陆偏远地区的首次真实生活经历。这 6 个月恰逢工联主义强劲发展的第一阶段。对于剪羊毛工和丛林工人们来说，工联主义运动不仅是他们赢得经济权利的手段，而且还具有某种宗教激情的东西（正如《丛林里的殡葬人》让人联想到的那一种）在里面。这种宗教既积极又激进：在工联主义者们圈子内，它是兄弟情谊之精神。可是对于异教徒，即工贼或罢工破坏者们，它则意味着大肆烧杀与击败。很自然，从早年就习惯了保存顺从劳力的那些牧场主们，不禁深感不断壮大的工联主义运动成了他们的一种威胁，于是开始聚集力量以把工联主义运动镇压下去，山雨欲来的冲突阴影笼罩着全国。

这么一种冲突，对于为刚刚找到的一种力量和团结一致感所激扬的工联主义者们来说，只能是唯一目标。生活的大潮正在他们中间掀起成功的浪涛。和一个个信心十足又诚实正直的工人群体相处，成了劳森的新经历。他早先在悉尼，在那些车运店和火车调车场找工作，借助火柴光亮搜索广告栏的生活，使他仅以一个孤立无援青年的观点看到了人生，他强力发出的人生基调曾是伤感和失败，这在他接触的这种人群中显然是错误的。现在的劳森可以从自己身边吸取坚强的空气，轻眼间他有了改变，他的作品更有力量更活力四射了。他和把自己的一切都注入了共同斗争事业的工人们成了同志，这种同志情谊很快就驱走了他的病态倾向，他不再老是思索自己的困难，也不再为“他可能会成为的人”而常在胡思乱想。他的幽默天赋开始得以充分展现，他的人物感也得以拓展。在这些剪羊毛工和丛林人身上，他像他之前的弗朗西斯·亚当斯一样，看到了真正的澳大利亚人，这类人为本国所塑造，为这个国家强加在他身上的工作流动性所制成，也是为这块国土的艰难顽固性所使然。一个人只有培养出一种冷嘲热讽的幽默感，练就一片“难以对付的上嘴唇”，才能应对偏远内陆生活的种种变迁。大自然是一位脾气极坏的女财神：你是不能信任她的。这一年她可以让片片平原鲜花遍地，下一年她又会让白骨露于野。

然而一直不断的，是人与人之间的稳定关系——“伙伴情谊”，亦即新工联主义的信条。衡量一个人的标准是其对伙伴们的忠诚，是直面自然灾害或经济压力时所表现出的忠诚。劳森成了这一信条表达力特强之人：伙伴情谊不仅成了他诗歌的素材，而且在他的短篇小说中得到了更有效的表现。在他的作品观点中找不到一丁点儿假装的超然或态度上的与己无关：他的观点清楚无误地固定在他作品人物的脑海中，这些人物就是丛林人或在偏远内陆背着行囊到处流浪的人，他们恨干旱地区找不到水喝的路径，也恨出手小气贪婪成性的老板，尽管人们有时也承认这些老板不露面，只是不在场的雇主或一批雇主。为什么不露面，人们只看到他们的影子？因为，即使在（19 世纪）90 年代，一个个大牧场就已开始从创建它们的大牧场主们手中转到了一家家银行和那些资本垄断财团手中。

（19 世纪）90 年代，劳森出版了几本短篇小说集，均为佳作，无不富有人性价值。这些作品内容有：有关忙于工作或走正道之人的种种小插曲，对于各类人的剖析，发生在选地上和小街上的一个又一个戏剧性事件。所有这一切描写都用字节俭，充满才华，通过纯真情感，达到了形式的尽善尽美。诸如《给天竺葵浇一下水》和《他们穿着黑衣服等候在码头上》等素描，似乎就是一种又精美又洞察人性的艺术品。然而极为可能的是，劳森写的这些作品用的全是朴实的笔法，就好像劳森在向自己的伙伴讲述小事似的。托尔斯泰有一次对年轻的高尔基说“你虚构太多”。而我们可以有把握地说劳森几乎没有虚构。他的那些短篇小说描写的，不外是生活中怪怪的明显变动，生活中不合逻辑的小事，以及生活稍别于人们业已熟悉的模式变异。他的小说与其他著名短篇小说家——契诃夫、吉卜林和盖伊·德·莫泊桑等人的作品不同。劳森作品均系他自身经历写实本身，就足以决定其创新性，因为想象力易落窠臼，而生活变化无穷，永远不会完全重复其原有样子。

如果劳森能有种种利于自身发展的环境影响，他就很可能成为一位更加伟大的作家，实际上他没有。他作品的主编阿奇博尔德给他的影响只能让他的作品有了简短和直截了当等长处，但是没能拓宽他的思想。《公报》杂志本身的接触面也很有限。而且，虽然那个时代放荡不羁文人云集的文学界，与周围的唯利是图和势利风气相对照，特别具有激励作用，但是因为它充满豪饮和巧于交际之风，绝不是小事之外还要做任何其他大事的人应该待的地方。然而，除了他身边生活中缺乏令他发展的因素（社会反叛精神不在此因素之内，这一精神到了（19世纪）90年代就呈逐渐消失之势）之外，劳森本人的天性也限制了他的发展。他还稍欠某些知识素质，而这些素质又偏偏是为巨著提供结构和空间所必需的。他过多依赖其情感力量和自发性。一旦这一创作源泉枯干或变得模糊，他的写作就会一塌糊涂，又用左手执笔，在一定程度上说，他这样写出的作品，都是主题重复，情调伤感，表述缺乏效力。

因此，他生平最后20年呈现出一种下降曲线。在英国待了两三年回国之后，他成了悉尼街头一个为人所熟悉的人物——在忙乱人群中他活像一个幽灵，耳聋，注意力不集中，动作抖动得越来越严重。朗斯塔夫⑥创作的劳森肖像中，那双又黑又亮又锐利的眼睛，显得闪闪发光又让人难以捉摸，颇有迷惑力的咧嘴笑容之后藏着他的敏感心灵，他身形瘦削，靠一根棍杖支撑着。战争年间洛⑦为他画的不凡素描中，人们可以看到变化，那是一幅有关早年劳森的漫画，那是商人心目中一位垮掉的诗人形象。他虽然继续写作，但是其作品不再有方向和激情。写那些韵律松散、诗行超长的诗歌，对他来说，变得比写散文容易得多，这就像走向老不熄灭的营火，是一条最容易走而又最危险的路。

然而，他早期的作品因其内容的严肃性和语言的纯粹性仍然堪与澳大利亚文学中任何其他作品相媲美。被赛伦斯教授称作劳森艺术“力量”的那些东西虽然尚未为人所认出，但是它已经产生了巨大影响。他那个时代最受人爱戴的作家也一定是全国最伟大的作家，这对澳大利亚来说绝非小事。劳森总是用锐利的眼光和洞察人心的心灵判断人们，他的看法和人们看待身边生活的观点从来都没有区别，他在自己简短而不强调的作品中，破天荒让澳大利亚人了解了自己。

注释

① 马吉：新南威尔士州城镇，在悉尼西北方向近300千米处，19世纪澳大利亚淘金热时的著名淘金地，1981年人口6 000多人，亦译“马奇”。

② 玛丽·沃尔斯通克拉夫特·雪莱（1797—1851年）：英国著名诗人珀西·比希·雪莱之妻，英国哲学家和小说家威廉·戈德温和英国作家兼女权主义者玛丽·沃尔斯通克拉夫特之女，因其恐怖小说《弗兰肯斯坦：现代普罗米修斯》（*Frankenstein：or The Modern Prometheus*）而闻名于世的英国作家，在其夫逝世后，刊印《雪莱遗诗集》并编辑《雪莱诗集》和《雪莱散文集》等。

③ 伍卢穆卢和罗克斯：在悉尼海边的两处地名，均住有很多穷人。它们所在的整句话的意思是富人区和穷人区构成了鲜明对照。

④ 《他父亲的伙伴》：根据多种研究劳森的成果或资料，应改为《他母亲的伙伴》（*His Mother's Mate*）。

⑤ 《他父亲的伙伴》：（同注④）。

⑥ 朗斯塔夫（1862—1941年）：全名约翰·朗斯塔夫，澳大利亚杰出画家，因其极精湛的绘画艺术而被授予爵士，他为劳森画的肖像极具影响。

⑦ 洛（1891—1963年）：出生在新西兰，曾在澳大利亚长期生活和工作，如为《公报》杂志作画，是世界知名漫画家，全名是戴维·亚历山大·塞西尔·洛（爵士），在第一次世界大战期间曾为劳森画像，给人们留下深刻印象。

18 演说家：艾尔弗雷德·迪金

艾尔弗雷德·迪金这个名字将会永远和早年澳大利亚联邦联系在一起。他是联邦制最不倦的提倡者之一，宪法主要促成者之一，之后（作为议会力量经验丰富的操控者之一）在把联邦推向它一直所走的总道路这个大业中他又成了最重要的有功之士。正是在他第二次执政（1905—1908 年，新议会所经历的第一个稳定政府）期间，贸易保护国策才得以牢固确立，建立澳大利亚海军的思想才得以初步形成，所有典型的治国方略方露端倪：从定都堪培拉到坚持以“收割机厂工资”①所体现的最低生活标准等决策都无不如此。虽然迪金所认同的这些思想几乎无一始自他的头脑，但是他对这些思想是天生的阐释者和天才的演说家，又是一位认为语言对思想具有激发作用的人物。因此，在多数政治人物生怕失去地方利益、醉心于地方主义之时，他的思想水平能够轻快提升，他的口才能够富有魅力，这两条就足以使他成为杰出的民族领袖。

称迪金为能言善辩之人绝无轻慢之意。为人们所视作理所当然之事是：政治人物很少能为思想创始者，因为种种思想产生于默默无闻芸芸众生之中，并逐步传开，只有等到它们得到一定程度的支持之时，对于政府之人才算有了成熟时机，正如人们常说的，在此时机就可把得到支持的思想捡起并付之以政治形式。联邦成立后最初几年的明显特点是不同群体和利益集团之间存在混战：在议会就有“三个十一决雌雄”之现状，但是没有一个十一可以团结一致。就连工党，在财税问题上也是意见充满分歧；其他政党，分别代表的是尚未形成统一战线的农场主、牧场主、工厂主和进口商们等不同阶层。迪金的作用在于简化种种争端，把注意力集中在国家成立联邦所要达到的各种目的上，去赢取人们对于可被视作国策的各项政策的支持。他就是堪担此任令人佩服之人，澳大利亚因此开始了与外部世界的多方接触。迪金便成了确保进行这种接触对于诸多敏感的外国人不致引起太大震惊的人物（他关于《移民限制法案》的演讲已经表明了这一点）。

他在早年就受到政治上的激励。1856年，他出生在墨尔本一个小承包商家庭，他成长的环境，人们可能不难想到，是一个政治为人们所讨论的首要话题之地。可是，尤里卡事件，澳史上有关民主政治的首次骚动，所造成的回响，在他开始懂事或对身边事有所知之前，也许已经消失。他天生的偏好是朦胧的文学倾向。他的爱好先是他童年时代维多利亚所拥有的原始、粗糙又充满活力的一切，后又转爱书籍和想入非非或者他脑中那些天花乱坠的东西。他阅读卡莱尔的作品和蒲柏翻译的《荷马史诗：伊利亚特和奥德赛》，且写诗作文，在公共图书馆度过他学校放假后的光阴。后来他又迷上了唯灵论。无论他那又黑又迷人的双眼，还是他那又随和又平易近人的天性，都有着一种魅力和难被人忽视的东西，他的天性使他与众不同，成为一个对魔力或曰超自然力尤其敏感之人。他的传记作者默多克教授说“他在自己理想世界里以其独特的行事方式所用的毅力是一贯的又是不断增强的，他这个理想世界不但未被他身外的现实世界征服，而且几乎未被触及”。H. B. 希金斯[2]还讲述过看见他作为一个学生在大学的四方院对另外四五个学生滔滔不绝地大说特说，旨在力劝他们相信他们的读书无用且大可不必，无非就是因为赫伯特·斯潘赛（斯宾赛）带着打开知识大门的钥匙业已到来。

首先把他推上政治之路的，当为《时代日报》（《世纪报》）严厉的资深民主主义者戴维·赛姆。教了一段时间书后才得以进入律师界的迪金急于想通过新闻工作补充收入，因此向赛姆建议他愿意为赛姆的报纸写些文艺评论。说来也怪，对此类琐事素无耐心的赛姆，竟然同意给他一试的机会。此时的迪金是位个头高高，气度不凡的年轻人，他皮肤黝黑，为人热情，双目黑亮，炯炯有神，加上他超常的语言天赋，使得赛姆的一位兄弟深信他就是一位“天才”。从来都不相信天才的《时代日报》却发现这个有语言天赋的年轻人对它很有用处。迪金不但得到允许为该报撰写关于全局话题的社论，而且还得到戴维·赛姆亲自默许进行自己的政治思想教育。这种教育对赛姆来说，则意味着贸易保护（对于关税的好处，赛姆的说教工作已经郑重坚持了 20 年）。于是乎，让迪金戒除他对科布登和约翰·斯图亚特·穆勒[3]二氏思想的模糊依恋也就不难了。没过多久，他撰写的政论文章完全得到了其恩师赛姆的满意。时至 1879 年，到了西伯克席位有了空缺之时，赛姆则力劝自由党相信迪金乃该党所能找到的最佳候选人，尽管此时的迪金年轻得只有 22 岁。

迪金就是这样被引入政界的。但是，他进入民众一边并非全是因为赛姆。他之所以支持格雷厄姆·贝里的民主政府，完全是因为受到了这样一件事实的鼓舞：他热情崇拜的皮尔逊教授，竟然全心全意站在正努力推翻上议院权势的这位热情洋溢的郊区食品杂货商一边；皮尔逊，牛津出身，戴着眼镜，学风客观，又生性爱挑剔，时下正以贝里和《时代日报》代言人身份致力演讲和笔耕。这正像迪金事后所写的一样：

“像皮尔逊这样的一位学者和有教养之人，史学家和报纸时事评论员都已做好了支持政府和该报的准备，很明显我跟随同一面旗帜前行就无需犹豫了。”

西伯克那次选举成了他人生的转折点。他赢得了席位，虽有一个投票点的选票不足，但他的当选是合法的。出于面子观点，他以这一不足而提出辞职。他的辞职只有在宣誓就职之后方能生效。因为其辞职进行得很戏剧性，很引人吃惊，使得他在全国出了大名。他一改当选答辞内容，作了一次才华横溢的演讲：当听到他宣布放弃他这次选举的优势，同意重新投票之时，就连他同党的成员们都深感震惊。

“如果我能代表西伯克选民多数，我定会重新当选；如果我不能代表，我就无权待在这里。”

悲哀的是，人们忘不掉的是这样一个令人啼笑皆非的事实：他的表态毫无价值，在重新投票结果宣布之时，人们发现他以15票之差落选。

但是，如此惊人的骑士之举和诚实正直品格定会产生长久效应。未过两年他就入选议会，从他进入议会之日起直至澳大利亚联邦成立之时，如果不请求他出任部长，谁也无法组成维多利亚政府。

这一成功记录有力表明迪金的优点和为人品质，对于他在这同时段的一些缺点或政治生活中缺乏重要性的事件，人们的关注则有所减弱。上、下议院间的长期争吵通过民主派以其实质失败为妥协得到了解决。争吵早成纯粹抽象的争论，已让人们厌倦。他们欣然让上议院掌权，直至该院设计出他们感兴趣的某种方案。在如今的维多利亚，关税已成不变的制度；但是，要让工人阶级相信这一制度最终会创建劳工天堂，尚缺乏已被证实了的充分根据。然而，关于还未组织起来的工人们的劳苦，还要这样继续进行揭示。劳工在议会仍无代表，议会两党不存在经济冲突。分开两党的是什么呢？两党都坚信“和平，进步和繁荣”政策，这也是已被公开宣布且得到海外借款支持的政策。有一个问题在（19世纪）80年代初引起过一阵纷乱或喧嚣，它就是对罗马天主教教会学校的资助问题。可是，在贝里政府的两名天主教成员竭力将此资助政策强迫贝里接受之时，迪金说服贝里寻求与对方结盟，虽然实际上的结盟迟至3年后才得以实现，但是资助教会学校之提议却立马得到制止。

迪金作为一位谈判者的种种才能就是以此方式在早年得以轻易发挥，这些才能，连同他的演讲术、阐释力，成了他强大的政治优势，他运用这些才能为联邦成立尽心竭力，作出了重大贡献——一方面为宣传其思想他多次演讲，另一方面为制定宪法他做了大量工作对不同观点进行调和。他是表述准则的高手，又善于探查被人看作可能是多极相遇的无人区。他对日常政治琐事几乎没有兴趣，他避开调查各种劳工问题，又回避对关税诸多细节的争论。尽管他本能热爱民主，但是在1890年爆发海员大罢工之时，他力主出动军力镇压，他提醒其他部长们墨尔本已陷暴民造成的危局之中，他的主张令部长们震惊难忘。这一事实可以让人们看到他对当时社会现实持冷漠超然态度。

他作为维多利亚政界要人最有价值的工作能够轻而易举完成，是他在被任命为英国皇家专门调查委员会主席之时：他受命调查那些成功进行灌溉国家的水资源保护方法。此时的维多利亚北部遭受大旱，致使大量农牧人口家业破败。形势看起来好像是诸多富足地区将会不可避免地变成无人居住、田园荒芜之地。迪金调查期间，他到了美国、埃及，最后又到了印度。他写出的第一篇报告，是关于美国的，受到了美国政府的高度重视，这篇被非常看重的报告得到重印，用作农业人员和学生们的读本。

然而，他的心在否这项工作上还是个问题：这项工作是政治机遇带给他的事，他之所以将此事做得出色彻底是因为此事重要，也是因为他自己的性格。实际上，他更能驾轻就熟的作用是他代表维多利亚出席 1887 年的殖民地会议。尽管此会相对来说只是一种形式，无非就是把各附庸国或殖民地召集在一起聆听英帝国政策之阐释。迪金采取的独立立场打破了索尔兹伯里④在会议开始所造成的傲慢施恩气氛。这种立场并不是因为他好斗，也不能表明他反英。他生性温文尔雅，他与新南威尔士诸如迪布斯或约翰·罗伯逊等某些严格奉行共和主义的政客们完全不同，他在内心深处与索尔兹伯里本人相比，也许对英帝国主义更有感情。可是，由于他早年崇拜希金博森，在他心中生成一种厌恶殖民部所持屈尊俯就态度的感情，这是一种随着他的经历而与日俱增的厌恶。满不在乎的索尔兹伯里，在多位记者在场的情况下，竟然呈现出一副空虚无聊贵族式老于事故人在私下商谈时对其被监护人面授机宜的固有神态，不禁使迪金的自尊心大受刺伤。索尔兹伯里谈论的问题涉及防卫、优惠关税的不可能性和澳大利亚对新赫布里底群岛问题的干预 3 个方面。大多数代表尽管不同意这位大人物的看法，但都彬彬有礼持恭顺态度。然而迪金的态度却不同，他虽热情回应大人物的讲话，可是回应中偶尔发出讥讽的闪光。这不是说迪金回应中存在深刻智慧，而是表明迪金的世界政治观点在整体上比索尔兹伯里的稍显具体。可是，迪金在争论中表现出的落落大方，应对索尔兹伯里的平起平坐能力，在铲除对“各殖民地”所持传统态度的努力中产生了深远影响。

迪金在伦敦给人留下深刻印象：他表现得与英政府大员们所习惯交往的“殖民地”政客截然不同，他成熟、自信且能沉着应对，毫不退让。他成了莫利、迪尔克和张伯伦之流颇感兴趣的人物；相反，他并非受到这些人的名气或谈判才能的过分影响。重要的是，他认识了《双周刊》当时的编辑，并可辨出是他这次出访英国期间遇到的最令人感兴趣的人物之一弗兰克·哈里斯。即便是伦敦上流社会的壮观辉煌也未能使他动心倾倒，他写信给妻子说，他欣然发现，它之最佳状态也几乎没有吸引住他，它的构成“无非就是我们知道的人群，只是稍多一些优雅和愉悦而已……”。显然，他有自己的关注焦点，对自己效忠何处他有不变的看法。尽管他脑中不乏狂热，但他从不为模糊的抱负所扰。在而立之年，他能置霍兰勋爵的压力于不顾，对于授给他的骑士称号泰然处之，将之拒绝成了必然结果。

迪金赴英参加1887年会议只是他早期政治生活的片段之一，可是此行给了他对英国政治和伦敦上层社会的亲身体验，这种体验对他日后会有用处。1899年他作为维多利亚代表被派往英国，通过下议院去领会联邦法案。在长达10多年的时间里，他对维多利亚政治的兴趣一直有着敷衍性，而把自己无限的精力和卓越的演说才能都献给了对联邦思想的普及或传扬。1887年会议已经使他明白：用6种不同声音⑤讲话要让世界听到澳大利亚在说什么是何等困难。即使有了单一的意志，然而发起言来依然是一片混乱。在迪金看来，比其他一切都更重要的事是尽快取得民族团结与统一。由民众选举代表旨在制定宪法的1897—1898年会议的突出特征就是为某些鸡毛蒜皮之事争论不休，这一特征让迪金感到无法继续忍受。因在地方事务上他几乎没有根基，他无法理解对地方权益和抵制中央集权的关注。他在法案起草中的作用主要是调和。他参会代表中的同事，像艾萨克斯和希金斯等人，都愿意多花时间以求宪法尽可能公允，这种冷静谨慎之举，对于迪金那种急躁狂热的禀性，看来无异于纯粹的破坏或打击。

可是，到了联邦法案最后草拟和得到新建各州多数认可之时，张伯伦却提出了法案能获下议院批准之前必须增加若干修正条款之要求，这样做势必导致事态推迟，对迪金来说则意味着牺牲自治原则。澳大利亚人民对各种有关条件进行了长时间思考和争论之后才同意了宪法，现在除了他们还能有谁有权改变宪法呢？在张伯伦要求澳方派出外交使团赴伦敦对法案进行商议之后，他不愿意前往，只是在压力之下才去了伦敦。他和一同前往的使团同事巴顿和金斯顿一样，决心什么也不放弃，毫不妥协地为法案的完好无损而斗争。

不管张伯伦的原意是什么，他最终推出的若干修正条款对法案实质内容的改变，相对说来，事实上只是微乎其微。条款涉及的主要是在对宪法权限发生争执之时向枢密院的上诉权。使团代表们在张伯伦的态度上看出了一种他维护自身和英国议会权威的决心。是时的张伯伦乃正处其权力顶峰倡导帝国主义的大人物。布尔战争正处酣战期，下议院的大批人多数都对他俯首帖耳，绝对服从，谁都承认，他就是有条件有资格对法案严加修改之人。

张伯伦和澳大利亚使节们之间的争论持续数月之久，主要是通过外交照会进行，而协议的达成基本上归功于迪金。他温文尔雅又决心不移，他能让巴顿没精神时打起精神，又能让金斯顿的好斗激情得以抑制。对于张伯伦他有尊敬态度，但在内心秉性上他又不喜欢张伯伦。

“他无疑是既典型又普通的中产阶级英国人，人品上虽然无什么特别或独到之处，但是具有商人的一切本领，且将这些本领提高到最高水平并全部用于公职同时集中在一个目的上。”

迪金承认，张伯伦绝对是澳大利亚人能够遇到的最令人敬畏的人。迪金和使团中同事们取得的胜利之一是他们在缺乏自己代表的某些议会全力支持情况下竟能说服张伯伦接受法案，同意对他反对的条款只作一处小修改，这一改变体现在重新起草的法案中规定：在联邦和任何一州或几州之间关于宪法的问题上，只有得到相关政府同意之后，才允许向枢密院提出上诉。

迪金在此场合通过其对澳大利亚的精彩表述，使他作为一位民族人物达到了完美高度，成了公众心目中新成立的澳大利亚联邦最明确的象征。第一届联邦议会召开期间，总督要求联邦反对派威廉·莱因爵士组阁之举几乎没有任何关系，因为离开迪金，无人能够组阁，而迪金则向议会表明只有巴顿组阁，他才愿意出山为政府效劳。效忠之心促使迪金提议巴顿为组阁之人，因为巴顿曾任联邦会议领袖。短短几年之后巴顿退居最高法院法官之位，迪金即步入联邦总理之职。这一职位实际上从一开始就应该是他的，原因则在于他是巴顿政府毋庸置疑的精神导师。

在此后他政治生涯的多数年头里，他遇到的障碍是他缺乏一个坚强有力的政党作后盾。1903 年开始的第二届议会发现迪金处于两头落空之困境，他被迫在里德领导之下的自由贸易党和工党之间抉择以求结盟。首先身为贸易保护派的他几乎不具备和其中一党达成一致的基础，厌恶派别活动又感到工党只代表一个阶级的他又无法和另外一党团结在一起。他的政治观点充满浪漫色彩和理想主义情怀。他不能接受政党乃基于经济利益之思想，又有把政党看作都是在社会正义或民族福祉抽象理论上寻求支持者之倾向。澳大利亚是个独立存在的国家，与那些幸福较少的国家相比，其幸运在于它有使自己的人民享有更好生活水准的可用自然资源。他坚信，通过推行“新”贸易保护政策，工业家可在与那些国家竞争中得到保障，工人阶级可有得到一定利益的把握。得到工党支持的 1905—1908 年以他为首的那一届政府，就是以这些方针路线进行立法的，它建起了仲裁法庭和直至 1930 年经济不景气的发生都似乎坚实持久的一种经济结构。

可是，1907 年英帝国会议，引他开始了毕竟必须被视作走侧路的行动。多年来他一直相信英帝国是一个由优惠关税联结起来的帝国，但是他又认识到因为英国奉行固定的自由贸易政策，所以只有她才能理所当然地提出相关问题。由于在这方面有所察觉，他早在 1887 年就断然置此问题于不顾。此察觉代表了他的一种总体看法，即帝国的一部分去干涉另一部分的事务是危险的。后来，令人吃惊的事发生在 1907 年，他竟然赴英参会，以一个热情宣传者角色传播帝国贸易思想。他不仅在会上鼓吹而且在会外宣扬这一思想。他的同事，参会的其他代表博瑟和劳里埃对其思想持冷淡态度，温斯顿·丘吉尔斩钉截铁地回答称这一特别之门“不但要砰声关上，而且要闩上和插上”之后，他便将自己的宣传移到会外的英国民众之中，他走遍全英，在各地临时凑成的大会上发表演讲，此举令反对派保守党欣慰，令自由党政府难堪。他精力之过人，他口才之好评如潮，均莫过于此时。他用自己的演讲术，甚至可能还有其论点，赢得了成千上万听众的赞赏。

1899 年张伯伦碰到的对手是冷静又温文尔雅的真实迪金。现在他却成了一位改革运动的人物，在一个个令人迷惑又震惊的交战回合中，从宴会到政治集会他卷起了阵阵旋风，好像他意识到他身携某种精神信息似的，弄得原本真实的迪金如今难以让人辨认了。也许，本真的迪金已经遁入不易被人看见之处。他自 1907 年的海外战役之后就再也没有得到完全康复：他对细节的把握再也不紧，对政治事务的兴趣再也不大，一年之后他的政府由于工党退出便失去了支持，这实质上就意味着他政治生活的结束。此时的他为退化的记忆力所困扰，受着精力不能集中的折磨，便逐步退隐，不再为人所多见，只是偶尔露面。比如，时至 1912 年，工党为了赋予政府将垄断权国有化和制定涉及全联邦的种种产业法规之权而修正宪法之时，他才登台演讲表示反对。

然而，即使他已引退和深居简出，他依然不失为一位民族人物，一位受人喜爱甚至敬佩的人物。迪金让人感到他就是澳大利亚理想的政治家。他那闪光的品格和人类温情水乳交融在一起，使他随时都能广得人心，他以极少人能够做到的方式把自己的美德带上政治舞台。他有彬彬有礼的骑士风度和友好慈善的为人，他对公款廉洁到极度谨慎的程度。从一次欧洲之行归来之后，他把几乎一半理当他私用不属浪费的款项交回到财政部门，这只是他典型的惯常行为之一。他那随和易冲动的天性因其完美无缺而臻卓越。他品德朴实无华又不失绅士般的浪漫与优雅。

作为一位领袖人物，他身上的任何弱点和行为失败均根植于他内心深处对公众生活的轻视以及不愿意把全部智慧献给社会与经济事务（在认可他身为政治人物作用的同时）。他曾希望在文学和哲学两个领域都出人头地，因为这二者都是他看重的，可是随着岁月推移，他才意识到他对文学和哲学都几乎没有天赋。因此，他广为人们所知的一面是讲台上口才非凡的演说家，在此形象背后是人们少见的讲台下迪金，即在内心逐渐演变为一个自省自我批评的迪金。他写下了大量日记，用半嘲笑的笔调记述他一生取得的胜利和业绩的价值，他一直相信他一辈子命中注定走过的世界之外存在着一个更为实在的超自然超物质形而上学世界。

注释

① “收割机厂工资”：澳大利亚联邦政府在20世纪初根据澳洲农民发明家H.V.麦凯（1865—1926年）在维多利亚所办收割机制造厂的工资标准所认定的公平合理的澳大利亚最低工资。

② H.B.希金斯（1851—1929年）：全名亨利·伯恩斯·希金斯（Henry Bournes Higgins），澳大利亚政界和法律界著名人物。

③ 约翰·斯图亚特·穆勒（1806—1873年）：英国哲学家和经济学家，以政治和道德作品最为著名，尤其是《论自由》（即严复译作《群己权界论》）和《功利主义》，前者论述了个性的重要性，后者全面发展了边沁的理论（功利主义伦理学）。约翰·斯图亚特·穆勒是早为人知的约定俗成译法，一般不用现在的标准译法约翰·斯图尔特·米尔。

④ 索尔兹伯里（1830—1903年）：全名是罗伯特·阿瑟·塔尔博特·加斯科因—塞西尔·索尔兹伯里【侯爵（第三）】，英国保守党政治家，从1885年起直至他逝世的前一年曾三度出任首相，他支持

并导致了第二次布尔战争（1899—1902年）。

⑤ 6种不同声音：指澳大利亚联邦6个州的前身，联邦成立前的6个殖民地新南威尔士、维多利亚、昆士兰、南澳大利亚、西澳大利亚和塔斯马尼亚所发出的不同声音。这6个殖民地均有自己的政府，各自独立，在澳大利亚联邦成立前处于各自为政状态，在国际会议等场合各唱各的调儿。

19 实业家：休·维·麦凯

威廉·法勒等人对澳大利亚小麦质量的改善、小麦产量的增加和其抗病能力的增强，并不是使澳大利亚在世界市场开始享有突出地位的全部因素。一个必不可少的因素当为机械，适合澳大利亚特殊国情的机械或降低生产成本的机械。澳大利亚的国情相对说来，是收成欠丰和劳力不足。早在1842—1843年那个时候，就有了约翰·里德利发明的剥离机①这样一种比较原始的器械：它有一根长长的横杆，可以套上几匹马；它有轮子，轮子用皮带和拍打器连在一起，马匹拉动此机在麦田前行，轮子转动，牵动拍打器进入工作状态，通过卧式梳状装置将麦穗从麦秆上剥离。据里德利本人记述，他最先想到发明这种器械的念头，是由劳登编的《农业百科全书》中一段有关一种罗马人发明的描述引起的。有一种人，其社会本能远胜于商业本能，从不企图用自己的发明去得利，这种人固然不多，但是里德利就是一个：他拒绝得到这一发明的专利，而是把发明当作自己对国家的一种赠礼，因为是国家才使他发了家。

后来有了罗伯特·鲍耶·史密斯发明的开荒犁，于是解决了农业方面的一个新难题。19世纪70年代初期，在维多利亚有大片大片的地区，高低不平又缺林少树，开始被开放为定居区，但是，由于开垦挖掘成本太高而不堪耕种。时至1876年，史密斯制成一种多犁铧犁，每个犁铧在同一犁框上可以独立耕地，互不干扰，其中若有犁铧之一碰到树根或树墩，它会自动升起，越过障碍，重新扎入土壤。这与业已用于马锄和条播机的道理完全是一样的，但是史密斯的犁子使用范围更广。若无澳大利亚这种临时凑成东西的典型做法，要在维多利亚多处大片澳洲油桉灌木丛土地上进行有利可图的生产就几乎没有可能。

然而，这个国家，虽然通过诸如此类的多项改进，在一步步解决其多个农业难题，但是进步依然缓慢，又缺乏协作。任何一项发明都是特殊需求的产物，这时的所有机器多半只能在小作坊造出，且缺乏销售组织。这种情况就说明为什么如此重大事项的解决都与一种人物的出现分不开，此人必须同时是天生的组织者、机械方面的天才和富有耕地经验的农场主，他不能像利他主义者里德利那样，他必须决心怀着商业目的追求理想，且充分获利。

休·维克托·麦凯就是这样的人。1865年，他出生在维多利亚的雷伍德一个苏格兰移民家庭，父辈属于拓荒一代。他父母生有6个儿子。他在父母的农场度过了青少年时代，在地方学校接受正规教育，在上学之余学会了有关农场经营的知识，到18岁的时候他已显露出非凡的农事才能，他父亲因此把农场交给他独立管理。他是一个生就的革新者，将全部精力都用在农场管理节约方法的策划上，探索省时省力的新办法。白天的事完成之后，他把余下的时间全部用在他家的手工间里，做些修理工具的事情，虽不熟练，但总是忙个不停。里德利创造的剥离式收割机不能令他满意，他便着手进行一种新型收割机的创制：这种机器不仅可以在麦田把麦穗从麦秆上割掉，而且还可以脱粒、去糠，最后把收割的粮食弄得干干净净，所有这4道工序都能通过一次操作完成。

到他19岁时，他创制这种机器的事获得了成功。他做成的第一个模型着实不美观，用料尽是些旧铁料、围栏金属丝、剩余的马口铁碎片，实际上都是些可以弄到手头的废旧物品，邻居们把他的工作都不当一回事儿。年轻的麦凯在丛林地带家中手工间做的这些实验，全成了邻居们心目中的一种笑料，告诫他说若再在他孩子气的这些业余爱好上耗费如此之多时间，他的农场用不了多久就要被几家银行收回了。可是麦凯仍不为所动，坚信他发明的东西有真实价值，它可大大降低收割成本，每英亩从4先令降至1先令。他在近邻们的讥笑声中骑上自行车朝外区出发了，旨在在别地区的农场主们中间寻求订单，此举绝非易事。他和他之前的里德利一样，发觉这地方的农人生性保守，对任何新的尝试均无热情，只要看到什么人对新颖之事有所涉猎，他们就会立时嘲笑。最后到了里弗赖纳②，在他劝那里的农场主购他的一台收割机时，像他事后坦白的那样，他碰到了他一生中精神最受刺激的危机。那机器必须从老远地方弄来并在现场装配：部件装配起来之后会正常运转吗？疑心重重的人群为了目睹装配实验都聚拢了过来，年轻的麦凯几乎受不了这种充满悬念的紧张等待。但是，在最后一个精巧部件安装到位之后，收割机开动了，进入了麦田，所有疑虑顿时烟消云散，新发明成功奏效了。

1887年，他获得了一项最佳联合收割机政府奖。次年，他移居巴拉腊特，建起了一个工场。他逐步打消了维多利亚农场主们的偏见，使自己的市场得到扩展。可是他的主要兴趣依然是发明创造——改良机械，使用新装置进行实验，促成更低成本的生产，以便在必要情况下可以使一个人独立经营自己的农场。这是一个小工业时代，部分受到戴维·赛姆和《时代日报》关税主张的鼓励和保护，为了贯彻这一主张，该人该报已经展开了大张旗鼓的工作。

为了满足地方要求，此类工场如雨后春笋般出现在全国，为了提供特殊需要，它们甚至还推出自己水平有限的机器。例子之一出现在1874年，约翰·弗菲在谢珀顿（谢帕顿）建起了自家的铸造厂，不久便生产出一种垃圾车，也产生了澳大利亚武装部队使用的一个俚语词弗菲（意为流言蜚语）。最有资格使此厂出大名的，也许当为约瑟夫·弗菲了：他写《人生就是如此》这部经典小说巨著之时，就在此厂工作，担任技工和设计师。反思起来不禁令人觉得有趣：在麦凯于巴拉腊特自己的工场中寻求施展本人创造天才之机的同时，一个更为非凡的天才正受雇于不远处③的一家类似工场，双方很可能对对方的重要性均一无所知。

在二人之中，麦凯有更大把握迅速成名和成功，他正从一个有发明天赋的农村男孩变成精明的实业家，他富有大都会思维和为了自己企业未来发展的一系列宏伟计划。订单从全国各地雪片般飞来，这就需要找出一个优于巴拉腊特那个水平不高的工厂的制造中心，他因此搬到了墨尔本近郊的布雷布鲁克（阳光城区④），为了建成一个模范工业村奠定基础。然而，激发他搬家的并不全是因为扩建的需要。他像自己的许多同时代人一样，看重的是实业界应该是创新型人才的摇篮，利于他们成长，成为他们愉快的猎场。他建起了自己的企业，不容许任何外来干涉（包括来自本企业工人们的干涉和国家的干涉），企业内工资和工作条件全由他自己决定。在巴拉腊特，他不得违反工资管委会制度，而在阳光城区，不属于都会区，因此不受任何限制。至少，他是这么想的。

像福特、利弗⑤和旧世界的实业家们一样，他做着一个社区梦：这个社区要建在他的工厂周围，社区工人们都过得幸福和心满意足，住在他为他们建起的房子里，工资待遇优厚，享受合情合理的舒适，对于付钱给他们的主人忠心耿耿，尽可能远离市区生活的引诱，也不让阶级冲突思想分心。他在阳光城区一直为圆这种社区梦做着努力。他购置35英亩地并分配之，帮助自己的大批雇员在工厂附近各建其屋，他本人承担修路和建造水电网络等全局性事务，然后再把社区分成多个地块，每个地块都有50英尺长的街面，不准有贫民窟或穷街。尽管在像澳大利亚这样的国家里他无法在其雇员们中禁止工联主义，但是他决心尽可能防止之，并尽力证明工联主义没有任何实际必要，因为他始终坚持“自由雇佣企业”原则。

与此同时，他的收割机市场正往国外扩展。1902年，他兄弟之一萨姆从布尔战争前线回国参加了他的企业。由于萨姆·麦凯感到当地对收割机的需求有限（尤其因为一场大旱在维多利亚肆虐，农家们都深陷债务之中），便建议探索新领域，于是带着50台收割机去了阿根廷。结果比所有预期都好，对阳光收割机强烈需求的消息开始从南美洲传来。不久，加拿大，甚至西伯利亚也传来类似消息，因为这些地方的农业状况和澳大利亚的几乎完全一样。在澳大利亚丛林地区一家铁匠铺似的手工间里粗制滥造出的这种机器，竟然冲出了国门，在世界上大行其道了。它的发明人前景实在广阔，令人喜悦。

可是，海外行商们并不让他平平安安地开发他不断扩大的市场。在机械方面，他的企业已经开始提供澳洲农家所想要的一切，他的这一成功已经令外商们很觉不安。对地方产品的普遍不信任这一被进口商们长期视作坚实财源的观念正在被驱散，他们因此企图买下麦凯的产权，直到最终将他扼杀。

美国一家垄断企业代表扬言：“我们将最终击败麦凯。我们身后资金无限，即使我们连续3年不能取胜，我们最终是能击败他的。”

这就是1905年麦凯在关税委员会前作证时面临的形势。此时正值艾尔弗雷德·迪金之新贸易保护制度思想提出之际。根据这一思想，要强制推行对某些商品免收消费税的做法，这些商品是指被仲裁法庭主席核实为“公平合理”情况下制造的产品。未逾两三年时间，新贸易保护条例获得通过，由仲裁法庭予以实施。据此条例申请证书的首位制造商就是休·麦凯。

也许有点讽刺意味的是：一个以其个人独立主义为自豪的人，一个曾经极力反对任何干涉他企业外力的人，竟会如此迅速接受国家的保护。逻辑上，他一定会抵制国家的这般纵容，欢迎作为激励的竞争，因为竞争是行业的生命，这是符合经济自由放任主义这一旧有学说的。可是麦凯的行为并不合逻辑：他是一个变动着的社会产物，这是一个无信条的社会，在这个社会中，一切难题都靠实验解决，一个人可以利用任何当时对他有用的思想。新贸易保护本身就是一项颇为似是而非的策略，意在同时利于雇主们和雇员们，既要保护工厂主免受外部竞争，又要保护工人们反对工厂主。宪法局限（联邦无权对工资进行普遍立法）起码在部分上难辞其咎。它企图超越那些限制，通过可以充分控制联邦的唯一机构海关，不是直接而是以倾斜的方式，强制推行种种产业条款。

起自麦凯申请的“收割机”一事，已经成为具有历史意义的事件。为亲自弄清楚麦凯厂的产品状况确属“公平合理”，仲裁法庭主席希金斯法官，不得不对整个工资问题和生活标准进行调查，摸清工人们的收支情况和当前的物价。议会所称“公平合理”是什么含义？这方面的条件如何判定？这位法官决定采取一种基于“普通雇员的正常需要，即被看作文明社会生活中人的需要”之标准。他最终拒绝证实低于每周2英镑2先令的工资是公平合理的。2英镑2先令的周工资远高于非熟练工人的平均工资，因为这时（1907年）的平均工资最多不过每天5~6先令。这一调查新发现则意味着工资标准将提高27%。

麦凯的免税申请未获同意。他遭拒之后拒交消费税，并在最高法院为退税决定进行辩护，因得到法官3对2的多数支持，他的辩护胜利了。多数法官的支持依据是，此条例根本不是一种征税法令，而且一项调节劳动条件的条例，就其本身而论，它不在联邦议会权限之内。

不可否认的是，此事表明麦凯性格中不乏机灵狡猾劲儿，一种当地人的精明，一种认为在法律和企业行为中为达目的可以不择手段的信念。他在法院并未提出条例的实施在法律上无效之观点。可是，在对他不利的决定做出之时，他则不失时机地对决定的权威性提出质疑。也许，他毕竟是在被逼无奈，只好又返回他深信不疑的观点：一个人对于自己的企业一定要持续不断地反对外来干涉。他欲望慷慨，习惯民主，仍坚持反对工联主义的顽强自信。工联主义早在（19世纪）90年代初已被击败，可是由于新成立的仲裁法庭在支持，它虽猛势稍减，却以另一种形式又在逐步增强。1911年，农具制造者联盟成员们在阳光城区设法实施“唯工会会员雇佣制”原则之时，他则不遗余力反对他们。这并不是说工人们的要求对他个人已经产生很大影响，而是说为组织工会而进行的斗争在一定意义上已经获胜。工会中已有43人站了出来，其中只有12人在为麦凯干活。可是，他的工厂就是他的私人领地这一思想在他脑中始终没有动摇过，他因此宁愿随时准备面对3个月罢工的僵局，也不愿意他厂中的工人们受到外部“鼓动者”的强制威逼。

他说：“我不准备强迫我的任何工人参加工会，而且不准备允许任何别人强迫他们。”

然而，3个月罢工结束之时，他碰见罢工回来的工人们，他与平常一样心平气和、漫不经心地给工人们打招呼的样子就好像他们度假刚刚归来似的。

在这一点上，他不失为一位典型的澳大利亚实业家，只要感到某种平等精神他就会立即作出反应，用平易近人的与人交往的方式，使他自称拥有的经济势力得以缓和。除了精力充沛、首创精神和坚毅顽强这些个人美德之外，他对自己国家的重要性还在于他富有本国农业需求的经验和满足这些需求的能力。更可贵的是他的首创天才，首先在一家农场得到施展，他的组织才能同样可贵。由于这个充满想象力的农家子弟的作为，整个国家的大量劳动大大减轻，这位农家子弟不愿看到人们苦干可通过机器远容易完成的工作：他使劳动减轻了，同时使国家财富增多了，谁能说出有多少杰出政治家可以作出同样的贡献？从整体上讲，没有让麦凯的非凡精力用于政治，也许是国之幸事。在1913年，他出山代表巴拉腊特担任过工党反对派候选人，但是未能胜出。自那以后，他再未涉足仕途或作过进入人们所称“公职生活”之尝试。

注释

① 剥离机：实际上应为剥离式收割机（stripper-harvester）。

② 里弗赖纳：澳大利亚最富饶的农业地区，面积约为67 000平方千米，主要处于悉尼至墨尔本之间，为几条大河流经之地。

③ 不远处：指谢珀顿在巴拉腊特的不远处。前者大致在墨尔本以北方向的180千米处，后者基本在墨尔本以西方向不到120千米处，同为维多利亚州著名城市，彼此相距约为200千米。

④ 阳光城区：即墨尔本大都会城区之一，在市中心西北方向13千米处的工业区。原名布雷布鲁克，自19世纪末麦凯把自己在巴拉腊特的阳光收割机厂搬来之后，此地就用“阳光”取代了布雷布鲁克作为地名，当时还不属墨尔本管辖，至20世纪50年代才划入墨尔本大都会范围。

⑤ 福特、利弗：19世纪末已闻名世界的两大公司或跨国公司。福特作为公司名沿用至今，利弗作为另一公司名称，又译为“利华”。

20 银行家：丹尼森·米勒爵士

澳大利亚银行业务史开始于1817年，这一历史开始的标志是悉尼的一批商人组建起新南威尔士银行（下称新行——译者注），此举旨在与由缺乏稳定货币造成的种种罪恶行为进行斗争。新建的这一银行自主发行钞票，此种钞票有一段时间被称作西（班牙）元，成了新南威尔士殖民地开始以来人们熟悉的一种交换媒介。在银行业最早进行的那些工作所处环境似乎有点晦暗，在统治阶层，包括军方和官方的人士心目中，发放贷款只是一种不受尊重的职业。新行最早董事之一是温特沃思（温特沃斯），这一点一点儿不错。但是，另一位董事倒是威廉·特里①，此人乃商人阶级中一位典型的前罪犯，又是一个半歹徒半放高利贷者之人，他通过开当铺、卖朗姆酒和非法交易财产，积累了一大笔财富，至1838年他死之时，其财产价值已高达50万英镑。然而，在一个发展中国家，银行业对商业和畜牧业的生存是不可或缺的，其重要和声望因此迅速增长。在第一家银行问世不到一个世纪，就有23家银行在澳大利亚开业，总资本和储备资金已多达31 606 875英镑，资产总额已是开始时的3倍。事实已经证明银行业成了澳大利亚最赢利的行业之一。

之后发生了一个不足为奇的情况，这就是进入议会的首批工党政客要求参与为人民谋利的事情，因为银行业是建立在人民产业之上的。1891年工党政纲要点之一就是要创建一个国家银行。可是，对当时工党代表们来说，金融是一个弄不懂的领域。他们因此很容易被说服，认为创办任何一家人民的银行之尝试都会是一种灾难和败坏党的声誉。澳大利亚联邦成立后不久，银行问题重新被提起，而且放到了政府工作的突出位置，这一形势的形成主要是通过一个人的努力，发挥了作用的这个人把金融研究当成了终生事业。

此人就是金·奥马利：他出生在加拿大，可是他长大的地方却是美国，后来又因健康原因来到澳大利亚。对他来讲，金融这个领域一点儿也不神秘，因为他的多名亲戚都曾为银行家，他本人也在一家美国银行工作了10年之久，他精通银行业务，对于解决本业难题具有魔法般的技艺，对于公共管控银行业他有狂热信心，一贯主张为澳大利亚联邦创办一个国家银行。可是，他为人有一种美国式的铺张作风，对西大荒②有一种蓄意狂热崇拜，他头戴样式各异的宽檐帽，说起话来慢条斯理又风格独特，这一切使得他的不少同事对他的种种理论产生怀疑。虽然他成功使其思想被纳入工党1910年的“战斗纲领”，但是工党掌权后对他的思想有了搁置倾向。那思想无非就是狂人奥马利的心血来潮，这对谨慎的安德鲁·费希尔就足够了。费希尔没让奥马利当财政部长，而是自己主政财政部，把危险的革新派奥马利排挤到内务部，强迫他关心其他事务。然而奥马利并不认输，而是在立法机构政党成员会议全体成员中间秘密活动，使其思想获得支持，至1911年10月，多数成员要求总理务必正式公布一项组建国家银行的法案。

联邦银行就是这样，在党内外都有人反对的情况下开业了。如若联邦银行不是以出其不意的做法开业，则会受到其他多家银行更有组织的敌对。但是，由于奥马利保持沉默，加之对他的思想持应付态度的费希尔政府明显不乐意，那些有偏见人士的恐惧终归于平息。尽管议会内批评积极，但目标有误。约瑟夫·库克爵士戏称“万能君王们”，时人中的漫画家们把工联主义者们画成人人身系扎裤脚的带子，拥上银行门口，强烈要求预支工资。但是，反对党的几名成员支持建立国家银行这一想法，首先认为其中有将州债务转嫁于联邦的易行之径，尽管这项任务迟至1928年才告完成。

1911年联邦银行条例规定：

除本条例赋予的任何其他权力之外，本银行还有如下诸权：

（1）从事银行业日常工作；

（2）任意获取和持有土地；

（3）收取定期或活期存款；

（4）通过借贷、透支或其他方式预支款项；

（5）贴现票据和汇票；

（6）发行票据、汇票并发放信用证；

（7）办理汇兑、硬币、银条银块、贵重物、黄金和珍贵金属等业务；

（8）借入钱款；

（9）处理银行权限内易发生的任何事情。

条例规定设负责总裁一职，总裁具有明显巨大权力，大到从任命开始，银行的未来主要依赖于被任命之人。此人碰巧就是丹尼森·米勒，新行的一位高级职员。米勒很可能不是第一个或第二个被商谈的物色对象，可是在安德鲁·费希尔请他到墨尔本给他看条例初稿之时，他那足够的想象力让他意识到他的机遇已到，费希尔无意要他平白无故扔下一块好啃的骨头。

他事后坦言：“我能马上明白担任此职之人被赋予的权力何其大也，因此我就受命了。”

这是一项让人高兴的合适任命。主管像联邦银行这样企业的人需要谨慎和首创精神两种品质，丹尼森·米勒身上正好具有这两种品质的适当结合。他瘦削，强壮，敢于担当，对于服务公众充满热情，而且能用这种热情感染他人。1860 年，他生在伍伦贡附近一个教师家庭，他还是一个 16 岁小伙子时就进入了新行工作，曾被派往里弗赖纳境内的丹尼利昆，在那里他开始了解自己的国家及其资源，事实证明这种知识对日后的他有了用处。他心无旁骛又充满活力地学习和钻研银行业务，不到 10 年时间，就开始担任助理会计师。他的任职升至大都会督察官之时，引起了费希尔的注意，认为他就是有可能成为联邦银行总裁的人。尽管《经济学家》周刊曾对他美言道他适合担任总裁，但是他还是不为大众所知，人们不禁会问：这个丹尼森·米勒何许人也？

联邦银行创办伊始，既无报纸鼓吹又无其他宣传。开业之日，一点也不招摇和张扬，开业的地方只是墨尔本柯林斯大街楼上的一个小房间，还是借用财政部的，帮忙的只有一个人，而且还是一个通信员小伙。在选用职员时，丹尼森·米勒却是不乏谨慎。他急切希望其助手们不仅要有能力和知识，而且对银行的前途具有信心。至于资金，联邦银行条例规定提供一百万英镑赞助金。可是丹尼森·米勒决定不要这笔钱，而是在全澳大利亚着手开办多家储蓄银行，这样则可避免向银行存款人之外的任何人付出利息。办储蓄银行这一思路获得了成功。有了营运资本，他的银行得以半年之后普遍开业，首日就收到 2 368 126 英镑存款，其多半来自联邦政府。

不能不说联邦银行是在有利情况下诞生的，它生逢好世道，对于其他银行来说，没必要设法把这个新对手扼杀在摇篮里。澳大利亚的进步浪潮当时正处在曲线上升期，可是丹尼森·米勒却清醒地知道其银行的地位不稳，这一想法并未完全得到公众认同。他的银行在社会上被视作一种试验，一种社会主义试验，因此，“万能君王们”的戏言变成了有关“费希尔的纸币和易损坏物件”的种种笑谈。这种朦胧的不信任也许会随时针对银行的政治失败。米勒尽力不与对手们结仇，他把定期存款的利率定在0.5%，低于对手们的利率，对贷款和透支的收费均约莫遵循种种惯例。丹尼森·米勒的策略是尽量减少与各私家银行的竞争。

然而，该行从开业之日起就处于兴旺状态。人们不久就认识到该行的资金就是国家的信贷，而且可被用作国民安全的一种工具。各种优惠折扣可以导致小储户对银行看好。在任何一年，只要是金额不低于50英镑的账户则免收费用，从该行取出的支票可在联邦任何地方银行支取，而且不收兑换手续费。几个州的储蓄银行业务因此已转交该行办理，于是乎该行则越来越多地获得了多个政府、工会和公共机构的赞助，所以该行从一开始就理所当然地成了联邦政府的理财高手和管钱大家。

是第一次世界大战才使得联邦银行一跃成了主宰澳大利亚经济的银行。它在开始阶段产生的影响只是在一些较小事情上为人所感知。到1914年8月，它竟然能够在伦敦为联邦政府预支10万英镑资金，翌月又给政府12万英镑贷款。它还为国防部安排了准备金，这样可使各部门军官们不必等拨款账单下来就可购置军需品，比如为远征军买战马。它用多种不同方法提供帮助，应对了意外情况。突然间让人明白的是，金·奥马利孵出的丑小鸭变成了颇有价值的鸟，不仅有益于政府，而且有益于每个澳大利亚人，因为他们若想出国旅游则可以兑换纸币和银币。

澳大利亚参加第一次世界大战所需融资对该行提出了更多严肃任务。形势很快让人明白只靠在伦敦市场惯常使用的浮动贷款方法已经无法满足异常开支：到1915年联邦政府首次不得不向澳大利亚本国人民求助。银行试验之法一时间自然为众人疑云所笼罩。人们不知道澳大利亚金融资源总量实际有多大，澳洲大众从未被要求过认购一大笔贷款。然而6年后他们提供了所被要求的巨额资金（超过2亿5千万英镑），使用于战争和军人复员的融资业务得以安然完成。

对于该行及其总裁，这一成就不失为一个胜利。不仅筹款得以成功，而且其损失低到每一百英镑只有5先令6便士，这与每一百英镑就有27先令1便士的损失相比形成鲜明对照，后一种损失是1910—1915年间在海外金融市场筹款时必须承受的。该行实际上为政府省去了总额为500万英镑的直接损失，同时也为自身赢得了一小笔利润。

更重要的是，该行为初级生产者大众做了有益工作，为经营小麦、羊毛、肉类、黄油、奶酪、兔产品和食糖等行业提供了总额高达4亿3千6百万英镑的资金，借此保证了初级生产者们的安全。面向海外市场的运输设施不足，它就提供200万英镑让政府买下一条轮船运输线，此线一直运营到第一次世界大战结束。在混乱的军人复员阶段，它便为建房提供款项，用贷款支持地方政府机构，这种贷款在当时条件下无法得自海外，用于修建道路、电车路线、港口、煤气厂和电厂。就是这样，困难重重的调整期，在骚乱被压至最低程度的情况下，得以安然度过。

1920年11月，下达了一项修正法案，把原属于财政部的澳币发行权委托给联邦银行的一个部门。该行正受到时下人们的关注，这是一种国人的共识。但是足够奇怪的是，此法案竟为约瑟夫·库克爵士所提出，正是此公8年前对于人民的银行业务可能性竭尽嘲笑之能事。他现在说："联邦银行与财政部相比，更能接近社会之需求。"他最初的议案规定货币发行的利润可用于银行的一般业务。这一条款被批评为只给了联邦银行好处，它的各对手银行得不到这种好处，因此是不公平的。约瑟夫·库克爵士只好撤回其议案。货币发行利润改归财政部，这种利润对增加岁入马上构成一种宝贵价值，这种岁入源泉创造的永久资产就是修成的穿越大陆铁路③。

货币发行权之易主标志着联邦银行管理专制性的改变。人们感到货币发行这件事太重要了，重要到不能落入任何个人之手，然而丹尼森·米勒又偏不愿意把自己对银行业务的全面控制转到董事会手中。对此情势只好作出一种折中安排：创办一个由 4 个部门主管共同管理的独特部门来负责货币发行。这样就开始了该行功能的分裂，这种分裂对银行日后的发展构成障碍，使该行从一个巨变工具变成政府部门之一。

对于丹尼森·米勒行使大权这件事，可以肯定地说，反对的潜流从未断过。毫无疑问的是，在他受命之时还预知不到该行会飞速发展；即使赞成创办国家银行这一想法的人也感到，在理论上讲，如此之大一个企业是不应该由一个人控制的。但是丹尼森·米勒的管理是如此出色，个人威望是如此之高，对于他的抽象批评结果变得销声匿迹了。人们不禁会问：一个董事会能像他那样充满青春活力和首创精神去面对战争期间那么多困难吗？这样的董事会成员们与米勒相比，不是更保守，又不是更反对实验，也不可能通过自己的业务利益与其他现存金融机构更多拉关系，这一切都有可能吗？这些疑问表明：丹尼森·米勒的地位太牢固了，牢固得不容挑战，他因此在 1919 年 6 月又获得任命，开始了第二任期。

可是，对手们都希望限制联邦银行的种种活动。他们坚持认为允许联邦银行免交税款就等于给了它竞争优势，这种优势清楚无误地表现在它对多数州内储蓄银行的控制上。对手们对该行多个分支和代理机构的扩展势头感到恐惧。第一次世界大战业已表明，一个中央银行和一个专为多家私有银行而设的结算所都是必要的，因此他们提议这应该成为联邦银行未来之功能。它事实上应转为一个银行家的银行，而不是允许它作为一种社会试验进一步发展。丹尼森·米勒的创新倾向受到了质疑。在 1920 年下半年，正当世界各大银行开始采取通货紧缩之策之时，他却反其道而行之，竟发放联邦银行信贷以帮助澳大利亚人，发行了数额高达 2 300 万英镑的追加货币，就是这样避开或推迟了澳洲经济的一段不景气时期。1921

年他对一个失业者代表团承诺他要像对第一次世界大战作贡献那样，准备对澳大利亚生产事业提供资金，这一承诺暗示他有重新脱离传统之迹象。

一个何其险也的计划！评论米勒的人们都知道，银行的管理不能够有政治干预，可是银行的工作范围又不能够不受到法规的限制。没有等到对他敌意的评论发展到危急关头，他却与世长辞了。若他有幸活过第二任期，他会如何面对批评，现在对此猜测已经几乎毫无意义了。他乃人生得意之人，种种机遇激发和培育了他的创新作用，这些机遇对他的青睐差不多全出于偶然。关于他工作的本质和国家银行业务的发展前途或潜在价值，他也许发表过种种总体看法，但是至今找不到有关任何此类看法的记载。他有典型澳大利亚人的才能，即把思想传统和行为创新结合起来的本领。他爱周六高尔夫球运动，他多次主持慈善活动，他认为《致加西亚信》④乃人类所写书籍中最鼓舞人心的书之一。他的人品深留在大众心中，然而这种印象既非惊人又不多彩。1923年5月，丹尼森·米勒下葬了，大堆人群送他至墓地，送葬者对他表现出尊敬和喜爱之情，此情自发和情不自禁程度之高，是他之前逝去的任何一个公职人物的葬礼上从未遇过的。

注释

① 特里：作为姓，亦可译作“泰里”；如果是女名，则译作“泰莉”或“泰丽”。

② 西大荒：美国历史早期没有法纪约束的西部，是拓荒者们西进运动中形成的一系列边陲区域的最后一片土地，美国拓荒时代正式结束于1890年。

③ 穿越大陆铁路：又名穿越澳大利亚铁路（Trans-Australian Railway），东西走向，全长1 783千米，东起南澳大利亚州的皮里港，

西至西澳大利亚州首府佩斯（或珀斯），1912年开始修筑，5年后的1917年通车，经由纳拉伯平原的一段铁路长达480千米成一条水平直线，即既无转弯又无起伏，是世界上最长的又直又平的铁路段。

④ 《致加西亚信》：世界最畅销书之一，系美国编辑兼出版家埃尔伯特·格林·哈伯德（1856—1915年）的成名作，此书提倡的敬业和坚韧不拔的精神鼓舞了和鼓舞着许多人。亦可译作《致加西亚的信》《写给加西亚的信》《传给加西亚的书》以及《与加西亚书》等译名。

21 军事家：约翰·莫纳什爵士

早在年轻时，作为墨尔本大学本科生的约翰·莫纳什，把心思转向了军旅生活，这一转变是什么原因造成的，倒是难以说清的。原因也许在他血液中或与生俱来。在第一次世界大战之前的时日里，与澳大利亚军事防卫相关的大多数名字听起来都像外国人名，只是随意挑几个出来就有肖维尔、罗森塔尔、罗马乔蒂、布鲁奇、塞尔海姆和里卡多。说这只是一种巧合，却又不大可能。较为可能的是，可以通过事实加以解释：大多数英国血统的澳大利亚年轻人，均置劳森的《澳大拉西亚之星》于不顾，都相信战争永远不会伤及自身。他们想象不到自己会为“正义或为大错”而战，甚至想不到为保卫故土而战。战争只属于过去，或属于遥远又远古的欧洲，一个满是敌对和妒忌的欧洲。战争的重重难题对他们没有实际意义，关于和平时期当兵生活的欺人之谈对他们没有吸引力。第一次世界大战爆发时的几年前，因为新近产生的对日本的恐惧，澳大利亚确立了义务兵役制，可是在此制度开始之时约翰·莫纳什就已经是指挥澳大利亚情报部队的上校，即一位经历丰富的军官了。

这种经历的一部分是在正规教育领域。他1865年出生在墨尔本，初入大学时修的是文科课程，然后转学法律，1890年毕业时获法学学士，此时他已是卫戍炮兵部队的中尉了。接下来他修习工程学，于1893年获土木工程学硕士学位，其后不久便立身于商业。但工程学才最终成了他人生的主要兴趣。重要的是，他没有投身布尔战争：这大概是个原则性问题。他寻求的不是冒险。从军固然不错，但是，他准备做的是把自己大部分空闲时间用于防卫问题，因为他最重要的是位平民，有一种老百姓的人生观，相信满脑子都是军事问题会束缚他的思想。他曾对一位母亲说："莫让你儿子入正规军，它对人的培养是最有限的。"他本人的长处在于他与一般军人相比，不但阅历更丰富，而且知识面更广。他博览群书，有一定的医学知识，凡有好的音乐会，他几乎每次都要前往。在自己的职业活动中，他特别关注混凝土建筑工程，而且是这一建筑形式开创者之一。

莫纳什就是这样一个人：50岁响应号召，出任澳大利亚武装部队第四旅旅长，于1914年12月开赴战区。此时的他不可能有他个人的雄心壮志。对他的任命实属必然，乃理所当然之事，他之受命乃一义务。职位比他高的军官当时就有几位，尤其是布鲁德内尔·怀特这位"显然是澳大利亚产生的最有才华军人"。另外，他一点儿反常的浪漫倾向也没有，就是这种倾向一年前在墨尔本，使得一位杰出的职业军人作为祝酒词说出："祝君多打恶仗，快速晋升有望！"

他写道："我恨战争事务，也恨战争恐怖，它耗费，它毁灭，它无效。我多次都希望过我受伤，我生病，或失去健康，因而能够让我体面地离开战场，就像那么多资深军官们那样。"

这就是他平生首次实战经历——加利波利战役①，在他心中激起的反响。他从战役出来没有受伤，却取得了功勋。但是，战役并未能使他的特殊才能得到发挥，而是使他深切意识到整个战役都缺乏效率，因为战役充满混乱、消耗和错误行动。实质上，这是一场士兵之战，战役中的主角和中心人物实为普普通通的澳（大利亚和）新（西兰）士兵。在夜间登陆不知名海岸行动中，在对灌木覆盖的群山发起的第一批攻击中，士兵的突出表现是勇敢和猛冲，然而这种勇猛行动并未得到应得的赤诚后援。就这样，让一支英勇部队在坚守沿海山间几条战线上，执行令人沮丧的任务中精疲力竭，直到病倒，重度伤亡，初冬降雨乃至雨夹雪等恶劣天气，致使撤退不可避免。

莫纳什持有他在加利波利获得的美名，可是这一美名再无任何明显提升。

英国军事专家利德尔·哈特船长说："他之军事贡献在一定程度上越来越多地引人生疑，他完全不是传统上生就的乐于冒险的带兵人。若不是在前线战壕里他很少被人看见，就是他通过一份份熟练报告和对情报的精于组织，掩盖了他观察中的缺点。"

诸如此类的"多个疑点"，在第四师组建过程中，在伯德伍德的考虑中也许发挥了作用。澳大利亚政府急切希望本国的两位军官，要么莫纳什，要么怀特，能够出任师长，可是伯德伍德想的不一样，他更希望把此职务委任给基奇纳②的下属之一和他在印度时的老同事考克斯。

然而，他率领自己的整旅人马在法国短暂服役之后，他的种种素质获得了认可。于是至1916年7月，他就被派往英国组织和训练第三师。他终于获得了他施展特殊才能的某种天地，决心让他负责的这个师成为澳大利亚武装部队中受训最优的兵力。他综合利用所有条件以使决心实现变为可能。他的工作具有优越物质基础，并可得到索尔兹伯里平原上多处营地和种种便利设施，并且他还有熟悉其部队很可能被派去战斗的战区之优势。这些与其他师要完成其训练的条件相比，该是何等的不同！那些师必须要和埃及的恶劣气候搏斗，它们又缺乏设备和合适的阅兵场，还得响应号召，为了保卫苏伊士运河地带，承担在沙漠中修筑野外防御工程的艰巨任务。在1915年的那些日子里，一切军事工作的组织全笼罩在一种临时行为和外行排练的氛围之下。战争依然处在变化状态，为意外变动所左右，战果严重地为埃及或美索不达米亚这两个地方战争的某一胜利或失败所影响。当前情况正归于平静，战法和目标正变得较前明确，为人所共识的是，万事均依赖于在法国的堑壕战。

在法国，莫纳什作为师长的各种才能很快为人所感知。澳大利亚军队，虽在伯德伍德的总体指挥下，澳联邦政府又希望把澳军保持在一起，但实际上却不是一个连在一块儿的整体。在法国，固定的组成形式是军团，被派驻特定地带，以掌控该地带所有的铁路卸载点、公路和供应来源。此类军团的构成不断处于变动之中：任何一个师都要根据临时重要之需抽调人到别的师中。事实上，莫纳什的这个师倒成了有自身特性和传统的一个单位。这一体系的形成，尽管对于澳军整体来说不能令人满意，但是却给了该师领导层一个表现其素质之机，莫纳什因此尽最大努力充分利用他碰上的一个个机遇。他对自己的特殊才能一清二楚，又明白如何去运用这些才能。他不乏的是精益求精和求细激情，他深信的是若一个计划经过了细心准备，并对负责执行计划的每个人讲清楚，就一定会有成功实现的道德把握。他自己就有洞察事理的特别天赋，并鼓励他的军官同事们都培养这同类才能。在梅西恩③之战之前，他就在后方某一处备有一幅该地带地势图，为的是让战士们在空闲时能钻研和熟悉之。

他曾说：“每次战役都务必在火力网展开之前夺取胜利。”

可是，莫纳什的崇高品质毕竟是他的道德勇气，即随时受命的责任感。他的这种责任感在1918年3月得到了充分检验：此时的他正在法国南部休整，忽闻一则让他不堪忍受的惊人消息：高夫的第五兵团守卫的战线已全线被攻破，德军通过战线破口如潮水般涌向亚眠④。他毫不迟疑奔向战场，发觉一切处于令人恐惧的混乱之中。亚眠已在连续轰炸之下，老百姓开始像决堤洪水一样涌出城外，各条道路都交通堵塞，杜朗⑤的大街小巷都挤满掉队的军人。这些人个个都失魂落魄、饥肠辘辘和惊慌失措。他事后写道："此情此景看起来，好像在世界的这个地区的整个英军差不多完全陷入了溃退状态。"

这时要找到任何一个掌权人都不容易。所有司令部，包括师级的、军级的和兵团级的司令部，都在迅速后移，在任何一城镇停留的时间都不会超过几小时。在蒙迪库尔⑥一座已被废弃的城堡里，莫纳什终于偶遇一个值班的参谋班子，他走进这座晦暗的建筑物时，就发现满屋子都是军容不整、眼神疲惫的军官们，在一个角落坐着一位将军，在察看一张被烛光照亮的地图，他举头一望便如释重负地说：

"谢天谢地，澳大利亚人到底到了！"

莫纳什受命阻挡昂克尔河⑦和索姆河之间的德军。他日夜不停操劳，用汽车、火车把各营兵力集结在一起，然后把他们部署在各处以堵住德军前进的道路，虽有一定激战，可德国人的军事推进已经丧失其最初动力。他们进攻的浪潮在猛击澳军阻击过程中逐渐消退。亚眠人民又可自由生存了，困局已经得救。

两三个月后，伯德伍德调任指挥英国军团之一之时，至于谁会接任他的原职已经几乎不是问题。莫纳什稳操胜券地赢得了澳大利亚军团的指挥权。他不仅表明他在战术上的才能，而且赢得了战地部队的信心，这种情况的出现并未受到他某些个性弱点的影响，这些弱点如：他风度矜持，他举止上有些许冷漠，既无"澳"军官们令人愉快的平等主义为人，又没有英国式优雅的施恩姿态。无人能够佯称在莫纳什身上会看得出民主又无拘无束的处世态度。他对自己的士兵们表现不出一种过于亲昵的态度，也不会用伯德伍德让人高兴的话“好吧，年轻战士们，盼着返回前线再有进攻德国丘八的机会吧”给后方的澳大利亚伤员们亲切打招呼。但是，到了第一次世界大战的第四年，这类和蔼可亲的招呼开始失去市场，反而得了一个下流的名声。这类招呼属于一个比较轻松愉快的时代，属于充满敌意的索姆河之战的以前时期，属于冒险方兴、友善潜伏各处的时日，这种时候，甚至在义卖市场女士们和后方堂区牧师们的声音里，都充满着友好与善意，尽管前种人难以取悦，后种人又爱以施惠人自居。在莫纳什手下的士兵们，这些人这时无人批评他的冷漠，对他男子汉气质的无礼言行也没有微词。他之冷漠与无礼与时下澳大利亚军团的风格相一致，因为这个军团已经成为一支久经磨炼的战斗力量。

从1918年5月莫纳什开始指挥澳大利亚军团起，至第一次世界大战停战协定签订之时止，成了军团节节胜利的历史阶段。

“用打胜仗哺育你的部队”成了他爱说的一句话。

这句话虽然会让人联想到是上司给他的赠言，但是莫纳什却不大可能会那样想。他深知自己部队的脾气，也知至1918年年中，进行持续进攻的时机已经成熟。打胜仗就是只要其上层人士高效和大胆决策，就会成部队有把握之事。然而澳军各部至今还没有完全集结在一起，其第一师尚在英国第15军麾下进行战斗，脱身不出，实际上只有到8月大攻势开始之时，该师才能最终回归澳军。到大进攻之时，莫纳什作为指挥员的身份业已牢固确立，特别是在哈默尔⑧战役之后，因为这一仗打得太漂亮了，胜利得太辉煌了，辉煌到此役之后这位澳军将领的一切命令和战斗计划都被总司令部重印，作为学习样板发给整个英军。

他曾不止一次列举决定其战斗策略的种种原则。首先，是“有限目标”，意思就是每次进攻行动中，不分行动大小，都要定下一个明确限度——一般情况下，指的是一个扎营地限度或穿透深度，不管发生什么情况都不要超越限度。其次，是计划的恒定性。

计划一旦想好并发布出去，就不要作任何变更。在为哈默尔战役所作准备中他表现出的就是他备战时所奉行的这一原则。有几团美国兵已经分派到澳大利亚军团进行训练和战壕体验，莫纳什因此作了安排，把他们编成一个人数总共大约两千之众的独立分队，纳入他用于进攻的各项计划。在定下的日子大约3天前，罗林森将军通知他，此事经考虑，只能有原来半数的美国兵供他使用。此举令他恼怒，但是此时并非迟得无法重新部署。到了禁止他使用任何美国兵力的又一道命令下达之时，他彻底怒不可遏了。在此时刻，预定在黎明时分进行武力攻击的整个步兵部队，已经早已上路向各战斗位置开拔了，若有任何把美国兵力抽离澳军的尝试，都会导致战线的危险断裂。莫纳什为形势所迫，只好约见罗林森，以他所称的“外交辞令”作掩护，发出其哀的美敦书：

“眼下的任何干扰必然导致战斗之取消。”

他的这一坚持达到了目的，向总司令报告之后，禁用美国兵之命即被收回。

计划恒定性啊，严哉如斯！这似乎暗指此种严格通常与德国人的思维模式相关联，特别会与德国军事战术联系在一起。他执行计划不动摇严格之危险只是在表面上，只存在于整部复杂精密机械所可能发生的情况之中：机械某一部分故障即会导致整部机械的停转。可是，在实质上并无危险，因为莫纳什知道他正打交道的手下官兵们均具程度很高的个人首创精神和战斗纪律。他之所以能做到严格，是因为官兵们有灵活性，能适应各种小挫败和意外局势。而且他还注意把每次作战的意义和目的务必向有关方面都讲清楚。他每次下发命令都事必躬亲，动手用苦心把命令写得精确明白，并向各旅指挥官们把命令讲得清清楚楚，而旅级指挥员们又依次制订出执行命令的详细计划对连级军官们和战士们下达。

他说过：“一个完美的现代作战计划，再没有什么能比供管弦乐队使用的乐谱更与之相似的了：各种武器和战斗单位犹如不同乐器，各单位和所用兵器要执行的任务就是不同的乐句。每个作战人员必须在适当时刻准确参与，在整部和谐乐曲中奏出自己的乐句。”

但是，莫纳什的成功并不仅仅依赖其作战计划的完美。他人品中存在着一种追求决断的活力四射的素质，这一素质至少是一部分来自他的个性冲动，而这种冲动在1918年夏成了遍及协约国各国军队的一种主动出击的总体特性。他不停地强烈要求其上司们对此特性加以鼓励，他自己也做好了准备以随时证明这一特性之有效力。哈默尔之战的成功标志着潮流的逆转。8月8日澳军成功进攻日成了“鲁登道夫⑨灾难日”，也成了第一次世界大战尾声的开始。从那天开始，澳大利亚军团持续积极作战，对敌进行了一连串粉碎性打击，直到兴登堡防线⑩被攻破，德军全部撤退。那69天的记录闪耀着个人和集体英雄主义功勋的光辉。可是，澳军将士们身上最引人注目的，倒是他们显露出的军团精神。澳军在长达4年的痛苦折磨、人员缩减和幻灭经历之后，终于可以在那最后阶段以前所未有的精彩与辉煌和高度自信进行战斗了。令莫纳什相信其指挥与这种辉煌战绩关系很大的，并不仅仅是他的虚荣心或自命不凡。他固然有其自负和虚荣，但是他深知他手下官兵们能充满青春活力地响应他的号令英勇战斗，其部分原因是他们有了自豪感，他们之所以自豪，是因为他们的作战领导是他们自己的一个同胞。

有人批评他不体恤下属的生命与安全，因为他太爱随时受命随时用兵了。他对此的回答还算差强人意。它不只是个用打胜仗哺育部队的问题。主动出击，与行动迟缓相比，毕竟是代价减少或更低。如果不在1918年夏结束战斗，他辩解道，将会再打一场旷日持久的冬季战役，其损伤定会大矣。可能出现的情况就是：由于缺乏援军，军力无法增强，我们的军团则会解体，各旅被解散或编入其他部队，他对此已经提出反对意见，因为此情况的出现不仅会影响他本人的自尊，也会影响他手下战士们的自尊。有关战士们舒适和福利之事他并非漠不关心或麻木不仁。尽管他不顾在国内引起恐怖之感，对严重军事犯罪者喜欢动用死刑是个不争事实，但是他如此行事只是在遵循一种固定的军中传统：擅离职守者向来一律处死。况且，他还一直受着来自他上级英国统帅部在这方面的压力——统帅部总感到在各条战线后面有着太多的澳大利亚落伍兵。莫纳什的观点和他自己部队的看法在大多事情上都是一致的。军中常有人抱怨不止：一遇到把军队急送前线的问题，就总是需要弄到大量运输工具把兵力运至前线，等部队在战壕中待了令人精疲力竭的一长段时间之后被解除战斗任务了，他们又不得不长途跋涉，穿越数英里长的泥泞和软冰地带后赶向多个临时宿营地。莫纳什保证纠正这种做法。他把自己战士们的要求大胆上报，因为他不像英国军官们可能要考虑的是战后他们在军中的事业前途，而莫纳什则不会为此考虑所阻而不敢上报。

莫纳什从未忘记过自己是一个平民，是一个澳大利亚公民，也没忘记过，他是为国家负责才暂时担负起指挥这些兵的任务的。他还没忘记的是：这些兵实际上也都是平民，只是现在在西线⑪当志愿兵。他把自己手下官兵们的战斗纪律归功于他们在战前人生中学会的功课。“澳大利亚人习惯于协同工作，是在运动场、工业组织和政治活动中学会这样工作的。”战争本身的各种难题基本上无异于民事问题：每个任务、每种情况的处理都得以简单的商业主张为根基。他不具有关于战争的浪漫情怀，有关军事的联想对他几乎产生不了魅力。在伦敦休假期间，他喜欢脱掉军装，穿着普通衣裳在人群中转悠。他说，被平民们和年轻的部下们挤进贫穷环境令他高兴。在战争结束之时他被问及他日后准备干什么，他给了个发自内心的情真意切的回答：“别的澳大利亚士兵们打算干什么？都找自己原来的活儿干呗。”

“若战争打得更久，约翰·莫纳什爵士很可能被任命为西部战线英军总司令”这样的话已经流传很长时间了。劳埃德·乔治在其回忆录中写道："自此战以来，我被多位其判断被我看重的人士告知：被此战推上英国一边并具有必备资格的唯一军人竟是英联邦自治领的一位将军。"这话中的"将军"指的就是莫纳什这一点，不久后就被英国最杰出的军事专家利德尔·哈特船长所写的话指明了。这话就是："如果第一次世界大战多打一年，约翰·莫纳什爵士差不多肯定就会升至英军的一个指挥高位，甚至可能升至总司令。在所有占有指挥高位的军人中，他大概就是在指挥现代战争中具有最大才能者。"

这种任命只能顶着各种长期偏见作出。莫纳什的不利条件实属多多：他是澳大利亚人，他是平民百姓，他是犹太人。在这个体型粗壮、貌不出众的男士身上，几乎毫无英军传统指挥官的气质，加之他从未进过参谋学院，也未培养出社交风度。他能够得到考虑被提升到高位这件事表明：第一次世界大战所造成的军事价值观是一种何等的巨变。可它还同时表明：莫纳什给人留下的印象该是多么深刻。除了他天生的资质和他手下战士们的英勇之外，他并无别的支撑，他竟越过了种种障碍或穿越了带刺铁丝网，最终攀上显位，高高站到了世界的舞台上。

他值得赞扬的是，他并不渴望拥有这种显位。从第一次世界大战回国之后，他并未作过努力利用其威信参加议会选举之类的事情。他扔掉军服，返回混凝土行业重操他一贯心仪的旧业。他把战后自己的有生之年都用到了公共工程上。他接受过一项委任，担任亚卢恩⑫大电厂的组织者，电厂建成后则可保证从褐煤田往墨尔本供电。他另外还忙于有关大学的种种事务。在人群中，他是个几乎不起眼儿的人物；他早上上班，赶火车去；每次听音乐会，他都是悄悄找到座位上；委员会开会时，他总坐在自己的位置。在他去世前不久，他才知道自己的心脏已经疲惫成疾，此病令他只能作二者必居其一的选择：要么短期积极工作，早见上帝；要么长期病残，再无作为。只有像他这样的人才毫不犹豫地毅然作了选择。

注 释

① 加利波利战役：1915—1916年发生在达达尼尔海峡欧洲一侧的加利波利半岛，是第一次世界大战期间一场主要战役，有大批澳大利亚和新西兰部队参加的盟军希望获得海峡的控制权，但战争在双方伤亡惨重的情况下陷入僵局，澳新军团官兵在此次战役中表现得异常英勇，始在世界扬名，澳大利亚人至今为此深感自豪。加利波利亦有译作“盖利博卢”的。

② 基奇纳（1850—1916年）：全名为（霍拉肖·）赫伯特·基奇纳，世称喀土穆基奇纳伯爵（第一），英国军事家和政治家，在第二次布尔战争中任参谋长，1909—1912年任印度总司令，第一次世界大战爆发时被任命为陆军大臣，是第一次世界大战中世界闻名的英军将领。

③ 梅西恩：比利时的一个小镇，第一次世界大战的一次战役发生在这里，此镇附近有山，因此梅西恩之战也称梅西纳山脊战役。梅西恩亦有人译作“梅西纳”。

④ 亚眠：法国北部城市，1990年人口近14万。

⑤ 杜朗：法国一城镇，人口6 000多，离亚眠不远。

⑥ 蒙迪库尔：法国北部一市镇。

⑦ 昂克尔河：法国北部河流，离索姆河不远。

⑧ 哈默尔：法国北部地名。

⑨ 鲁登道夫（1865—1937年）：全名为埃里希·鲁登道夫，德国将军，第一次世界大战期间创立“总体战”理论，曾任兴登堡元帅的参谋长，因西线总攻失败辞职（1918年），后为纳粹党总统候选人，国会议员，著名著作为《总体战》。

⑩ 兴登堡防线：第一次世界大战期间德国在西线筑起的一道加固防线，保罗·冯·兴登堡元帅指挥退却至该防线，直到第一次世界

大战结束才被攻破，亦称齐格菲防线（Siegfried Line）。

⑪ 西线：又译西部战线，指第一次世界大战期间德国向其以西的英、法、美等国推进的战区，主要分部在法国东北部到比利时的奥斯坦德这一大片地方。

⑫ 亚卢恩：维多利亚州一城镇，在墨尔本以东偏东南方向143千米处，处于拉特罗布谷地，这里物产丰富，尤以褐煤田闻名遐迩，煤层厚度约60米，并适合露天开采，建有燃煤发电厂，电厂之大成为墨尔本等地的电力供应地，莫纳什的人生最后岁月大多在这里度过。

22 飞行员：查尔斯·金斯福德·史密斯爵士

在澳大利亚飞行史上，再没有比史密斯这个亲切的名字更为荣耀的名字了：自我国航空业黎明之时以来的多次壮举，无不与此名字密切相联，或者说，至少从公众开始关注长途飞行以来，这种关联就已经存在。到了1919年，关于飞机，已成战场上空如此令人惊叹的作战工具，会在多大范围上作为民用的问题，已经有了大量讨论。意在加速这一发展，联邦政府特设一项万镑大奖，奖给由澳大利亚人操作的首架飞机——在规定时间内从伦敦飞到澳大利亚的飞机。首奖由史密斯家族的两兄弟基思和罗斯获得。两兄弟驾着他们的维克斯·维米飞机从英国出发，没有超过28天就飞到了达尔文。这次隐患和冒险丛生的飞行一直吸引着澳洲大陆人们的关注，真可谓是屏住了呼吸，全神贯注。这两兄弟成了家喻户晓又深受爱戴的英雄，而且都被皇上封为了爵士。人们蜂拥而至，聆听他们讲述自己飞行旅程的故事。举国谁家生了男孩都争起他们两人的名字，这些新生儿之一起的名字就是基思·罗斯·米勒。米勒家的这个儿子后来真的出人头地，成了飞行员和板球运动员。

早在1922年，史密斯两兄弟的事业因罗斯·史密斯爵士这位弟弟的早逝而中断，弟弟在作环球飞行准备时死在一架坠毁的水陆两用飞机中。可是，在此空难发生之时，在西澳（大利亚）航空公司担任飞行员也姓史密斯的一位年轻人，在其日常工作同时正做着打破史密斯兄弟纪录的美梦，他的日常工作就是驾驶飞机往黑德兰港①、布鲁姆②和西北沿海其他炎热小镇运送邮件。查尔斯·金斯福德·史密斯与那两位史密斯兄弟素无联系，他比他们年轻几岁，1897年出生于布里斯班，但是他与他们同样都做过战争飞行员，然而服役的地方是欧洲而不是近东。他在欧洲脚部受伤，不得不禁飞几个月，而在战争结束之时他获得了军功十字勋章且已积累了丰富的飞行经验，到22岁之时他的心就迷上了一种坚强的信念，即他深信自己的未来一定是在航空。

然而在第一次世界大战结束后有一段时间，对于年轻飞行员来说，实在是机遇寥寥。民航还处在试验阶段，且每次试验都需要钱，谁来出钱呢？作为作战武器的飞机虽在强劲发展，但它的可靠性尚未成功。因为飞机缺乏可靠性，所以政府要把它广泛用于通邮和客运服务就缺乏正当理由，各商业公司也都因此不敢大胆投资于如此可疑的运输工具。在大众看来，飞机依然是个令人兴奋的新奇物。对于飞机可靠性的信心有待确立，对于当时一位作家所说“天空层级既未知又可怕”的探索也有待进行，在此之前绝不能把飞机看作将来受人关注的有潜能之物。

然而对那些愿冒生命危险为大众提供娱乐的飞行员来说，机遇是有的，尤其在美国，机遇可谓是大大有的。金斯福德·史密斯就是这样的飞行员。他做的一些工作均不失为颇有用处的试验。如，在萨克拉门托河谷地③上空飞行以吓跑稻田上数目极大的鸭子，另外还有一次次发疯的戏剧性技巧表演，以让多处乡村人口中心的星期六人群度过自己身心振奋、激动不已之快乐时分。作为空中杂技的一部分，他驾机翻筋斗，半翻滚，并旋转自己的飞机至最后又从旋转状态飞出来。他还为着电影制片人的利益甚至做些更加疯狂的事情，诸如在空中机翼上作特技表演和把几头幼兽紧系在自己飞机起落架上。但是干了一年之后，诸如此类惊人绝技已经使他玩腻，他就回到了澳大利亚。

回澳大利亚的这一年他已经 24 岁，修长的个子，蓝蓝的眼睛，迷人的笑容憨态可掬，不经意间散发出丰盈的活泼与勇敢，俨然是个标准型青年。在相貌和姿态两方面，他都引人注目，给人留下的印象是：他乃典型“澳洲人”。这一印象业已取代丛林人作为澳人表面形象，亦称国人形象，留给大众的印象。然而，他从事民事的素养仍不全面。年轻时，他在悉尼技术学院学过电工，17 岁时他进了殖民地制糖公司在电工作坊当学徒，做些转动电枢和类似的工作。一年后他受的这种训练因第一次世界大战爆发而中断：在 18 岁生日那一天他参了军。而眼下，他环顾一下自己的环境，便觉得他的谋生之路似乎只有靠自己的天资，去当飞行员这一途了。

可是，在何种程度上他才可以指靠自身作为飞行员的履历？他因勇敢而获得的声誉虽高，但他闻名的圈子却相对狭小，仅限制在航空界。而新兴航空服务业的创办者们正在寻求的人，不是受到引诱而冒险，而基本上都是通过小心谨慎从事航空，能为创办者的企业逐步建立起可靠性纪录的飞行员们。金斯福德·史密斯的专门经验还不够，还不足以使他成为无与伦比的长途飞行能手。直到最后他在西澳航空公司找到了一份稳定工作之后，他才在这方面积累了一些经验，在他驾机高空往返珀斯至温德姆④那段时间，他就开始思考更长距离和更加壮观的飞行，特别是跨太平洋航行之可能性问题。

这样一个想法与尝试，首先必须找到后盾与支持。过了几个年头之后，他觉得老是飞机送邮，相对说来太平淡无奇，太没意思。

于是便辞了职，就和一个名叫基思·安德森的飞行员伙伴合作办起了一家陆上运输服务公司。到了1926年底，他们卖掉了公司，赚了一笔钱，就在悉尼与两三位来自英国城市布里斯托尔的驾车旅行者一道，建起了州际飞行服务公司，即一家提供出租飞行和商用飞机的公司。但是，公司开业后顾客寥寥，门可罗雀，这也许因为他们两个人对公司还不是全心全意，他们的野心还集中在飞越太平洋上，一心要当这种飞越的敢为人先者，尤其在认识查尔斯·厄尔姆之后，他们的这种心切更加强烈。厄尔姆是个年轻人，他虽非飞行员，但对航空的爱有着一种思想浪漫，对商用航空的未来他几乎有着一种狂热信仰。

1927年，在几家报社的支持下，史密斯和厄尔姆只用10天5 1/4小时就共同完成了环澳大利亚飞行，打破了他们之前由布林斯米德和布坎南共同创造的纪录，而且比此纪录时间快了一半多。此举一下子把公众对长途飞行的兴趣激了起来。各相关报纸对此飞行壮举大加宣扬。当飞越太平洋这一问题再度被人提起之时，新南威尔士总理约翰·托马斯·兰立即拨款3 500英镑用于这一飞越计划，此数后被墨尔本一商人追加到5 000英镑。此类冒险行动从朦胧的梦境开始显现，很快变得明显起来。为了飞到美国，极地探险家威尔金斯⑤（机长）特为3位飞行员史密斯、厄尔姆和安德森提供了一架合适的飞机，并把此机重新命名为南十字座。虽然还必须克服一个又一个小难题，安德森又被迫放弃自己对此飞行的参与，但是到1928年5月31日，史密斯和厄尔姆二人还是按计划从金门海峡⑥出发了。

自那时以来，战争状况已经使太平洋成了一个为人所熟知的大洋，熟知得几乎无法预知南十字座飞机向未知地出击的英雄之举如何才能肯定地成为人们的共识。在那些水分过多空间上空曾被视为一个邪恶之处，即频繁大作的狂野风暴、猛烈闪电和嚣乱暴雨的发源地；然而就是这样一个发源地却飞过了无数架次飞机。在地图上仅是小点点的那么多小岛，通过人们对多次对海滩登陆、密林搏斗和海军之战的描述，它们的名字在我们的脑中变得不同凡响以致让我们觉得它们都成大岛了。差不多每一处露出水面的珊瑚，只要能提供几英亩大的面积，都有过参战经历：要么成为着陆带，要么在战区占有一席之地。在南十字座飞机于布里斯班着陆后就要南飞之时，一个人怎么能联想到充满30万颗人心的那种兴奋，那种听说飞机就要南飞便蜂拥而出奔向马斯科特⑦的人们的兴奋？

首次跨越太平洋的实际飞行时间是83小时11分钟，这一功绩不仅使金斯福德·史密斯扬名全澳大利亚而且闻名全世界。从那时起，他发现确保长途飞行的支持较前容易了，而且这种支持快速接连而来。1928年那次破纪录地从墨尔本至珀斯跨澳大利亚直飞，成了同年进行的从澳大利亚至新西兰成功处女航的先声，飞到新西兰后的一个月，又跨越塔斯曼海飞回到澳大利亚。澳、新之间的通航是个令人高兴的成就，因为两国的孤立存在和互不往来实乃双方一障碍。从新西兰飞回的时间还不满一昼夜这一事实，为未来两国间的迅速通邮和客运似乎已经提供了可能性。

上述3次越洋飞行的成功，使得南十字座飞机在国家的重要性大到和金斯福德·史密斯本人的重要性几乎已经不分伯仲。可是，时至1929年，来了一场不期而遇的灾难，一时间，弄得史密斯及其飞机的名声变得黯淡。是年3月，怀着完成环球飞行的目的，金斯福德·史密斯伙同3位机务人员，从里士满⑧起飞了。这3人除厄尔姆外，还有领航员利奇菲尔德和无线电技师麦克威廉斯。这次飞行从一开始就灾难不断，无法摆脱。一次小事故使得无线电天线失控；气候突变，他们对此又没得到预警；阵阵热带降雨又弄得他们不知所措。这些情况在他们飞到温德姆之前全发生了。接着，几个人都失去了方位感，飞机燃料已经殆尽，最后不得不降落在一块泥巴平地上，此处荒无人烟，甚至连一个传教站也离此很远。这时他们发不出信息，也没了食品，他们只能待在绝望的困境，等待在悉尼组建的一个搜救委员会派来的一架双翼飞机把他们救起。

这次灾难造成的悲剧存在于如下事实：在广泛搜寻南十字座飞机过程中，有一架飞机坠毁，两人丧生，其中一人就是基思·安德森，此君乃金斯福德·史密斯的朋友和同事，也是一名飞行员，并与史密斯一道去过美国专为首次飞越太平洋作准备。二人合作之旧事已广为人知。安德森被迫回澳大利亚后，曾提出控告，为的是想分享飞行收益。他败诉之后，在一些领域有人感到安德森受到了不公待遇。实际上，官司之后，金斯福德·史密斯给了他 1 000 英镑以示自己的友好姿态，不幸的是，此姿态并没有广为人知。在安德森躺在其坠毁飞机机翼下的尸体被找到后，人们的窃窃私语则不胫而走，说什么南十字飞机的专设航程是事先计划好的一种惊险绝技表演：飞行员故意演遁身剧，并对自己的下落保密，整个事件的动因无非就是制造一大轰动的冲动。

旨在报告这一不幸事件而成立的一个官方调查委员会发现，人们的这些指责统统缺乏根基。该委员会虽然指出了飞行组织工作中的某些缺陷，但也断然否定了被迫降落乃预先计划一部分之看法。可那些含沙射影的流言蜚语，在金斯福德·史密斯身上却产生了负面影响：他已意识到，带着公众喜爱的惠风也许很快就不再朝他吹来。让人啼笑皆非之事之实质在于：若要激起人们对航空的关注并建起飞行服务机构，就仍然需要宣传。如他所说，多数人所想要的那类宣传是关于成功业绩的宣传，也许是没错。但是，只有起先为了营生而为兴趣盎然、目瞪口呆凝视着美国乡下人表演机外飞行特技和飞机翻筋斗的人才知道：对多数人来说，成就只有通过多次冒险和轰动才能得到加强和引人注目。

曾被此事故中断的澳大利亚至英国飞行到 1929 年稍晚时才得以完成，并创下了飞行纪录。随其飞行延伸到旧金山，南十字座飞机终于完成了环球航程。接下来又有了多次长途飞行壮举。为了打破欣克勒的纪录，即单人用 16 天半飞完了英国至澳大利亚的航程，金斯福德·史密斯禁不住再次飞行，飞行时间几乎少了 6 天；在 3 年后的 1933 年，他再次打破飞行纪录，使飞行时间又减少了两天。可是到此时，人们对此类飞行纪录的兴趣业已过去，随着空邮服务业的建立，人们看重的已经不是速度而是可靠性或安全性。而此时的金斯福德·史密斯却是被迫无奈，不得不维持着航空的更为壮观惊人的一面。他这样做的原因起自 1931 年，这一年他与厄尔姆合作创办的澳大利亚国民航空公司经营失败。这是首家经营日常服务的公司，按当时的标准又不失为一家组织颇佳的公司，可是由于金融业不景气和南云号飞机在悉尼至墨尔本航线上坠毁这两大原因，他的公司只能被迫倒闭。

必须指出的是，金斯福德·史密斯当起飞行员来，比他在行政官员交椅上会感到更舒服、更自在。他在骨子里就是个飞行员，在很多人都不敢轻易涉足的这个崭新飞行环境中他感到得心应手，生来就有一种特殊的飞行感，并有和自己的飞机水乳交融的能力，这种敏感和能力能使飞机成为他自身的扩展与延伸。在多次艰难飞行中为他当过领航员的泰勒，对于南十字座飞机于 1935 年在其燃料不足、发动机受损情况下从塔斯曼海上空挣扎着飞回时他表现出的飞行素质，有过如下一段出色描述：

“飞机像匹马，一感主人触碰，便斜倚空中，几下摇晃，又立起身来。他把着驾驶盘，只摸它力量所在之处，用其力，通过过度使用弱处之法以不浪费飞机的整体飞力。他用手、脚触机，设法从减速气流得到支持，并在精确角度置机翼于气流之上，只有在此角度飞机才可飞行并保持高度。通过触碰，对飞机需他飞行的判断若稍有错误，对受伤飞机之叫的反应若有最小差错，飞机则无望抵挡重量优势和动力丧失，定会扑哧一声从空中坠下。”

诸如此类的危机，都是在付出了巨大精神能量才得到克服的。尽管金斯福德·史密斯为人乐观，笑容憨态可掬，随时乐于投身新的冒险，但是在他 40 岁未满之年就已成一个疲惫之男，不再适于紧张的长途飞行了。早在1931年，他的身心状况就开始进入了易受伤害阶段。在一次从澳大利亚飞往英国航程中，因睡眠缺乏他数次险些坠机，他茫然的大脑不断自问："我叫什么名字？我在干啥？我为何在这里？"可是，许多人都预见到的结局差不多5年后才来到人们的眼前：在史密钖，即我们可怜的史密斯，试图再次创造英国至澳大利亚的飞行纪录之时，不幸丧生在孟加拉湾上空。起飞前他已经是个病人，朋友们也都劝阻他进行这次尝试，可是他受到自身内在精神驱动，并为再度飞行即可确保他的财源安全之信念所支配，没有听从朋友们的好心规劝。直至今天，不管他本人还是他的飞机都未被发现。

就这样结束的，不仅是一位卓越人物的生涯，而且是航空史上的一个阶段。从此之后再无必要用惊人飞行来展示人类对航空的精通。在全世界的不同地块和七大海洋⑨上空，凡常规飞行服务机构的飞行业务都在增进着对航技的精通。远在地平线外，又一次战争正在阴森逼近。随着战争对飞机发展的深入推进，使南十字座这架旧机看起来就像一件来自另一时代的奇特遗物：出于情感原因它被政府买下，现在躺在里士满的一个飞机棚里，陷在孤立无援、无望脱身的境地。

注释

① 黑德兰港：西澳大利亚州西北部沿海城镇，在珀斯以北1 720千米处，1981年人口统计为12 948人。

② 布鲁姆：西澳大利亚州西北部沿海城镇，在黑德兰港以北方向400多千米处，离珀斯约2 220千米，1981年人口近4 000人。

③ 萨克拉门托河谷地：在美国加利福尼亚州北部。此河发源于加利福尼亚州和俄勒冈州交界处附近，向南流611千米注入圣弗朗西斯科（旧金山）湾。与此河同名的城市位于此河河畔，是加州首府，

在旧金山以北。

④ 温德姆：西澳大利亚州最东北部沿海城镇，距州首府（陆路）3 245千米，建有飞机场，1981年人口1 500多人。

⑤ 威尔金斯（1888—1958年）：澳大利亚探险家、飞行员，最先驾机到北极和南极考察（1928年），后又乘美国潜艇在北冰洋下进行勘察，到达北纬82°15′处（1931年），由于他一生对世界地理发现作出的巨大贡献，他被欧美多个国家和澳大利亚授予多种荣誉称号，他的全名是乔治·休伯特·威尔金斯爵士，他姓前的Captain一词通常可以不译，就像Captain Cook通常只译“库克”一样。

⑥ 金门海峡：亦可译作“金门”，即美国加利福尼亚州西海岸圣弗朗西斯科（旧金山）湾的湾口或深水道，西通太平洋，南北两岸分别为旧金山市及其卫星城和郊区，有金门大桥（亦称金门吊桥）把水道两岸连起来，金门大桥建于1937年，至今完好。

⑦ 马斯科特：布里斯班的机场名，后有澳大利亚有名的马斯科特国际机场。

⑧ 里士满：城镇名和地名，在英国、美国和澳大利亚等国都有里士满，仅在澳大利亚至少有3个城镇都叫里士满，分别在3个州昆士兰、新南威尔士和塔斯马尼亚，此处的里士满可能是在查尔斯·金斯福德·史密斯爵士这位飞行员的家乡昆士兰州。

⑨ 七大海洋：亦译“七大洋”或“世界七大海洋”，即传统上所称的北冰洋、南冰洋、北太平洋、南太平洋、北大西洋、南大西洋和印度洋。

23 工党领袖：约瑟夫·本尼迪克特·奇夫利

1945年，约翰·柯廷去世之时，他的党要找出任何一个和他同样水平的人以取代他的职位，似乎令人生疑。柯廷因其善理战争困局已成民族名人，他的领导能力随时得到举国认可，好像他早就是一个联合政府的首脑。眼下危机已经过去，党派分歧已开始毫无顾忌地各行其是起来。国家进入了新阶段，面临的是混乱的调整局面，大批男女从军队脱身出来，各行各业开始转产以满足民用之需。轻易许诺的充分就业如何付诸实践实在是无法预见，这是因为时下各种控制业已解禁，和平时期的产业斗争之风重新刮起。

不在话下的是，柯廷的接班人当属他最先就任总理以来就倚重之人，为他出谋划策的朋友约瑟夫·本尼迪克特·奇夫利。可是，奇夫利本人在人民大众中并未广为人知，尽管多种文件上都有他为人所熟知的醒目签字，尤其是那一份份战争借款认捐诉请书上的签字。他为人不加修饰，谈吐简洁，专心致志，他行使权力基本上都在幕后。他曾身为联邦政府财长，负责至关重要的经济与财政规划大权，在1942年还推行统一税制，根据这一税制，若各州放弃收税则可得到联邦政府的偿还。无论此举还是他那些严格预算，都未能使他明显进入公众视线。时值战争期间，公众瞩目的焦点，不在政客们身上明显展现。

虽然柯廷和奇夫利二人关系密切，但他们却来自工人运动的不同方面。青年时代的柯廷受过颇为朦胧的社会主义传统影响，此传统始自19世纪80年代，并同样容易地受到了威廉·莫里斯①和卡尔·马克思，以及亨利·乔治和爱德华·贝拉米等人的鼓舞。作为一位少年演说家，其后又作为职业记者之时，他都可以从这些人的话中引经据典，并借用诗人雪莱和惠特曼之语使其演讲和文章大大增色。澳大利亚社会主义传统从来就不是一种非常严格的产业传统，它的力量之源也许主要是澳大利亚民族主义思想，亦即在我们偏远的大海波涛之间建立一个理想共和国的梦想，把旧世界的一切邪恶和灾祸都将拒在这个共和国门外的梦想。这种民族神秘性有伯纳德·奥多德②作其倡导者和代表人物，因此不可忽略的一点是：尽管柯廷早年的激情已经为日常政治所限制，但是在一个危机时刻他求助的不是别的，而是奥多德的一首诗。

相比较而言，奇夫利具有明显的产业背景。1885年，他出生在巴瑟斯特的一个铁匠和激进工联主义者家庭，这种家庭出身让他在早年就了解了社会上的冲突。影响他观点的还有其他不同因素。还是小伙子的时候，他在其祖父农场上过了几个年头，农场离巴瑟斯特20英里，他进了那里的一所半日制学校，对乡下生活及其种种难题有所了解。但是，他的未来是在产业领域，他因此回到巴瑟斯特，在圣帕特里克学校读了两三年书之后便离校谋生，先当店员，后在17岁那年去了新南威尔士铁路部门当清洁工。

1917年是他人生的转折点，是年他32岁，他的人生兴趣开始了转变。在以前的岁月里，他身为强健活泼的小伙，从事过种种体育活动，曾代表巴瑟斯特参加过足球赛；后来他结婚了，而且过得幸福；到铁路部门工作后他从清洁工升至司炉工，后又升为火车司机，他参加自己工会的活动虽然积极，但是表现适度，只将部分心思用于工会事务。后到 1917 年，在旷日持久的征兵运动中间爆发了激烈的铁路工人罢工，奇夫利应其工会之召唤立即丢下工作挺身而出，因此被解雇。

是罢工事件的不良后果影响了他的人生之路。他虽然被接回了铁路部门，但是只能做清洁工，而且只有被迫亲自申请之后才能复职。他蒙受的这种羞辱令他更积极地投身于工会和政治事务。他虽然心态宽容，为人随和，但他永远忘怀不了他和他的罢工兄弟们所遭受的残酷，且不断提及这种残酷。若不是因为那些掌权者们的恶意惩罚，他暗示过，他当一辈子火车司机也会令他满意。让他走入政界的不是什么雄心壮志而是心感世道不公。他喜欢代表其工会出现在仲裁法庭；1928 年他在麦夸里选区被选入联邦议会，翌年他再次当选，此年斯卡林政府开始执政，他被任命为国防部长。

当时不景气状况正在蔓延，祸及全国。各主要产品价格在海外市场降至历史新低，政府资源呈现灾难性萎缩，财经问题因此成了最大难题。斯卡林政府的头疼事因其内讧而增加。少数派表明对约翰·托马斯·兰怀有最大忠诚，因为他是新南威尔士工党萌出的领袖，对于如何面对时局他有其独特见解，在危机时刻他的工党对政府投了反对票，在随后的一次选举中产生了掌权的新政府，奇夫利成了政权变更的受害者之一。

这次挫折令他思索两件事，即在他未来岁月里他脑中始终挥之不去的两件事：一是财经在国家事务中的重要性，二是党纪难题。联邦工党的活动范围是有限的，它不能为了社会主义目的而奋斗，因为宪法不允许它对产业拥有任何实际控制权，它因此在学说上缺乏内核。虽然工党有众多工会作基础，但在实际上它却被控制在那些领导核心手中，这些核心由不同地方小集团选出的成员所组成：这就为党内那些对工党原本目标没有深刻感情但为私己之利总渴望掌权的人提供了可乘之机。如果此党变得为宗派成员们、压力集团成员们或不负责任的野心家们所充满，将会怎么办呢？工党的唯一凝聚力仅存在于一种主张或坚持之中，这一主张就是：所有党员一定要细心谨慎遵守明文规定的党内规则。虽然奇夫利有其顽强精神和坚强意志，但是他也会因党规而随时准备毫无怨言地接受党的纪律。他对兰固然不存个人怨恨之心，但是他却把兰视作他惧怕的消极势力化身。

他后来说："我把击败他及其机构当作自己的使命。"在离开议会之后，他为实现此目的用去了很多时间。

让他全神贯注的另一件事则是财经。在不景气期间，税收减少，预算难以平衡，银行的态度变得重要起来。联邦银行，原由一位迅速响应政府决策的总裁主管。可是，时至 1924 年，布鲁斯—佩奇联合政府对其机构作了改变，任命一个董事会以控制联邦银行，董事会的成员为私人利益集团所主导。这是一种奇夫利不喜欢的事态进展，因为它与民主思想背道而驰并对民族的未来构成危险。他不禁自问，把信贷交私人掌控安全吗？若政府对财经政策失去最终管理权，如何才能使诸如充分就业等方面的各种规划得以实现？他开始致力于银行业研究，时至 1935 年他被任命为皇家（专门）调查委员会成员参加对货币与银行系统的调查，他提交的少数派报告主张银行国有化，10 年后他当了总理时，这种国有化就成了他集中精力要完成的第一批任务之一。

那时他已是 60 岁高龄和党派斗争老手，但同时又是一位头脑灵活、思想能与时俱进且身强力壮如同年轻人那样的人。他与人交谈不失轻松愉快，他的姿态总有一种肩宽体壮的模样。可作为一位领袖他却苦于自己的嗓音劣势：因在公众场合讲话过多他的嗓音已经沙哑；这一嗓音在议会辩论时尚能胜任，但在广播上听起来总显单调乏味声调平平，不堪引人。奇夫利还缺乏驾驭语言的任何良好素质，他不具备运用生动有趣足可提高辩论水平的明喻和暗喻之能力，因此无法给自己的演讲增光添彩。他不得不依靠的，只有他那平凡朴实的陈述和对待听众方法的亲切与真诚。

然而未过多久，他已使自己的个性传遍全国，为国人所感。他那坦率的话语显现的，是一种实力感和诚实感。他给人的印象是他乃不谋私利之人。有多种原因造成了当时阶段的艰难。极度紧张的战争之后，又来了对老百姓的军事化管制，加上兵役的那种艰苦，正如老话所说，人们已经厌倦了被差来遣去的日子，因此，对政府的任何规章他们都有反抗倾向。人们对作为公众人物的政客的尊重在减少，倾向把他们的尊重转给有成就的军人即将军，把将军视作更优秀的国家代表。每当州长之位出现空缺，填补此空缺者理所当然地是位军人。这样便产生了一种也许不太严重的危险：在军人意见不具特殊重要作用的某些领域却统统接受了军人们的意见。

奇夫利开始致力于恢复议会威信和为普通人所治的政府传统。民主一词已成伪善的流行语，他很少使用之，可他坚定不移地专心于简朴生活方式的社会思想和人民利益高于一切的政治理想。这并非是说他相信人民在任何问题上的看法都是正确的，而且正确得让人无法理解。虽然有时他也固执己见，认为人民的观点要么是基于错误信息，要么是推理有误，但是他对人民的意见总是随时乐于接受。他自己遭受挫折之后仍能轻松处之的态度不禁令多人吃惊，此种态度源自一种感情：他觉得如果他的观点正确，最终则会以理服人。1948 年的全民公决否决了他的多项建议之后，他说的一段话就是这一感情的例证：

“虽然我不爱无端指摘或抱怨，但是我相信这次否决实在很欠明见。然而大众的脑筋在最后决策时，常常会明智得和那些深思熟虑之人是一样的。”

至于日常生活，他喜好简单。他比较喜欢的是堪培拉的一家提供膳食的家庭旅馆而非官邸住房。为了过家庭生活，他保有在巴瑟斯特的一座小屋，是他结婚时花 200 英镑买下的婚房。在周末他可以退隐到这座不起眼的僻静小屋里，静静地抽烟斗，和邻居闲聊，这些邻居都是在他当火车司机时就认识了他的人。他因多次穿便装出席官宴受人批评，他轻声反驳说他从未有过燕尾服，也不想去买一套。有一次出访海外，甚至在白金汉宫的宴会上，他仍穿同样的便装，在其他所有场合都令他感到方便的便装。这种无视社会礼仪的举止不含任何冒犯他人之意，它也许出于某种半意识之情：觉得那些社会礼仪与澳大利亚生活方式格格不入。

这就是他这个人的通常性格：他乃第二次世界大战后混乱时期应时代召唤管理国家并为自己的工党制定政策之人，然而他企图扩大推行这一政策之领域的努力并不成功。他的最早措施之一是努力推行州际航空服务机构国有化。

他说："我重申，管控空运是绝对必要之举。我希望，政府管控一切空运而非仅仅州际空运的一天一定会为时不远。"

为实现他的这个首个目标，他提出的议案为最高法院的一项决定所削弱，决定规定联邦政府只能管控自己的航线，与私人企业之间只存在竞争关系。

1947 年他颁布的银行法令遭遇了类似命运。此法令的目的，从某种意义上说，是他政治生活中最关切的东西，即对银行业控制，接着就可使用银行信贷作为他的施政工具。可是法令遭到受到威胁利益集团的激烈反对，站在利益集团一边的还有宪法的法定维护者们。最高法院和枢密院均裁决此法案少数细目之外的所有内容一律无效。

打破僵局的唯一出路是通过公投放宽宪法内容。但是，奇夫利向人民多次呼吁请求人民授予联邦议会在为战后国家规划时有更大权力之努力，同样未获成功。1946 年的此类多次请求，三次就有两次被驳回。时至 1948 年他再次请求，要求政府有权继续稳定的租借和管控物价制度，因为此制度在第二次世界大战期间被证明是行之有效的。这次请求也遭到了拒绝。当时的实情是：虽说奇夫利颇得人心乃众望所归之人，但是人民已无心情再接受任何种类的规章了。大大小小的工商企业主们无不感到赚钱容易，也不存在失业问题；总的意向，正如某人所说，是把现状保持下去。

然而，若有任何能说服多数澳大利亚人接受种种管控和同意放宽联邦政府权力的领袖，这领袖就非奇夫利莫属。他在全国享有崇高声誉，自他进入权力中心以来，他从广大人民群众那里得来的不仅是尊重而且是喜爱。他成了最能体现人民所敬佩的种种美德之人。他是一位从熟练工人升至最高权位的典型人物，他在个人生活中为人谦逊，在习惯和言谈上总是朴实亲切，因他这种人物形象呈现出上述美德。他的诚实正直绝无争议。他从未口出虚假之言，也从未为权宜之计而见风转舵或者随风扬帆，对此无人有过怀疑。他对公款慎之又慎，律己十分清廉，有关这方面的传说堪称多多。如，据说一次出访海外参加一次重要会议归来后，他账单上私人消费总额不到 100 英镑。尽管他出语不具魅力，缺乏娴于辞令之能力，可是一些人还是爱拿他和林肯相比，说两个人同样具有普通人的简朴和老百姓的精明。可是，奇夫利一听到这种比较，就会不同意地抬起他那谦逊的两道眉毛。

他的多项较大计划大多遭受挫败，他只好寄望于通过社会服务增加民族福祉。他曾坦言，经济不景气并未使他大受其苦，可是他倒亲眼目睹了由于工作不稳定和失业，整个社会的精神状态是如何遭受毁灭性打击的。在其 1942—1943 年度预算中他规定他希望通过一种特设税构成战后福利计划之基的内容，并为实施计划而展开了工作，诸如增加孕产期补助、儿童资助和孀妇年金，以及促进充分就业，等等。他还亲自关注诸如斯诺伊河③工程和建起一所国立大学作为研究生研究中心等各项大发展规划。

他命中注定不会继续执政到最后。他的工党在 1949 年多次选举中屡遭失败，失败的主要原因，许多人都认为是他的一项税收主张，该主张将会限制汽油的使用。他认为整个世界都是汽油短缺，澳大利亚的储油量更是低到危险程度；面对大众对其税收主张的强烈抗议，他仍死抱着自己的主张不放，依然支持收税。就在大选前夕，一个戏剧性事件发生了：素以诚实处事为其宝贵财富或美德之一并因此享有美誉的奇夫利，竟受到其宿敌约翰·托马斯·兰的指控，兰在一次轰动性讲话中称，奇夫利曾以过高利率借钱给他的家乡人。兰的指控遭到相关人士们的愤怒批驳，结果使指控人事与愿违危及自身：兰事败名裂，而奇夫利以个人领先多数重返官位。但是，大选做出的定论却不利于工党。

奇夫利并没有让此挫折影响自己，他转而以更严的要求和更多的心血为其工党制定一条方针并使全党思想取得更大统一。他越来越关注国际问题，尤其关注亚洲的醒后再起。这一关注的部分原因起自他与博学家尼赫鲁④的友谊，尼赫鲁是他在1949年开会时遇到的。尼赫鲁的开阔见地让他难以忘记，使他本人总的感觉得到了支持：他觉得在亚洲曾经合法的殖民制度已经不再有任何合法性，而且不可能继续下去。在他执政期间非常早的时候，他就对印度尼西亚争取独立的斗争发生了兴趣，并派一名特别代表去印尼以向他报告正在印尼发生的事情。在关于外交事务辩论中，他一直坚持认为有一种崭新精神正在使亚洲复苏，对他自己国家不但构不成必然威胁，而且他认为他的国人们都必须怀着理解与同情的心态调整自己以适应这一崭新精神。

在这方面他正体现着他与生俱来的开明世界观。对这种观点他虽然从未明讲或下过定义，但它却一直存在于其思想和行为之基。就是这种世界观驱使他反对1950年出台的解散共产党法案，在没有得到其工党充分支持的情况下，他破例使用了充满激情的言辞：“此法案在诉讼行为中为说谎者、作伪证者和告密者等人们打开了方便之门，甚至不必证实，不必公开，就可以毁灭他人的声誉。”

就是这同一种开明世界观致使他提及工党的目的，他说这些目的无非就是“改善人类的状况，改善不仅在我们国家这里，而且在任何我们可以伸出援手的地方”。这种密切联系产业生活日常实际的友好斗士和能看到当前冷战政治权宜之计之外情形的有眼光之人，在他身上的融为一体或自然统一，给了他一种唯他才有的特殊性格，这是一种使他成为我国政界无与伦比人物的性格。尽管他的为人姿态朴实无华，可他留给世人的印象却是：他乃随岁月推进，形象愈甚伟大的一位名人。

注释

① 威廉·莫里斯（1834—1896年）：卡尔·马克思（1818—1883年）同时代人，英国设计师、手工艺家、诗人和作家，艺术和手工艺运动的领军人物，著作包括《乌有乡消息》，描写了社会主义乌托邦的情形。

② 伯纳德·奥多德（1866—1953年）：出生在维多利亚州，澳大利亚诗人和律师，全名是伯纳德·帕特里克·奥多德，他的主要诗集包括《沉默的土地》《七桩致命的罪过》《丛林》和《幻想曲》等。

③ 斯诺伊河：也有少数人译之为雪河，发源于新南威尔士州西南部山区，全长约450千米，流入维多利亚州，在马洛附近流入塔斯曼海，沿河修建了多处水电工程。

④ 博学家尼赫鲁（1889—1964年）：全名是贾瓦哈拉尔·尼赫鲁，被尊称为博学家尼赫鲁，1929—1964年印度国民大会党领导人，1947—1964年印度总理，是印度独立后的首位总理，他为争取印度民族独立进行了长期艰苦卓绝的奋斗，曾9次被英国当局逮捕入狱，不愧为印度伟大的民族英雄。

24 僻壤传教士：约翰·弗林

在刚刚过去的二三十年间，澳大利亚任何部分的变化都赶不上广阔内陆的变化之大，尽管三十年前这些内陆地带的杳无人烟总使国民感到沉重黯然。多种原因造成了内陆定居的困难，既有现实原因也有心理原因：降雨量小而不稳，遥远距离造成了孤寂，报偿低微，且缺乏运输与交通便利。在广漠的荒野上没有任何因素可以吸引珍重家庭生活的人们在此定居。在大众的心目中，似乎很可能还要过上一个世纪，那些只长鬣刺属植物的山地和石头遍地的荒原，才会被看成绝非短暂采矿和放牧之地。

可是在今天，无人定居的内陆不再是一个令人难忘的幽灵般恐怖之处，其外观特征已为常看电影的人们所熟悉，甚至吸引这些人；土著画家们通过画下内陆形状与色彩都赚了大钱；每年冬天，大队大队的游人聚集到内陆的自然（或地理）中心艾丽斯斯普林斯，他们以这个中心的多家现代旅馆为基地，可以远足，旅行到几乎是前人没有涉足的地带。虽然内陆常住人口未有剧增，但其交通运输已变得较前迅速又方便。驼队和驴队基本上已为轿车和卡车所取代，几乎所有的牧场都开拓有自己的小机场，各个孤立而居的家庭都有了自己的无线电收发两用机，得以和距离遥远的邻居们交流信息，在危机之时还可以呼叫飞行医生，几乎无人与世隔绝和对世界上正在发生的新闻一无所知。随着铀矿和石油的发现，采矿业已不再只是苦苦谋生探矿人的一种冒险，而是上升到一种重要的为整个大陆所关注的事务。在这种开发新财源的同时，还在伍默拉①创建了一个巨大的发射导弹的火箭靶场。一个石器时代的民族所留下来的少数子孙们②，住在自己为官方所指定的多个居留地，竟能目睹最新国际毁灭性武器被发射升空，飞向国外。

1942年日本侵略的威胁加速了此类进展的若干事务。国防的种种需要不仅要求备有一条条全天候道路，而且迫使澳大利亚民众把自己的国家视作一个团结的整体。一小批一小批的成年男子们开始离开沿海地区，来到内陆，分散居住在不同的牧区，并使自己熟悉了内陆截然不同的地貌和生活方式。他们就自身而言，在这些牧区发挥着激励作用，把机器时代的新思想和新器具带给内陆人，内陆人在思想上接受的教育通常是一种旧式的被称作“糙皮桉树和动物生皮”的牧区人生观。

然而至此时的内陆，在减轻孤居状况和增加生活保障方面，已经取得巨大进展，负责这一进展的主要人物当属约翰·弗林，达内斯克的史密斯传教团的一位牧师。这个小小的传教团倒有一个相当独特的起源。它基于一位苏格兰女人留下的遗产，成了长老会颇为关注的一件要事，该女人的儿子消亡于澳大利亚中部偏僻地区，传教团的任务就是一定要致力于人道主义的慈善工作。传教团对此的理解颇为宽泛，弗林因此远离阿德莱德，奔波在北部的多个牧场间。在他活动的中心地带，使他印象深刻的是他的教徒或会众们居住分散，生活在不安全状况之中。徘徊在他们头顶上空的，是无休无止的事故和疾病阴影。医生寥寥，医院一个也没有，每遇孩子出生，感到可怕的远不只是产妇本人；从马上跌下，被斧头砍了脚，也许都意味着慢慢和痛苦地死亡。他亲眼目睹的一个又一个小悲剧强烈地令他痛心，成了他心中最关注的事情。1911 年他接受圣职后不久，就被其教会派去内地，长途跋涉在遥远的居民点间，以提交关于如何给内地居民带来物质、医疗和精神等各方面利益的报告。

弗林就是完成这类任务的理想人物。1880 年，他出生在维多利亚殖民区的一个乡镇，有着一种赞同非城市人世界观的情感，并学会了与各类人从容相处，打成一片。他早年接受的教育是先后进过几所公立小学和地处墨尔本的大学附中，选学了一门神学课程之后，就在维多利亚教育部工作了四年。他终生都未忘记过自己愿作传教士的念头，可是这种宗教念头实质上是人本主义的。他的天资具有两面性，作为爱尔兰人和苏格兰人后裔，他的混合血统反映在自己的性格之中。一方面他精明强干，可以使他在组织高层发挥作用，又可以在湿季搭起栖身之所，或让一部失灵轿车发动机正常运转或重新发动；另一方面他有满怀热情的想象力和应变能力，能够使他走进内地人们的各种生活，这些人的阅历有限，举目见惯的尽是天际的沙丘和鬣刺属植物。他到处传教，身上并不带着虔诚情调，也不期待人们对他职业的任何特殊顺从或尊重。

他给长老会大会交回的报告，是他一年调查工作的成果，引起了人们很大的兴趣。弗林所强调的是在有关人们的身心两个方面的需求。他坚持认为，人们急需建起一系列医院，以帮助消除人们心头徘徊不去的对于事故和病痛的强烈恐惧。为内陆这样一些地方配备医生，当下也许没有可能，可是可以建一些疗养院作为起步，一个院由一个合格护士负责。弗林概述了这项实验计划，由于叙述准确并带着克制情感他打动了大会：大会决心为此计划筹资。于是在 1912 年成立了内陆传教团，此团活动不分宗教派别，尽管它由长老会宗教所主导，约翰·弗林自然被任命为首任野外工作负责人。

种子播下不久，便在各处广泛生根发芽，枝叶繁茂。规划的首家疗养院准备建在乌德纳达塔③，因为这个崎岖不平的定居点处在铁路终点或曰铁路的内陆矛头。这里羊、驴成群，并有一些易坏的房屋，是最后一个可以提供熟练医疗救助的地方。此地已有一家客栈，弗林将之接收，并亲手帮助建起一家较大活动中心以取代客栈。为了实现自己的梦想，他参加挖洞旨在埋上根根桩子，他还动手以把镀锌铁皮钉在外屋上。他的梦想不是别的而是建成一个医疗救助站网，这个网最终要覆盖在一片人烟稀少空荡荡的大地上，这片大地的面积超过 50 万平方英里，等于法国、德国、比利时、荷兰和意大利这 5 个国家的面积总和。

穿行在他那广大无比的教区上，他最早使用的基本交通工具是骆驼，一种他不喜欢的动物：它走起路来，步态总是有点慢吞吞又小心谨慎，使得他本来就焦躁的脾气怒不可忍，它一点也不像马和狗，似乎不喜欢与人为伴。尽管他不得不用蜗牛的速度走过大段找不到水的路程，然而仍然在把自己的工作向前推进。在多个分散的地点建起了一个又一个客栈；从城市不断赶来一批批朝气蓬勃的从事护理工作的女青年，她们充满乐观与勇敢，直面内地的孤寂与困难。在这里有待克服的还有一定的社交困难。一些顽固不化的前辈老人们，尽管其状况也许已经精疲力竭或忍无可忍，但是一听说要用女性亲手给护理，他们还是不喜欢，因为他们一见女人就怕羞，紧紧包在他们男人独立自助的硬壳里：在他们看来，即使遇到矛头刺伤时，只有用剪羊毛工棚中惯用的粗糙而有效的方法对付之，似乎才是正当的：

“那没啥儿，在上面用一滴柏油敷一下，过一两个星期也就没事儿啦。”

这在一定程度上表明：一种人性特点很快被驱散，一种男士对女士骑士般和同志式的态度开始形成。所谓人性特点，是指在这些疗养院从事拓荒工作的女性们在这种粗卑的禁欲主义统治下所造成的性别敌对。

客栈网虽然已经形成，可是只能骑骆驼和坐汽车在边远地区从一地赶往另一地的弗林，在人们对付长距离难题上几乎无所作为的现实面前，不禁感到心灵上的压抑。细心的护理对于可以来到疗养院的病人们是一个很大的抚慰，护理人员们还答应病人们愿意进行力所能及的上门出诊。可是，住在偏僻野营地正遭受病痛的垂死病人们因无通信或交通工具，会怎么样呢？当时（第一次世界大战即将结束）人们对于未来航空医疗服务的可能性已有广泛讨论，但都认为这样的服务只是一场美梦而已。而弗林倒不这样认为，在他坐着破损的汽车穿越一个又一个沙丘征程中苦苦挣扎之时，内心对这种服务一直充满着向往与期待。接到一位年轻人来信后他感到激动满怀。这个年轻人名叫克里福德·皮尔，是维多利亚州的一位飞行员，对弗林的工作早有所闻。信中概述了一项飞行医生服务计划，细说了机型、费用、创建小机场等事项，给了他正需要的信息。他高兴地把此信发表在《内陆人》杂志上。这杂志是他不定期出版的一种社区小刊物，内容全是他的传教团工作的报道。虽然信还未被人看到时写信人就已经不在人世了，可是他的信却引起了很多讨论，而且都是成果丰硕的讨论。弗林为了筹集资金多次发出呼吁，提出了一些具体问题，捐款便随之涓涓而来。

然而，这一超前之举，尚未遇到颇成熟时机。飞行依然是件新鲜事，在各州首府之间还未实行定期的航空商用或客运服务。9 年之后内陆传教团才指定一个委员会，令其为飞行医生服务计划准备报告：委员们建议，以克朗克里④为基地，让一个医生使用一架飞机先进行一年实验。

克朗克里之所以被选作基地，因为它正好是人烟稀少地带这个大圆的圆心，圆的半径为 300 英里。被指定进行实验的医生名叫 K. 圣文森特·韦尔奇，从 1928 年 5 月开始的实验年中，他共飞行

50次，诊治250位病人，飞行总里程为两万英里。据说，他最先诊治的是个自残病人，但是其他多数病例都没有第一例令人惊心，只有一例因为天气关系不可能使用飞机，只好改用汽车去救护病人。飞行医疗获得了毋庸置疑的成功，若资金能够及时到手，这种医疗可以广为扩展。然而顾问委员会却提出了一条不合格的意见，建议再做一年实验。

虽然实验进行得颇为低调，但却引起了举世关注。1929年他受邀赴巴黎参会，一个由关注这种飞行服务的各国都派人参加的国际会议（航空公共卫生会）。他因此首次充分意识到自己已经成为一个广为人知的创始人这一事实。许多国家的与会代表都表述了意见，多数人的看法则是飞行医生服务只是军方的事情。把这一服务用于民事的只有另外少数国家：瑞典、波兰和暹罗（1939年后改名为泰国），但是这3个国家全部都是依靠军事运输。对于澳大利亚的做法存在着世人们的广泛好奇，他们都热切地想听到弗林的高见。

让与会专家们感兴趣的不仅在于他创办民用飞行医生服务的成功，而且还在于他的实验与通信手段结合在一起。早在第一架飞机飞出克朗克里之前很长一段时间，他的思路就开始集中到另一个难题上。纵然航空医疗服务能够安全有序进行，如何才能确保它们何时为病人所需求？在他脑中不断过着这样的电影：都是些他记忆中男女们的形象——在一个个孤零零的牧场上男人们被马匹摔下，女人们站在深受发烧折磨的孩子们床前只能眼睁睁望着孩子们束手无策，只知道唯一的医疗救助也在几百英里之外。这样的困难实质上是通信困难，而解决困难的唯一手段只能是无线电。弗林梦想用较低费用能给每个家庭乃至矿区的每个野营地安装一部小型无线电收发两用机。这样一部小机器不仅可以用于危机时刻发出焦急呼叫，而且他构想到一位孤单的妇女可以和远方的邻居聊天，也可以与身在最近站点的丈夫交谈，聆听丈夫点要什么供货。它起的作用就是让很少互相见面的人们取得联系，并给他们提供一种同处一个社区的感觉。

然而要做的是，在成功与梦想之间的宽大鸿沟上建造一座桥梁。创出一种僻壤无线电器的想法为此地域的一切困难所环绕，尽管弗林为了寻求帮助做到了在他认识的所有专家面前都恭敬请教。经过多年实验和失败，一种小型无线电收发两用机最终被成功发明出来，创造者名叫艾尔弗雷德·赫尔曼·特雷格，南澳大利亚矿山与产业学校的一位毕业生。对这位年轻器械天才，弗林此前表达了自己对于这一器具急需的紧迫感和有志者事竟成的信念。在这件事情上，他的信念得到了应验，没用多长时间，一种踏板式收发两用机出现在内陆家庭，成了各家为人所乐见的特征。

整整 20 年间，弗林有关一种文明内地的想象得到了实质性体现，内陆空中好似充满牧场间信息传递的嗡嗡声；与世隔绝所造成的种种极大精神压力，因为高兴地知道随时可以呼叫到医生，而变得不复存在。1928—1939 年间，内陆传教团已将克朗克里的飞行医生服务办成了一种为其服务范围内每位男女所敬重的机构：它甚至在诺曼顿⑤形成了一个亚中心，此中心只有一个人在负责，那就是女医生琼·怀特。至 1939 年底，人们已经看明白，进一步发展这种服务已成至关重要之事，对于此事的完成要涉及多种责任与管控，然而这些责任与管控均为传教团本身所力不能及。

约翰·弗林及其早年同事们，为了成立一个或一系列新机构，联手草拟了一份备忘录，并准备了相关条款。他们计划在澳大利亚大陆各州首府均成立一个理事会分会，以此方式将飞行服务之权分散，下放到地方，由地方利益集团分担每个分会的维持责任或义务。在全国层面成立联邦理事会负责协调各分会的工作，由每州派两名代表组成，因维多利亚州人口稠密，无需其州内飞行服务，它负责照管金伯利⑥和澳北区⑦的部分地带。

这种安排作出之后，弗林也许颇感自己的传教使命已经告终。

他年轻时代的一个个梦想都实现得具体又成功，可以说无人能出其右了。但是他的有生之年尚有年头，在政界之外，他还可以发挥一种前辈治国贤者的作用。1939—1942 年他担任自己所信教派的长老会总教长；他还参与管理新航空医疗服务他所在的分支机构的事务。在人民大众心目中他已经成了一位传奇人物。他身体瘦弱，不知疲倦，在内陆偏远地区与世人相隔遥远的居民们中间从事传教工作的故事，已经广为人知。他既无任何明显的伟人天赋，又未表露富有惊人之举人物的能力，可是他却稳稳地一步一个脚印地抓住了公众的心。他被授予“内陆的弗林”这个称号，此称号不禁给人一种“民间英雄”的联想。他是一位骑着骆驼也能专心致志的人，他是一位能克服长途跋涉之苦的人，他还是一个让不同信仰不同阶级的人民大众更能深刻理解基督教思想和非宗教主义“伙伴情谊”二者也许会有的含义的人。

1951 年 5 月 5 日他在悉尼离世。悉尼与他进行终生主要工作的中心距离遥远。公众的人心和他自己的愿望同样都给负责他丧葬的那些人加上了一种压力。他的骨灰因而被撒向距艾丽斯斯普林斯仅有 4 英里的吉伦峰⑧，在聚集起来的大批人群的注目下在那里落地安息。大堆送葬人在他坟墓周围肃立默哀之时，天上出现了一个小黑点：它就是一架飞机，由飞行医生服务事业的首位飞行员驾驶，从西方向飞来，朝峰顶正在投下数不清的花圈与花环。

注释

① 伍默拉：南澳大利亚州城镇，1981 年统计人口为 1 600 多人，在阿德莱德西北偏北方向 500 千米处，是澳大利亚国防部重要基地，为 20 世纪 50 年代开始的大型核试验军事测试场所在地，自（20 世纪）60 年代起，成为卫星跟踪基地。此地名源自澳土著语音，意为

“土著使用的投枪器”。

② 少数子孙们：指的是澳洲现存为数不多的土著或原住民，亦称澳洲黑人，其祖先在白人到来之前约3万年前就生活在澳大利亚这块土地上了。

③ 乌德纳达塔：南澳大利亚州北部小镇，位居阿德莱德以北偏西北方向1 105千米处的铁路线上，周围自然条件极差，只能作为内陆传教团的一个落脚点。此地名来自澳洲土著语音，意为“无脉相思树花儿”。

④ 克朗克里：原文拼写中有两个和一个r之差，昆士兰州名镇，1981年时常住人口约2 000人，周围有丰富的畜产和矿产金、铁、铀、铜等，尤以铜闻名，在布里斯班西北方向1 770千米处，离澳北区边境仅240千米，交通便利，有铁路和航空与布里斯班等城市相通，又是飞行医生服务运作中心。

⑤ 诺曼顿：在澳大利亚6州之一的昆士兰，靠近卡奔塔利亚湾，此镇虽然不大（1981年人口近千人），但有飞机场和火车站，且海上航运便利，离布里斯班2 153千米，附近有闻名遐迩的肉牛业和金矿。

⑥ 金伯利：指金伯利高原，位于西澳大利亚州北部，为采矿和养牛地区，1885年淘金热就发生在这里。

⑦ 澳北区：亦译“北部地区”，实位于澳大利亚大陆中北部，处在昆士兰和西澳大利亚两州中间和南澳大利亚州北面，是澳大利亚人口最稀少的州级行政单位，其首府是达尔文。

⑧ 吉伦峰：地处澳北区境内的麦克唐奈山脉的山峰之一，紧邻艾丽斯斯普林斯谷地。

25 经济学家：林德赫斯特·福基纳·吉布林

随着林德赫斯特·福基纳·吉布林于1951年3月1日在霍巴特去世，他的国人普遍感到他们的国家从此失去了一位神奇的老人。这并不是说他曾置自己于神秘的氛围之中。他过过野外生活，赢得过声誉，贵为经济学教授和多届政府顾问；但是，在关于他的一切言谈和文字中，都存在着一种令人联想的成分：想到他个性独特古怪，很难和我国其他公职人物的性格相一致，因为他们的性格类型业已牢固形成。出自威廉·多贝尔①之手的那幅画像，也就是被广为复制的那幅肖像，可以表露出他的种种品性：他接地气，又直率又顽皮，对于各种普通社会习俗，他持一种幽默的嘲笑态度。这位身强体壮的老翁，打着红领带，可总是系得松松垮垮；他的体格，虽富有力气但总是倾斜；他的脑袋虽大得惊人但令人敬佩；这一切让人觉得他也许在旧时某只大帆船上当过船长，现已退休，曾在多处漂洋过海，不少次亲历大风狂澜，但他总能以一种闪亮客观的眼光观看陆地上的人间喜剧。

事实上，他经历的人生是丰富多彩的。可是，要说明他对自己的任何一段人生都超然视之，却是错误的。1872年，他出生在霍巴特一个有名望的家庭，他父亲德高望重。他成长过程中接受的家教，使他鄙视有关成功的种种俗人之见，并做到了不管到哪里都要具有并坚持本人的见解。在塔斯马尼亚的文化与社会生活上，吉布林家族已经留下了自己的痕迹。他的父亲也出生在塔斯马尼亚，一位对此殖民地发展有推动力的人物，也曾是成就了日后塔斯马尼亚的主要有影响力的人物之一。他父亲威廉·罗伯特·吉布林年轻时，曾因写了一首关于圣保罗皈依的获奖诗，加之在多次地方集会上作过有关文学的演讲，而露出了其天资和兴趣之趋向；不久成了律师，发起过劳工会，因而进入政界。几年的殖民地总理生涯赢得了政声：他不仅理政观念进步而且举措开明。其后他又接受了塔斯马尼亚最高法院助理法官之任命。

吉布林家族的其他成员亦是人过留名，不乏其雪泥鸿爪，家族之文化与公职传统在林德赫斯特·福基纳·吉布林这个小成员身上产生了深刻影响。他受的学校教育开始于哈钦斯学校，继而他赴欧留学，先后就读于伦敦大学和剑桥大学的国王学院。他尽管对人文科学富有兴趣，但是他的天资却倾向于数学。由于其体格强壮，他对体育欲望强烈。在数学考试中他获得了优异成绩，在英式橄榄球运动中，他成了英格兰代表队成员。

英国小说家戴维·加尼特，在其回忆童年的几样作品中谈到了吉布林，说他在英国的这段时间里曾南下和住在苏塞克斯郡②的双亲同住；还谈到了关于他已经形成的传奇故事：据说在球赛中，对方的后卫之一正设法抓他之时，他已用一只胳膊将之抓到腋下，继续前跑得以在对方球门线后触地得分，并获得由己方队员踢定位球射门之权利。

加尼特评说道："吉布林有一种能展现那种不凡身手而这身手又在人们意料之中的体格。他曾在剑桥大学高年级数学荣誉学位考试中荣得第二名。若不是他在其课业中把英式橄榄球、板球和啤酒与数学科目看得同样郑重，他会考得更好……在吉布林身上总显出一种力量和从容，一种让人立马感到安宁的力量和从容，甚至在他年轻的时候也是这样。任何慌张，日常生活中种种紧迫琐碎之事，只要他在场，就会显得没必要和无意义。不管什么要事，时间总是有的，一切都不必操之过急。”

很显然，走学术之路乃他人生中应做之事，也就是走他的天资和所受训练为他开辟的道路。可他生性有冒险倾向，致使他在人生道路上选择了其他方向。是时是一个多种有力又积极的声音齐鸣的时代，如罗斯福③的声音，基普林④的声音，杰克·伦敦⑤的声音，都无一不在高声赞扬一种实干的人生；还有大谈在克朗代克河⑥地区发现了丰富黄金的声音。吉布林坐不住了，便赶往矿区碰运气，在那里碰运气不成功，就转寻另外的事情去做，先后干过赶车汉、伐木工、水手和中小学教师。在去伦敦的短暂时间里，他甚至开办了一个健身房，教授相扑和柔道，间或还进行公开展示。戴维·加尼特说：“在展示柔道时，吉布林有时扮演重量级角色，却被一个只有他一半体重的日本人扔倒并被置于无助境地。”

他的飘荡岁月一直持续到1905年，包括在西南太平洋岛国所罗门群岛那段不长的时间。他这种漂泊生活给了他丰富的记忆和大量关于各阶级人们如何生活和工作的知识。这中间发生的事让他对人们的那种日常生活有了真切的了解。如果不是他亲身接触这些人，他们生活中的工资、物价、立法条例和生产成本等问题都会是抽象的。他的整个思想深为一种强烈的激进派情感所感染。有段时间，他置身劳资斗争，代表工人群众到处作演讲以抗议他们的雇主们。这样的经历真让人受益和受到启迪啊！自此以后，他对社会的看法不再死板，他信仰社会应建立在公平正义思想之上，因为这一思想是不容怀疑的正确思想。

1906年，他返回塔斯马尼亚，把有关学术工作的所有想法放置一旁，安身于田土，不久后被选入议会。可是，他边种水果又边研究边参与地方政治的这段平静生活被第一次世界大战的发生中断。他于 1916 年入伍，在法国服役 3 年，表现得不愧为优秀军人，荣获军功十字勋章和优异服务勋章，这在公文中均有提及。至第一次世界大战结束之时，他升职为少校，这一军衔在他回国从事民事工作后很久仍被他的朋友们使用来半开玩笑地称呼他。

非军事生活对他来说，则意味着他更肯定地接受了公职。战争满足了他身上体力冒险的欲望，这种欲望首先令他漂泊多年，也许因此增强了他对自己祖国的责任感，于是他受任了政府统计官之职位，便在其终生主要工作上安定了身心。

统计官的主要工作，如他定义所说，就是："为政府制定政策和执行政策提供必要资料；除此之外，还有为公众提供充足信息之工作，这种工作旨在使大众能够对提交给选区的诸材料作出判断。"

他的看法是：澳大利亚的公众生活遭受着经济信息不足之苦，因为公众生活的基础就是经济信息。他在地方议会几年的工作实践更坚定了这一看法。这个国家应纳税的最大限度是什么？生产量，包括农牧业和工业生产量，能有合理的精确性加以估计吗？他招收了一班子有发展前途的被大学录取的新生与他一起工作，并鼓励这些年轻学子钻研数学和经济学，他殷切期望经济学研究定能成为各学生社团的一种兴趣。

他对学子们说："记住俄国得救的唯一途径是会计学这一列宁之言。欲成劳工领导人物的年轻一代们，一定要专心致志于各门培训课程，在这里，本大学可以提供帮助。"

关于"吉布林的这些年轻学子"虽然不乏种种笑谈或荒唐可笑之事，但是当中仍有一些由于受到了他广阔见解和公益精神之鼓舞，现都在澳大利亚统计部门身居高位，其中的 J. B. 布里格登，当时在大学讲授就业关系课程的一位年轻讲师，后来事业有成，几乎拥有了和吉布林同样卓尔不群的生涯，最终先于他几个月离世。

在1929年，吉布林被委任为墨尔本大学里奇经济学教授⑦，此项任命引起了人们某种小小的震惊：吉布林本来的爱好是数学和统计学，他只是通过这两个学科才接触了经济学；而里奇席位主要是从事研究的教授职位；而当局想要他干的是指导高年级本科生和研究生，因为这才是最适合他的工作。

实际上，来到他身边的那些年纪更小的学生的状况几乎像一张白纸单纯无知，对他要求于他们的有点负担不起，他的要求之高达到了他想当然地认为学生的知识底子不小于他本人的那种程度。他极度专注于他自己所讲的内容：似乎没有面对过交际困难。表面上看，他和旧时人们心目中关于心不在焉教授的形象没有两样，全神贯注于个人的小天地。举例说，他不缺衣裳，但明显都是自制的，且根据个人的设计做成，上衣既无领子翻边又无衣面口袋，因为做这样的翻边与口袋对一位外行裁缝来说实在困难。他素来偏爱的红领带，据说是剪自一长条丝织品，到这一条旧得不宜再系了，就从同一条丝织品很容易又很快地剪出另一条领带来。讲课时，他习惯突然在中间想到时间，便从其衣内隐蔽处掏出一只大表，看了一眼之后，不再放回原处，使之垂在外边。

那些被他鲜明个性的原创力留下深刻印象的人们，的确容易把他这一习惯归因于他衣物的种种细小古怪之处，而不容易归因于他那较难为人所知的内心活动。他因习惯穿"短衬裤"多次参加重要科学工作会议而招致了不小的坏名声：如此不拘礼节的行为在昔日都司空见惯了，因此使他成了一位有名人物。然而他对自己这些不修边幅、不拘礼仪之举仍缺乏自我意识：他固执地说："短衬裤"在夏天穿上是合情合理的。尽管他这些举止对于中产阶级某些行为准则和社会习俗颇含讽刺意味，但他不愿耗时改正之：他纯然自行其是。

正是他这种随心所欲的行为方式才使得他进入过学术惯例界限

之外的多种丛林险境或生存斗争激烈之处。科普兰⑧教授说：“任何一个国家的经济从来没有像1927—1939年这些年头中的澳大利亚经济那样受制于如此深入、如此详细的审查。”

他一心关注的难题包括关于各州与联邦财经关系的某种创造性工作，关于应纳税最大限度的概念和测算；关于关税费用的度量及分类，并把重点放在免税产业和非免税产业的重大区别上；还包括由不景气造成的损失之分摊，以及实物损失和货币损失之不同。在1930年他于墨尔本作的首次讲座中，他首次对把收益增值率原则作为经济分析手段之一问题作了解释。

紧接着吉布林对经济学里奇教授之职的受任，联邦政府除了1941年日本入侵的威胁之外，还经历了一段也许是空前最混乱的时间。开始于美洲的金融危机给澳大利亚造成了沉重打击。随着原材料产品价格在海外市场猛跌，痛苦与焦虑广布澳洲大地，大批农牧场劳动力和廉价购买了官地的小户定居民，纷纷弃农找矿；定居于田土的复员军人们仅靠租用地再无法生活下去，致使临时工作增加——而租用地已经花去了政府的大量资金。对商品需求减少造成了地方产业衰落：失业迅速蔓延，各方面水准继续下降。各级政府无法平衡预算，只好开始考虑经济方面的极端措施：将战争贷款利息削减三分之一，并在1931年，仲裁法庭依法决断把基本工资砍去百分之十。

这诸多削减极其严重地打击了尚有工作的工人和小投资者，一种没有安全的感觉弥漫着全国。专司生产和商品交换的综合机器似乎出了故障，其机制必定存在某种最根本的毛病。关于经济的各种讨论从未像现在这样讨公众欢心。吉布林担起一项重任，那就是以简单明了的方式向公众讲解诸如危机是如何发生的，面对危机为什么必须进行各种痛苦调整等问题。他通过《致信约翰·史密斯》栏目来执行这一任务，这是旨在简明通信而作出的一种尝试，栏目在每日新闻出版物上连载，事后集成小册子免费发放。

然而，如此形式的撰稿并非他的特长；况且，尽管信件通常是写给普通公民的，但是每封信都是一次努力，是劝工人阶级欣然接受其工资被减的努力（其难度可想而知）。

“通情达理之事则是认识到工会会员们之中的工资率已经相当高于国家产出财富中他们应得份额了。国家产出财富减少了，他们的工资率也应随之降低。”

有人认为他在代表政府和资方专门卖力恳求劳动阶级作出一切牺牲并担起所有重担，这一看法实在令他不快乃至愤慨。

他写道：“你们说，我是在把造成我们当前困难的全部责任都往你们身上放。肯定不是。我认为更该负责的是‘另有其人’。可是，我写这些信的目的只是在想你们能给予什么帮助。”

然而，劝人们接受政府的某些策略并非经济学家必尽之责这样的批评也有道理。但是，经济学家们的工作目前变得更为人所高看，部分原因当属吉布林本人对更准确经济知识重要性的强调。而实际上，不少这样的经济学家已为不同大金融机构或公司，尤其是为多家银行所雇用，因而使他们失去了正忍受空前艰难的大众的信任。如将经济学与财政联为一体，它作为一门科学则会有受损之虞，究其原因，无非就是在目前，财政被视作了大众的敌人。

吉布林对国家能有自知之明的更重要贡献包括他偶尔在刊物《经济记录》上发表的多篇文章，在大学的多次演讲和他的专著《一个中央银行的成长》，该书有他关于联邦银行运转的诸多个人杂闻，亦即从 1935 年起他作为这个银行董事会成员之一所知悉的附带信息。

近 20 世纪 30 年代末，显而易见，又一场大战很可能在所难免，它与 1914 年爆发的那场大战相比，将会使澳大利亚陷得更深。即令澳大利亚真的不受侵略，但在日本威胁不断存在的情况下，它仍要付出多种代价，并要面对各种困难和无法预见的问题。当时的总理创立了一个财经政策非正式顾问委员会，并邀请吉布林出任委员会主席。

从一定意义上说，这成了他事业的巅峰。他和委员们一道雷厉风行，开始了对战时经济各方面有关问题展开调查，制订出种种规划，旨在考验来临时能有益于国家。

担任如此一个委员会的主席他表现出出众才智。他智力高，眼界阔，他关于自己国家经济的知识之多当属举国第一。他探索过多种领域，已成当今澳大利亚人生活圈中一种博学聪明的前辈人。他那些特点，得以在多贝尔画的那幅肖像中巧妙再现，开始塑成了他的特征：他看上去像个身在自家静谧的塔斯马尼亚果园，回首往事足可令他愉快得咯咯笑出声来的志得意满之男。

他近80岁高龄之时方在那里离世。尽管他有法定资格获得各种官方荣誉，但是他都一律拒绝接受。然而，他却自豪地接受了母校给他的剑桥大学国王学院荣誉研究员这一称号，为了纪念他，国王学院还设立了一项吉布林奖学金，每次奖励一位他的澳大利亚国人。

注释

① 威廉·多贝尔（1899—1970年）：出生于新南威尔士州的澳大利亚著名画家，曾获多种艺术奖项，并获爵士称号。

② 苏塞克斯郡：原英格兰南部郡，1974年始分为东苏塞克斯郡和西苏塞克斯郡。

③ 罗斯福：指的主要是安娜·埃莉诺·罗斯福（1884—1962年），美国人道主义者，外交家，美国第32任总统（1933—1945年）富兰克林·德拉诺·罗斯福（1882—1945年）的夫人，她广泛参加各种开明的政治和社会活动，作为联合国人权委员会主席，帮助起草了《人权宣言》。

④ 基普林（1865—1936年）：亦译吉卜林，全名是约瑟夫·卢

迪亚·吉普林，英国小说家和诗人，作品突出表现了英帝国主义的扩张精神，有“帝国主义诗人”之称，1907年获诺贝尔文学奖。

⑤ 杰克·伦敦（1876—1916年）：美国小说家约翰·格里菲思·钱尼的笔名，他的作品取材于克朗代克淘金热和工人阶级生活，着重描述了为生存而进行的斗争，主要作品有《荒野的呼唤》和《马丁·伊登》等。

⑥ 克朗代克河：位于加拿大西北部，是育空河的支流，此河流经地区亦称克朗代克，1896年在此地区发现黄金，形成了1897—1898年两年左右的淘金热，吸引了数千人来此定居，以淘金为主要生活来源。克朗代克的原文有Klondike和Klondyke两种拼法，可以换用。

⑦ 里奇经济学教授：“里奇”和“经济学”这两个词均为“教授”一词的定语，就像“诺贝尔文学奖”一样，其中的“诺贝尔”和“文学”两个词均为“奖”这个词的定语。“里奇”和“诺贝尔”一样同为人名。因此，“里奇经济学教授”亦可译作“经济学里奇教授”。

⑧ 科普兰（1894—1971年）：出生在新西兰，后到澳大利亚，全名是道格拉斯·贝里·科普兰，因其一生的重大贡献，被授予爵士称号，主要贡献在经济（学）和外交方面，先后在塔斯马尼亚、墨尔本、剑桥、牛津、都柏林和哈佛等大学任经济学教授或客座讲师，任1941—1945年澳大利亚联邦总理经济顾问，并代表澳大利亚出使中国、加拿大和联合国并任要职，主要著作包括《澳大利亚经济》《新西兰小麦生产》和《变化中的西方经济结构》等。

参考资料

为助本书25篇成稿，作者参阅的诸多书籍中包含下列各书：

1. 亚当斯，F. 著《澳大利亚人》

2. 巴纳德·埃尔德肖，M. 著《澳大利亚的菲利普》

3. 巴顿，G. B. 著《文学在新南威尔士》

4. 比恩，C. E. W. 著《战时澳大利亚正史》(7~10卷)

5. 贝内特，M. M. 著《拉默穆厄的克里斯蒂森》

6. 比格，J. T. 著《殖民地状况调查专员的报告》

7. 邦威克，J. 著《约翰·巴特曼》

8. 邦威克，J. 著《菲利普港的发现与殖民》

9. 奇夫利，J. B. 著，斯塔加德特，A. W. 编选《值得为之奋斗的事情种种》

10.《经济记录》(1951—1952年)

11. 伊瓦特，H. V. 著《朗姆酒之乱》

12. 菲茨帕特里克，布赖恩著《英帝国主义和澳大利亚，1783—1833年》

13.《新南威尔士纪录种种》(第二卷)

14. 霍普金斯，D. J. 著《〈公报〉的旅程》

15. 伊德里埃斯，约恩著《内陆的弗林》

16. 乔恩西，L. C. 著《澳大利亚的政府银行》

17. 兰，J. D. 著《库克斯兰》

18. 兰，J. D. 著《来临的大事》

19. 默凯内斯，G. 著《布莱传》

20. 麦克劳德，A. C. 著《〈公报〉的麦克劳德》

21. 梅尔本，A. C. 著《W. C. 温特沃斯》(或《W. C. 温特沃思》)

22. 莫纳什，J. 著《澳大利亚在法国的几次胜仗》

23. 穆尔，W. 著《澳大利亚艺术史》

24. 莫里斯，E. E. 著《回忆乔治·希金博森》

25. 缪勒，F. 冯著《维多利亚当地植物，等等》

26. 默多克，W. 著《艾尔弗雷德·迪金》

27. 奥布赖恩，E. M. 教士著《罗马天主教信仰在澳大利亚的开始》(共两卷)

28. 翁斯洛，S. 著《住在坎登的麦克阿瑟一家人的几条早年记载》

29. 帕克斯，H. 著《一位移民的多封家书》

30. 帕克斯，H. 著《澳大利亚历史形成中的50年》

31. 菲利普斯，M. 著《一个殖民地的独裁政权》

32. 理查森，A. E. V. 著《小麦及其种植》

33. 罗伯茨，S. H. 著《澳大利亚国土定居史》

34. 罗斯，劳埃德著《威廉·莱恩与澳大利亚工人运动》

35. 鲁斯登，G. W. 著《澳大利亚史》(共3卷)

36. 斯彭斯，W. G. 著《澳大利亚的觉醒》

37. 斯特尔特，C. 著《对澳大利亚南部内陆的两次探险》(共两卷)

38. 斯特尔特，N. G. 著《查尔斯·斯特尔特传》

39. 萨克利夫，J. T. 著《澳大利亚工联主义史》

40. 蒂厄，H. E. 著《澳大利亚的银行业、货币及汇兑的历史、理论及实践》

41. 塞里，R. 著《回忆住在新南威尔士和维多利亚两地的30年》

42. 汤姆森，R. P. 著《澳大利亚民族史》

43. 特纳，H. G. 著《澳大利亚联邦的第一个10年》

44. 沃德姆，S. M. 著《维多利亚境内可耕地界限》